蘇州全書

乙編

游蘇備覽（外四種）

《蘇州全書》編纂出版委員會 編

古吳軒出版社
蘇州大學出版社

圖書在版編目（C I P）數據

游蘇備覽：外四種 / 朱揖文等編撰. -- 蘇州：古吳軒出版社：蘇州大學出版社, 2024.6
（蘇州全書）
ISBN 978-7-5546-2345-9

Ⅰ. ①游… Ⅱ. ①朱… Ⅲ. ①旅游指南－蘇州 Ⅳ. ①K928.953.3

中國國家版本館CIP數據核字(2024)第072190號

責任編輯 魯林林
助理編輯 沈 雪
裝幀設計 周 晨 李 璇
責任校對 戴玉婷

書　　名 游蘇備覽（外四種）
編　　撰 朱揖文等
出版發行 古吳軒出版社
地址：蘇州市八達街118號蘇州新聞大厦30F　電話：0512-65233679
蘇州大學出版社
地址：蘇州市十梓街1號　電話：0512-67480030
印　　刷 蘇州市越洋印刷有限公司
開　　本 787 × 1092　1/16
印　　張 40.25
版　　次 2024 年 6 月第 1 版
印　　次 2024 年 6 月第 1 次印刷
書　　號 ISBN 978-7-5546-2345-9
定　　價 260.00 元

《蘇州全書》編纂工程

總主編

劉小濤　吳慶文

學術顧問（按姓名筆畫爲序）

王　芳　王　宏　王　堯　王　鍔　王紅蕾　王華寶　王爲松　王衛平
王餘光　王鍾陵　朱棟霖　朱誠如　任　平　全　勤　江慶柏　江澄波
汝　信　阮儀三　杜澤遜　李　捷　吳　格　吳永發　何建明　言恭達
沈坤榮　沈燮元　武秀成　范小青　范金民　茅家琦　周　秦　周少川
周國林　周勛初　周新國　胡可先　胡曉明　姜　濤　姜小青　韋　力
姚伯岳　馬亞中　袁行霈　華人德　莫礪鋒　徐　俊　徐　海　徐　雁
徐惠泉　徐興無　唐力行　陸振嶽　陸儉明　陳子善　陳正宏　陳尚君
陳紅彦　陳廣宏　黄愛平　黄顯功　崔之清　張乃格　張志清　張伯偉
張海鵬　葉繼元　葛劍雄　單霽翔　程章燦　程毅中　喬治忠　鄔書林
賀雲翱　詹福瑞　趙生群　廖可斌　熊月之　樊和平　劉　石　劉躍進
閻曉宏　錢小萍　戴　逸　韓天衡　嚴佐之　顧　薌

#《蘇州全書》編纂出版委員會

主　任　金　潔　查穎冬

副主任　黃錫明　吳晨潮　王國平　羅時進

編　委（按姓名筆畫爲序）

丁成明　王　煒　王　寧　王忠良　王偉林　王稼句　王樂飛　尤建豐
卞浩宇　田芝健　朱　江　朱光磊　朱從兵　李　忠　李　軍　李　峰
李志軍　吳建華　吳恩培　余同元　沈　鳴　沈慧瑛　周　曉　周生杰
查　焱　洪　曄　袁小良　徐紅霞　卿朝暉　高　峰　凌郁之　陳　潔
陳大亮　陳其弟　陳衛兵　陳興昌　孫　寬　孫中旺　黃啟兵　黃鴻山
接　曄　曹　煒　曹培根　張蓓蓓　程水龍　湯哲聲　蔡曉榮　臧知非
管傲新　齊向英　歐陽八四　錢萬里　戴　丹　謝曉婷　鐵愛花

前言

中華文明源遠流長，文獻典籍浩如烟海。這些世代累積傳承的文獻典籍，是中華民族生生不息的文脉和根基。蘇州作爲首批國家歷史文化名城，素有『人間天堂』之美譽。自古以來，這裏的人民憑藉勤勞和才智，創造了極爲豐厚的物質財富和精神文化財富，使蘇州不僅成爲令人嚮往的『魚米之鄉』，更是實至名歸的『文獻之邦』，爲中華文明的傳承和發展作出了重要貢獻。

蘇州被稱爲『文獻之邦』由來已久，早在南宋時期，就有『吳門文獻之邦』的記載。宋代朱熹云：『文，典籍也；獻，賢也。』蘇州文獻之邦的地位，是歷代先賢積學修養、劬勤著述的結果。明人歸有光《送王汝康會試序》云：『吳爲人材淵藪，文字之盛，甲於天下。』朱希周《長洲縣重修儒學記》亦云：『吳中素稱文獻之邦，蓋子游之遺風在焉，士之嚮學，固其所也。』《江蘇藝文志·蘇州卷》收録自先秦至民國蘇州作者一萬餘人，著述達三萬二千餘種，均占江蘇全省三分之一强。古往今來，蘇州曾引來無數文人墨客駐足流連，留下了大量與蘇州相關的文獻。時至今日，蘇州仍有約百萬册的古籍留存，入選『國家珍貴古籍名録』的善本已達三百一十九種，位居全國同類城市前列。其中的蘇州鄉邦文獻，歷宋元明清，涵經史子集，寫本刻本，交相輝映。此外，散見於海内外公私藏家的蘇州文獻更是不可勝數。它們載録了數千年傳統文化的精華，也見證了蘇州曾經作爲中國文化中心城市的輝煌。

蘇州文獻之盛得益於崇文重教的社會風尚。春秋時代，常熟人言偃就北上問學，成爲孔子唯一的南方弟子。歸來之後，言偃講學授道，文開吳會，道啓東南，被後人尊爲『南方夫子』。西漢時期，蘇州人朱買臣負薪讀書，穹窿山中至今留有其『讀書臺』遺迹。兩晉六朝，以『顧陸朱張』爲代表的吳郡四姓涌現出大批文士，在不少學科領域都貢獻卓著。及至隋唐，蘇州大儒輩出，《隋書·儒林傳》十四人入傳，其中籍貫吳郡者二人；《舊唐書·儒學傳》三十四人入正傳，其中籍貫吳郡（蘇州）者五人。文風之盛可見一斑。北宋時期，范仲淹在家鄉蘇州首創州學，並延名師胡瑗等人教授生徒，此後縣學、書院、社學、義學等不斷興建，蘇州文化教育日益發展。故明人徐有貞云：『論者謂吾蘇也，郡甲天下之郡，學甲天下之學，人才甲天下之人才，偉哉！』在科舉考試方面，蘇州以鼎甲萃集爲世人矚目，清初汪琬曾自豪地將狀元稱爲蘇州的土産之一，有清一代蘇州狀元多達二十六位，占全國的近四分之一，由此而被譽爲『狀元之鄉』。近現代以來，蘇州在全國較早開辦新學，發展現代教育，涌現出顧頡剛、葉聖陶、費孝通等一批大師巨匠。中華人民共和國成立後，社會主義文化教育事業蓬勃發展，蘇州英才輩出、人文昌盛，文獻著述之富更勝於前。

蘇州文獻之盛受益於藏書文化的發達。蘇州藏書之風舉世聞名，千百年來盛行不衰，具有傳承歷史長、收藏品質高、學術貢獻大的特點，無論是卷帙浩繁的圖書還是各具特色的藏書樓，以及延綿不絕的藏書傳統，都成爲中華文化重要的組成部分。據統計，蘇州歷代藏書家的總數，高居全國城市之首。南朝時期，蘇州就出現了藏書家陸澄，藏書多達萬餘卷。明清兩代，蘇州藏書鼎盛，絳雲樓、汲古閣、傳是樓、百宋一廛、藝芸書舍、鐵琴銅劍樓、過雲樓等藏書樓譽滿海内外，彙聚了大量的珍貴文獻，對古代典籍的收藏保護厥功至偉，亦於文獻校勘、整理裨益甚巨。《舊唐書》自宋至明四百多年間已難以考覓，直至明嘉靖十七年（一五三八），聞人詮在蘇州爲官，搜討舊籍，方從吳縣王延喆家得《舊唐書》『紀』和『志』部分，從長洲張汴家得《舊唐書》『列傳』部分，『遺籍俱出宋時模板，旬月之間，二美璧合』，于是在蘇州府學中槧刊，《舊唐書》自此得以彙而成帙，復行於世。清代嘉道年間，蘇州黄丕烈和顧廣圻均爲當時藏書名家，且善校書，『黄跋顧校』在中國文獻史上影響深遠。

蘇州文獻之盛也獲益於刻書業的繁榮。蘇州是我國刻書業的發祥地之一，早在宋代，蘇州的刻書業已經發展到了相當高的水平，至今流傳的杜甫、李白、韋應物等文學大家的詩文集均以宋代蘇州官刻本爲祖本。宋元之際，蘇州磧砂延聖院還主持刊刻了中國佛教史上著名的《磧砂藏》。明清時期，蘇州成爲全國的刻書中心，所刻典籍以精善享譽四海，明人胡應麟有言：『凡刻之地有三，吴也、越也、閩也。』他認爲『其精，吴爲最』，『其直重，吴爲最』。又云：『余所見當今刻本，蘇常爲上，金陵次之，杭又次之。』清人金埴論及刻書，仍以胡氏所言三地爲主，則謂『吴門爲上，西泠次之，白門爲下』。明代私家刻書最多的汲古閣、清代坊間刻書最多的掃葉山房均爲蘇州人創辦，晚清時期頗有影響的江蘇官書局也設於蘇州。據清人朱彝尊記述，汲古閣主人毛晉『力搜秘册，經史而外，百家九流，下至傳奇小説，廣爲鏤版，由是毛氏鋟本走天下』。由於書坊衆多，蘇州還産生了書坊業的行會組織崇德公所。明清時期，蘇州刻書數量龐大，品質最優，裝幀最爲精良，爲世所公認，國内其他地區不少刊本也都冠以『姑蘇原本』，其傳播遠及海外。

蘇州傳世文獻既積澱着深厚的歷史文化底藴，又具有穿越時空的永恒魅力。從范仲淹的『先天下之憂而憂，後天下之樂而樂』，到顧炎武的『天下興亡，匹夫有責』，這種胸懷天下的家國情懷，早已成爲中華民族精神的重要組成部分，傳世留芳，激勵後人。南朝顧野王的《玉篇》，隋唐陸德明的《經典釋文》、陸淳的《春秋集傳纂例》等均以實證明辨著稱，對後世影響深遠。明清時期，馮夢龍的《喻世明言》《警世通言》《醒世恒言》，在中國文學史上掀起市民文學的熱潮，具有開創之功。吴有性的《温疫論》、葉桂的《温熱論》，開温病學研究之先河。蘇州文獻中藴含的求真求實的嚴謹學風、勇開風氣之先的創新精神，已經成爲一種文化基因，融入了蘇州城市的血脉。不少蘇州文獻仍具有鮮明的現實意義。明代費信的《星槎勝覽》，是記載歷史上中國和海上絲綢之路相關國家交往的重要文獻。鄭若曾的《籌海圖編》和徐葆光的《中山傳信録》，爲釣魚島及其附屬島嶼屬於中國固有領土提供了有力證據。魏良輔的《南詞引正》、嚴澂的《松絃館琴譜》、計成的《園冶》，分别是崑曲、古琴及園林營造的標志性成果，這些藝術形式如今得以名列世界文化遺産，與上述名著的嘉惠滋養密不可分。

維桑與梓，必恭敬止；文獻流傳，後生之責。蘇州先賢向有重視鄉邦文獻整理保護的傳統。方志編修方面，范成大《吴郡志》爲方志創體，其後名志迭出，蘇州府縣志、鄉鎮志、山水志、寺觀志、人物志等數量龐大，構成相對完備的志書系統。地方總集方面，南宋鄭虎臣輯《吴都文粹》、明錢穀輯《吴都文粹續集》、清顧沅輯《吴郡文編》先後相繼，收羅宏富，皇皇可觀。常熟、太倉、崑山、吴江諸邑，周莊、支塘、木瀆、甪直、沙溪、平望、盛澤等鎮，均有地方總集之編。及至近現代，丁祖蔭彙輯《虞山叢刻》《虞陽説苑》，柳亞子等組織『吴江文獻保存會』，爲搜集鄉邦文獻不遺餘力。江蘇省立蘇州圖書館於一九三七年二月舉行的『吴中文獻展覽會』規模空前，展品達四千多件，並彙編出版吴中文獻叢書。然而，由於時代滄桑，圖書保藏不易，蘇州鄉邦文獻中『有目無書』者不在少數。同時，囿於多重因素，蘇州尚未開展過整體性、系統性的文獻整理編纂工作，許多文獻典籍仍處於塵封或散落狀態，没有得到應有的保護與利用，不免令人引以爲憾。

進入新時代，黨和國家大力推動中華優秀傳統文化的創造性轉化和創新性發展。習近平總書記强調，要讓收藏在博物館裏的文物、陳列在廣闊大地上的遺産、書寫在古籍裏的文字都活起來。二〇二二年四月，中共中央辦公廳、國務院辦公廳印發《關於推進新時代古籍工作的意見》，確定了新時代古籍工作的目標方向和主要任務，其中明確要求『加强傳世文獻系統性整理出版』。盛世修典，賡續文脉，蘇州文獻典籍整理編纂正逢其時。二〇二二年七月，中共蘇州市委、蘇州市人民政府作出編纂《蘇州全書》的重大決策，擬通過持續不斷努力，全面系統整理蘇州傳世典籍，着力開拓研究江南歷史文化，編纂出版大型文獻叢書，同步建設全文數據庫及共享平臺，將其打造爲彰顯蘇州優秀傳統文化精神的新陣地，傳承蘇州文明的新標識，展示蘇州形象的新窗口。

『睹喬木而思故家，考文獻而愛舊邦。』編纂出版《蘇州全書》，是蘇州前所未有的大規模文獻整理工程，是不負先賢、澤惠後世的文化盛事。希望藉此系統保存蘇州歷史記憶，讓散落在海内外的蘇州文獻得到挖掘利用，讓珍稀典籍化身千百，成爲認識和瞭解蘇州發展變遷的津梁，並使其中藴含的積極精神得到傳承弘揚。

觀照歷史，明鑒未來。我們沿着來自歷史的川流，承荷各方的期待，自應負起使命，砥礪前行，至誠奉獻，讓文化薪火代代相傳，並在守正創新中發揚光大，爲推進文化自信自强、豐富中國式現代化文化内涵貢獻蘇州力量。

《蘇州全書》編纂出版委員會

二〇二二年十二月

凡例

一、《蘇州全書》（以下簡稱『全書』）旨在全面系統收集整理和保護利用蘇州地方文獻典籍，傳播弘揚蘇州歷史文化，推動中華優秀傳統文化傳承發展。

二、全書收録文獻地域範圍依據蘇州市現有行政區劃，包含蘇州市各區及張家港市、常熟市、太倉市、崑山市。

三、全書着重收録歷代蘇州籍作者的代表性著述，同時適當收録流寓蘇州的人物著述，以及其他以蘇州爲研究對象的專門著述。

四、全書按收録文獻内容分甲、乙、丙三編。每編酌分細類，按類編排。

（一）甲編收録一九一一年及以前的著述。一九一二年至一九四九年間具有傳統裝幀形式的文獻，亦收入此編。按經、史、子、集四部分類編排。

（二）乙編收録一九一二年至二〇二一年間的著述。按哲學社會科學、自然科學、綜合三類編排。

（三）丙編收録就蘇州特定選題而研究編著的原創書籍。按專題研究、文獻輯編、書目整理三類編排。

五、全書出版形式分影印、排印兩種。甲編書籍全部采用繁體竪排；乙編影印類書籍，字體版式與原書一致；乙編排印類書籍和丙編書籍，均采用簡體横排。

六、全書影印文獻每種均撰寫提要或出版説明一篇，介紹作者生平、文獻内容、版本源流、文獻價值等情況。影印底本原有批校、題跋、印鑒等，均予保留。底本有漫漶不清或缺頁者，酌情予以配補。

七、全書所收文獻根據篇幅編排分册，篇幅適中者單獨成册，篇幅較大者分爲序號相連的若干册，篇幅較小者按類型相近原則數種合編一册。數種文獻合編一册以及一種文獻分成若干册的，頁碼均連排。各册按所在各編下屬細類及全書編目順序編排序號。

游蘇備覽

朱揖文 編輯

據一九二一年五月初版影印。

出版説明

朱揖文，江蘇太倉人。曾任江蘇省立第二農業學校總務主任。能詩，精於國文。編撰有《天平名勝古迹》《天平地圖》等。

《游蘇備覽》爲朱揖文在江蘇省立第二農業學校任教時所編，金俠聞任校訂兼發行，一九二一年五月初版。因封面有唐忍菴所題『蘇州指南』四字，故俗稱《蘇州指南》。全書分正編、附編兩部。正編爲《名勝》，介紹留園、西園、寒山寺、虎邱、五人之墓、環秀山莊、遂園、怡園、滄浪亭、拙政園、獅子林、玄妙觀、北寺塔、天平山、石湖、靈巖山、穹窿山、鄧尉山、東洞庭山、西洞庭山、瑞光塔、雙塔寺、寶帶橋、荷花塘等二十四處蘇州城内及郊外的風景名勝，收録部分名家詩文作品，拓展了旅游的内涵與意義。附編爲《雜記》，依次爲蘇州之沿革、交通、街道、舟車籐轎價、日報、公署、公所、學校、醫院、工廠、銀行、旅館、菜館、茶館、劇場、浴所、物産、店鋪等。另有旅社、飯店、電器行、書社的廣告數頁。

《游蘇備覽》爲民國時期蘇州導游類書籍的開山之作，奠定了此類著作的範式與基本框架。後由吴恒如、唐松園校訂，一九二三年三月再版。一九二五年三月第三版正式更名爲《蘇州指南》，此後的七版書名皆作《蘇州指南》。後又經章漱玉、范烟橋、俞友清諸人不斷校正、增訂、重修，廣受好評，到一九三六年發行第十版，每一版都有更新與變化。

本次出版的《游蘇備覽》，以一九二一年五月初版爲底本影印。

通百偶存

蘇州指南

忍庵題

游蘇備覽目錄

正編　名勝

附編　雜記

民國十年出版

游蘇備覽

啟君題

弁言

目極天南未息烽避人無計覓仙踪連天蜀道何嘗險平地風波險萬重此余登惠嶺作也儘有清泉肯洗愁坐觀雲起感沉浮山人猶說龍噓氣誰遣洪濤撼岳樓此余登雲起樓作也樂哉遊乎世事如斯桃源何處塵寰多刼人壽幾何富貴浮雲林泉樂志司馬子長柳子厚洵千秋明哲哉梁谿山水余既言之詳矣今請更言吳下彼巍然高者天平、穹窿、靈巖、諸峯則有懸崖忽裂峭壁千尋令人思盤谷遺風而作入山想矣彼蟠然曲者留園、怡園、拙政園、滄浪亭則有奇石蘚苔落花流水令人賡小園之賦而徘徊不忍去矣彼疎然雅者獅子林、可園則有曲徑通幽春波漲綠令人得靜觀之趣而厭膏粱錦繡矣彼悠然遠者虎丘寒山寺則有浮圖古寺梵韻鐘聲令人超然物外飄飄乎有遺世之意矣春則梅花如雪夏則荷葉流珠秋則楓樹搖紅冬則寒山負白四時之景不同而樂亦無窮也樂哉遊乎樂不思歸矣然而過客非素識也有不遠千里來者撫石茫然知其妙而不知其所以妙。遊人之不幸。抑亦湖山之不幸。朱揖文先生。於是有遊蘇備覽之輯。探幽陟險。援古證今。有如老馬管子。資焉有如南鍼黃帝。賴焉。嘉惠後來。夫豈淺鮮。湖山有靈。當謝朱先生賜矣。朱先生洵湖山知己哉。

辛酉仲夏唐忍菴識於無二三齋

遊蘇備覽

正編　名勝

留園　在閶門外五福路俗稱留園馬路距火車站五里（馬車資四角人力車資一角零）距閶門馬路里許（馬車資二角人力車資銅元五六枚）園資一角茶資每壺一角

園爲明徐冏卿太僕泰時東園故址。曩稱花步里。清嘉慶初。劉蓉峯觀察恕建築之名曰寒碧山莊。人稱之曰劉園。光緒二年。歸常州盛旭人方伯康所有。曰留園。園之中部。爲涵碧山房。署曰胸次廣博天所開。楹有張之萬聯。卅年前曾記來游。登樓看雨。倚檻臨風。俛仰已成今昔感。三徑外重增結構。引水通舟。因峯築榭。吟歌長集友朋歡。全椒薛時雨聯。迤邐出金閶。看青蘿織屋。喬木干霄。好樓臺舊址重新。儘堪邀子敬重游。元之醉飲。經營參畫稿。鄰郭外楓江。城中花塢。倚琴樽古懷高寄。猶想見寒山詩客。吳會才人。左旁之屋曰恰杭。（杭與航通取杜甫野航恰受兩三人句義）庭有石直立。曰濟仙石。以其形似濟顛故稱之。前臨荷花池●中有金魚鴛鴦。池之西北。皆叠石成山。植樹其上。桂樹叢雜中有軒一。署曰聞木犀香軒。鄭文源聯。奇石盡含千古秀。桂花香動萬山秋。山之頂有亭曰可亭。山之陰有半野草堂。鄭文源聯。園林甲天下。看吳下游人。載酒携琴。日涉總成彭澤趣。瀟洒滿江南。自濟南到此。疏泉疊石。風光合讀浯翁詩。池之東有軒。署曰清風起兮池館涼。池之南有軒。署曰綠蔭。池之中有亭。署曰濠濮想。周有長廊、壁間多嵌石刻。

以東有柟木廳。額曰藏修息游。庭有疊石。勢極雄偉。石亦玲瓏。園主人聯云。歷宦海四朝身。且住爲佳。休孤負清風明月。借他鄉一廛地。因寄所託。任安排奇石名花。廳之角有亭。署曰佳晴喜雨快雪。中有靈碧石作檯。廳北有屋。署曰花好月圓人壽。左有揖峯軒。曰石林小院。其對面之屋。署曰洞天一碧。

東園由揖峯軒入。有高大之湖石三座。巋然兀立。中曰冠雲峯。最高。左曰岫雲峯。右曰瑞雲峯。次之。下有冠雲沼。金魚活潑。南有四面廳。額曰奇石壽太古。張之萬叙云。相傳前明東園久廢。惟湖石一峯。歷數百年巍然獨存。爲劉氏園中所未有也。又俞曲園冠雲峯贊附後楹。有朱霆淸聯。此峯疑天外飛來。歷刼飽風霜。夐絕塵寰。誰伯仲。斯地爲吳中最勝。後堂饒絲竹。婆娑歲月。若神仙。又聯云。勝地長留。即今歷刼重新。共話綢雲來父老。奇峯特立。依舊干霄直上。旁羅拳石似兒孫。池之右有冠雲臺。署曰安知我不知魚之樂。左有冠雲亭。聯云。飛來乍訝從靈鷲。下拜何妨學米顚。北面有樓。署曰仙苑停雲。壁間嵌歪尾光鱗魚化石。兩旁懸雲石極多。俱合畫意。此處有仙鶴孔雀玉蘭叢桂。偏東一屋。爲園主人當時參禪處。聯云。儒者一出一入有大節。老僧不見不聞爲上乘。又俞曲園聯。何處白雲歸。有鄉里古招提。步西郊不半日而至。前生明月在。是佛門新公案。言東坡爲五戒後身。南面有屋。題曰亦不二。

俞曲園冠雲峯贊 有序　盛旭人方伯買劉氏寒碧山莊而葺治之。名曰留園。園之旁有奇石焉。所謂冠雲峯也。方伯以善價得之。張子青相國時撫三吳。

手書奇石壽太古五字以贈。歲在辛卯。購得其前之隙地而築屋焉。嗟乎。此一石也。劉氏纍者不能有。而方伯始有之。方伯雖有之。歷二十餘年之久。而後此石始入於園中。自茲以往。長爲園中物矣。相國所謂奇石壽太古。其驗於此乎。因爲之贊以賀其遭。其詞曰。　留園之側。有奇石焉。是曰冠雲。是銘是鐫。胚胎何地。位置何年。如翔如舞。如伏如跧。秀逾靈碧。巧奪平泉。留園主人。與石有緣。何立吾側。不來吾前。乃規餘地。乃建周垣。乃營精舍。乃布芳筵。護石以何。修竹娟娟。伴石以何。清流濺濺。主人樂之。石亦欣然。問石何樂。石不能言。有客過此。請石代宣。昔年棄置。蔓草荒烟。今茲徙倚。林下水邊。勝地之勝。賢主之賢。始睽終合。良非偶然。而今而後。亘古無遷。願主人壽。壽逾松佺。子孫百世。世德緜延。太湖一勺。靈巖一卷。冠雲之峰。永鎮林泉。光緒壬辰仲夏

自四面廳前廊西行。至又一村。旁有屋。署曰少風波處便爲家。逕西行曰小蓬萊。園主人署云。戊子秋。余從東海觀政歸。適園西小築成。山層累而上。彷彿蓬萊烟

景宛然在目。亦即名之曰小蓬萊也可。此處有花房有蔬圃。過小蓬萊。即爲園之西部別有天也。潘志萬聯。小園新展西南角。明月誰分上下池。臨溪有閣署曰活潑潑地。面南處署曰榛花月上楊柳風來。聯云水轉桐溪約秋禊。路尋花步賦春游。西部佳勝處。在有邱陵。有小溪。尤在邱有樹。溪有荷。耳邱之上有亭二。一曰至樂。一曰月榭星臺。又署其房曰。其西南諸峯林壑尤美。以上方獅子天平靈巖諸峯。一登斯邱。靡不歷歷在目故也。前有草地曰射圃。

俞曲園留園記

出閶門三里而近。有劉氏之寒碧莊焉。而問寒碧莊無知者。問有留園乎。則皆曰有。蓋是園也。在嘉慶初爲劉君蓉峯所有。故即以其姓姓其園。而曰劉園也。咸豐中余往游焉。見其泉石之勝。花木之美。亭榭之幽深。誠足爲吳下名園之冠。及庚申辛酉間大亂。臶至吳下名園半爲墟莽。而閶門之外尤甚。曩之闤城溢郭。廛合而雲連者。今則崩榛塞路。荒葛罥塗。每一過之。故溪新術。輒不可辨。

遊蘇備覽

而所謂劉園者。則巋然獨存。同治中余又往游焉。其泉石之勝。花木之美。亭榭之幽深。蓋猶未異於昔。而蕪穢不治。無修葺之者。兎葵燕麥搖蕩於春風中。殊令人有今昔之感。至光緒二年爲毘陵盛旭人方伯所有。乃始修之。平之攘之剔之。嘉樹榮而佳卉出。奇石顯而清流通。涼台燠館。風亭月榭。高高下下。迤邐相屬。春秋佳日。方伯與賓客觴詠其中。而都人士女。亦或掎裳連襼而往游焉。於是出閶門者。又無不曰劉園劉園云。方伯求余文爲之記。余曰。仍其舊名乎。抑肇錫以嘉名乎。方伯曰。否否。寒碧之名。至今未熟於人口。然則名之易而稱之難也。吾不如從其所稱而稱之。人曰劉園。吾則曰留園。不易其音而易其字。卽以其故名而爲吾之新名。昔袁子才得隋氏之園而名之曰隨。今吾得劉氏之園。而名之曰留。斯二者將無同。余歎曰。美矣哉斯名乎。稱其實矣。夫大亂之後。兵火之餘。高臺傾而曲池平。不知凡幾。而此園乃幸而無恙。豈非造物者留此名園以待賢主乎。是故泉石之勝。留以待君之登涉也。花木之美。留以待君之攀玩也。亭榭之幽深。留以待君之游息也。其所留多矣。豈止如唐人詩所云但留風月伴烟蘿者乎。自此以往。窮勝事而樂清時。吾知留園之名長留天地間矣。因爲之記。俾後之游吳下名園者有所考焉。光緒二年冬十月

西園　在留園西自閶門去 馬車資四角人力車資銅元六七枚 園資銅元六枚茶資每壺銅元六枚

西園者。西園戒幢律寺之放生池在焉。故先言寺。次言園。寺之故址。爲明徐太僕西園子工部溶捨爲復古歸原寺。崇禎八年興建。改曰戒幢律院。清咸豐十年燬。今僧廣慧集貲重建。名曰西園戒幢律寺。寺中大殿、羅漢堂、藏經樓、方丈室、齋堂等。皆次第落成。山門今亦興工。殿前有池。池有黿甚多。

園在寺之西。其入門處。署曰西園一角。旁有聯。西已種竹栽花。培心培地。園則放生育物。養性養天。園中勝景。以放生池爲最。東西架曲橋。以通池心之亭。亭之額曰月照潭心。聯云。聖教名言。獨樂何如同樂。佛家宗旨。殺生不若放生。池內多魚

多黿。游者每以餅餌投之。麕集可觀。池西有軒。臨水爽塏。池東有四面廳。頗寬敞。河內寶鎮山聯。地拓三弓。喜几淨窗明。柳眼花鬚齊掩映。塘開一鑑。看鳶飛魚躍。山光雲影共徘徊。上海陸雲蓀聯。三吳選佛場。此處居然能結構。百族消刼運。上天無處不慈悲。天台劉文玠聯。最難得過來人。相逢香火有緣。即色即空。正婆娑春夢一場。蘇臺歸鳥。何處尋乾淨土。大好園林無恙。宜晴宜雨。却彷彿西湖三月。花港觀魚。又應時雨聯。大江東去浪淘沙。試問江上青山。年年常住。江頭曾記否。六朝時四百八十梵宇。鉅苑西開金現粟。最喜苑中綠水。處處倒涵花景。能救得一池間萬千億兆生靈。此外園中佈置。有田圃疊石等。頗雅好。

寒山寺　在楓橋距城七里餘。從閶門起。人力車費一角零。茶資酌給寺起於梁天監間。舊名妙利普明塔院。宋孫承祐重建塔七成。今已莫知其跡。明嘉靖間鑄巨鐘。建樓置之。寺燬於清咸豐十年。其稱寒山寺者。相傳寒山拾得曾止此。故名。唐人張繼張祜嘗即其處作詩紀游。而寺之名遂著。秋燈叢話。王漁洋至楓橋。夜已昏黑。風雨雜沓。攝衣着屐。列炬登岸。逕至寺門。題詩二絕。一時以爲狂。云。今寺爲雲陽程德全集貲重建。落成於辛亥六月。署其門曰妙利宗風。內有文徵明唐寅所書石碑。殘毀不完。嵌於壁間。寺僧搨以售人。旁立俞曲園補書張繼楓橋夜泊詩碑。碑陰敘曰。唐張繼楓橋夜泊詩。膾炙人口。惟次句江楓漁火四字。頗有可疑。宋龔明之中吳紀聞。作江村漁火。宋人舊籍可寶也。此詩宋王郇公曾寫以刻石。今不可見。明文待詔所書亦漫漶。江下一字不可辨。筱石中丞屬余補書。姑從今本。然江村古本不可沒也。因作詩附刻。以告觀者。詩曰。郇公舊墨久無存。待詔殘碑不可捫。幸有中吳紀聞在。千金一字是江村。近康南海書絕詩一首。又立碑於旁。詩曰。鐘聲已渡海雲東。冷盡寒山古寺楓。勿使豐干又饒舌。他人再到不空空。又跋云。庚申二月廿五日偕韓徵君文舉同游吳下楓橋寒山寺。則唐人鐘已爲日人取去。故吾於龍壽山房善繼血書華嚴經。亟保存之。臨風感慨題詩。康有爲。殿正中有碑。鐫寒山拾得像。俗稱和合是已。兩旁壁上。環列碑刻。爲寒山子詩三十六首。即閭邱允錄於寒巖竹木石壁間者。又韋蘇州等詩十數首。楹有程德全聯。遯跡笑豐干。從知舌粲蓮花。地近虎邱。曾講法。宗風傳刺史。幸得詩鈔貝葉。刼餘龍壽共藏經。陸潤庠聯。近郭古招提。毗連滸墅名區。漁火秋深涵月影。傍山新結構。依舊楓江野渡。客船夜半聽鐘聲。又陸鍾琦聯。踏春西去。傍十里橫塘。水木湛清華。曾移茂苑扁舟。訪吳銅造像。梁塔殘甎。古跡重搜。余亦北平人。濡筆擬賡翁氏記。生佛南來。振千年名刹。池臺新結構。補此天台眞相。與待詔遺書。解元妙疏。墨花爭搨。客歸東海。瀠行滕宛載米家船。舊鐘爲日人取去。近年日人摹鑄一鐘。歸還本寺。懸殿之右。室內殿後芥舟大覺樓及廻廊等。均亟待修葺。

唐張繼楓橋夜泊　月落烏啼霜滿天。江楓漁火對愁眠。姑蘇城外寒山寺。夜半鐘聲到客船。　張祜詩　長洲苑外草蕭蕭。却算游城歲月遙。惟有別時今不忘。暮烟疏雨過楓橋。　韋應物宿寒山寺　心絕去來緣。跡住人間世。獨

尋秋草逕夜宿寒山寺今日郡齋閒思問楞嚴字

虎邱山　距城七里現不通車從渡僧橋北山塘街去籐轎來回價八角小快船全日約二元膳另講

虎邱山．一名海湧山。高一百三十尺。周二百十丈。相傳吳王闔閭葬此。三日而虎踞其上。故名。又云闔閭葬時。以扁諸魚腸等劍三千殉焉。故池以劍名。兩崖劃開。中涵石泉。深不可測。李秀卿品爲天下第五。唐顏眞卿書虎邱劍池四字。石刻猶存。其右有陸羽石井。口方丈餘。四旁石壁。泉甘冽。石壁上鐫第三泉三字。爲陸羽所品定者。前有大盤石。可容千人。名千人石。生公講臺。有李陽冰篆文四字。分刻四石。或云蔡襄書。臺下有白蓮池。周百三十步。生公說法時。池生千葉蓮花。池旁有點頭石。相傳生公講經。人無信者。乃聚石爲徒。與談至理。石皆點頭。陸羽井之前有石觀音庵。內有石刻大字經典四十餘行。石碑環列。爲宋名人所書。一人一行。其南爲近年新建五楹之樓。曰冷香閣。周植紅綠梅三百株。吳江陸恢聯榛莽一丸泥。賴名士題碑。英雄葬劍。梅花三百樹。有遠山環抱。高閣憑陵。又張一麐聯。高閣此登臨。試領略太湖帆影。古寺鐘聲。有如薊子還鄉。觸手銅仙總淒異。大吳仍巨麗。最惆悵恨別禽心。感時花淚。安得生公說法。點頭頑石亦慈悲。又南有擁翠山莊。爲洪文卿及其同人所建。近亦修葺。聯云。香草美人心。百代艷名齊小小。苑亭花影宿。一泓清味問憨憨。道旁有試劍石。或云秦皇試劍。或云吳王試劍。蓋中分如截。取其形似而已。憨憨泉。梁時憨憨尊者遺跡。古眞孃墓。眞孃爲吳之美人。今建亭於墓上。李祖年集吳夢窗詞句以爲聯。半邱殘日孤雲。寒食相思陌上路。西山橫黛瞰碧。青門頻返月中魂。又古鴛鴦塚。現亦建亭。署曰長洲蠡口人倪士。義妻楊烈婦。崇禎十四年建。聯云。身膏白刃風猶烈。骨葬青山土亦香。虎邱寺。在山最高處。由千人石登五十三級之石梯而入焉。寺中東南隅。築屋於石壁之上。曰望蘇臺。今曰小吳軒。仍其舊名也。有塔七成。隋仁壽九年所建。塔基爲晉司徒王珣琴臺。相傳建塔時。掘得古甎函。內有銀合。護舍利一粒。置水甌內。旋繞呈祥云。山之左斟酌橋下。有李文忠祠。其後園曰靖園。凡游山者每於此一休憩焉。沿山塘東半塘橋附近下塘。龍壽山房中藏有元僧繼善血書華嚴經八十餘卷。明宋濂有贊。

五人之墓　在山塘街虎邱附近可於游虎邱時順道往觀

墓在虎邱山塘。墓基即普惠生祠。毛一鷺所建以媚璫者。士大夫捐金斂葬於此。吳默題曰五人之墓。有張溥韓封碑記。墓中之五人。曰顏佩韋、楊念如、馬杰、沈揚、周文元。事在明天啓七年。周忠介公順昌觸怒魏閹被逮。時士民數萬。爲周公請命。旗尉厲聲以叱。衆逐之。巡撫毛一鷺爲魏私人。以吳民亂請於朝。誅此五人。

韓騏七律一首　英風颯颯繞迴塘。舊塚纍纍俠骨香。一擊自同椎博浪。百身何異痛三良。頭顱敢爲忠臣惜。販負能增黨籍光。變例春秋墓前碣。先人特筆凜嚴霜。

環秀山莊　在黃鸝坊橋東中衙前即汪氏耕蔭義莊須有人介紹方

可入內從閶門去篠轎價二角零園資無茶資酌給

環秀山莊。有明申文定公時行宅。乾隆間刑部郎蔣楫居之。後歸太倉畢尙書沅。繼爲孫建威伯宅。道光末歸汪氏。舊有飛雪泉。蔣恭棐爲之記。從弟方槎楫號之比部新居廳事之東偏。爲樓五楹。以貯經籍。名求自。於樓後疊石爲。小山畚土有清泉流出。迤邐三穴。或濫或氿。不纖不匯。合之而爲池酌之甚甘。導之行石間。聲潨潨然。因取坡公試院煎茶詩中字。題曰飛雪。云自汪氏修葺後。署其堂曰環秀山莊。汪開祉聯。風景自清嘉。有畫舫補秋奇峯環秀園林占幽勝。看寒泉飛雪。高閣涵雲。俞曲園聯。邱壑在胸中。看疊石疏泉。有天然畫本。園林甲吳下。願攜琴載酒。作人外清游。顧文彬聯。幽栖此日重逢。看峭壁垂雲。開扶短策。明波洗月。淨灌蘭纓水邊樓觀。先登更將秋共遠。俯仰十年前事。乍掃苔尋徑。偪僂穿岩。撥葉通池。虛空倒影。眼底烟霞無數。都是昔曾游。并識云。環秀山莊爲孫補山相國故居。余昔年曾賃廡於此。後歸平陽祠宇。庚申之變。頗有毀傷。秉齋廉訪同年重加修葺落成於戊戌之秋。屬題楹帖。爲集張玉田詞句應之。堂前疊石地積極窄。而洞壑岡巒。迴環曲折。是正以少許勝多許者也。東偏之亭。署曰半灣秋水一房山。西偏之亭曰問泉。北曰補秋舫。汪開祉聯。雲樹遠涵青。偏教十二闌。憑波平如鏡。山窗濃叠翠。恰受兩三人坐。屋小於舟。又汪惟韶聯。隔院聽黃鸝。最宜婪尾花開。四壁凝香簾半捲。新醅浮綠螘。恰好醒心泉澈。一鑪飛雪酒初溫。并識云。是園舊爲有清孫補山相國舊宅。自後迭更其主。道光年間始歸吾莊。園鄰黃鸝坊橋。庭植婪尾一本。春來發花甚盛。舊有飛雪泉。淤塞已久。乃疏而通之。源流不絕。頗有瀑布之觀云。

遂園　前門在慕家花園後門在中衙前汪氏耕蔭義莊斜對面園資平常銅元四枚遇有特別點綴時酌加茶資每壺銅元六枚

園本清康熙間巡撫慕天顏所築。今通稱是處爲慕家花園者。實以是園相沿故。旋歸河南人紹興太守席椿。其後畢尚書沅割其半。餘歸滇南劉氏所有。名曰遂園。內有容閑堂、綠天深處、映紅軒、琴舫、逍遙容與等室。皆臨池。池廣闊。夏時荷開極盛。池上架小橋。曲折可通。近年開放。游人絡繹。

怡園　園門在護龍街及尚書里內。往游者須得園主之許可。園資不納。茶資酌給。

怡園爲顧子山方伯文彬所建。其結構之佳。非胸有邱壑者不能。觀俞曲園記。即可知是園之梗概矣。園內壁間石刻多米書楹聯。多集前人詞句。皆園主人自作。曾刊行單本。爲錄俞氏園記幷聯語於後。

俞曲園怡園記　顧子山方伯既建春蔭義莊。闢其東爲園。以頤性養壽。是曰怡園。入園。有一軒。庭植牡丹。署曰看到子孫軒。之東有屋如舟。署曰舫齋賴有小溪山。涪翁句也。其前三面環水。左則蒼松數十枝。余摘司空表聖句顏之曰碧澗之曲古松之陰。其上有閣。曰松籟。憑檻而望。郭外西山隱隱見眉嫵矣。繞廊東南行。有石壁數仞。築亭面之。名曰面壁。又南行。則桐蔭翳然。中藏精舍。是曰碧梧棲鳳。又東行。得屋三楹。前則石欄環繞。梅樹數百。素艷成林。後臨荷花池。石橋三曲。紅欄與翠蓋相映。俗呼其前曰梅花廳事。後曰藕香榭云。梅花廳事之西。鑿坏於垣。曰邂逅窟。窟中一室。曰舊時月色。亦余所署也。循廊東行爲南雪亭。又東爲歲寒草廬。有石筍數十枝。蒼寶可愛。其北爲拜石軒。庭有奇石。佐以古松。又北爲坡仙琴館。以藏東坡琴也。館之右有石似老人。傴僂而聽琴。築室其旁。曰石聽琴室。又西北行。翼然一亭。顏以坡詞曰繞徧迴廊還獨坐。廊盡此矣。庭中有芍藥臺。墻外有竹徑。遵徑而南。修竹盡而叢桂見。用稼軒詞意。築一亭曰雲外築婆娑。亭之前即荷池也。循池而西。至於山麓。由山洞數折而上。度石梁。登其巔。則螺髻亭也。自其左履石梁而下。得一洞。有石天然爲大士像。是曰慈雲洞。洞之中石桌石櫈咸具。石乳下注。磊磊然。洞外有桃花。是曰絳霞洞。洞之北即余所謂古松之陰也。出松林再登山。有亭曰小滄浪亭。後疊石爲屏。其前俯視。又即荷池矣。茲園東南多水。西北多山。爲池有四。皆曲折可通。山多奇峯。極湖嵌之勝。方伯手治此園。園成遂甲吳下。精思偉略。即此徵之。攀玩終日。粗述大概。探幽搜峭。是在游者。

園主人聯語梅花廳事　古今興廢幾池臺。往日繁華。雲烟忽過。這般庭院。風月新收。人事底虧全。美景良辰。且安排剪竹尋泉。看花索句。重來天地一梯米。漁樵故里。白髮歸耕。湖海平生。蒼顏照影。我志在寥闊。朝吟暮醉。又何知冰蠶語熱。火鼠論寒。集辛幼安詞

藕香齋　流水洗花顏。擁蓮媛三千。誰道采菱波狹。紫霄承露掌。倚瑤臺十二。猶聞凭袖香留。集吳夢窗詞句　竹杖敲苔。倚窗小梅索句。簾波浸筍。閑門明月關心。集史梅溪詞　曲檻俯清流。暝烟兩岸。斜日半山。橫枕鼇峯。水面倒銜蒼石。晴空搖翠浪。花露侵詩。槐薰入扇。涼生蟬翅。柳陰深鎖金鋪。集秦少游周草窗詞　水雲鄉。松菊徑。鷗鳥伴。鳳凰巢。醉帽吟鞭。烟雨偏宜晴亦好。盤石序。輞川圖。謫仙詩。居士譜。酒羣花隊。主人起舞客高歌。集宋人詞　蓮葉共分題。貯月杯寬笑拍欄干呼范蠡。貧屏掩雙扇。避風臺淺。旋移芳檻引流鶯。集周草窗詞　面壁　雲闊

插天開。欲往何從。一百八盤狹路。湘屏展翠疊。臨流更好。幾千萬縷垂楊、集辛幼安周草窗詞古松之陰　還我漁蓑。依然畫舫清溪笛。急呼斗酒。換得東家種樹書。集辛幼安詞　雲外築婆娑　芳桂散餘香。亭上笙歌。記相逢金粟如來。蘂宮仙子。天風飛墮地。眼前突兀。最好是蜂房萬點。石髓千尋。集辛幼安詞　南雪亭　高會惜分陰。爲我弄梅。細寫茶經煮香雪。長歌自深酌。請君置酒。醉扶怪石看飛泉。集辛幼安詞

歲寒草廬　竹邊松底。只贈梅華。共結歲寒三益。薜老苔荒。摩挲峭石。恍然月白千峰。集張玉田詞　衝寒茸帽。拂雪金鞭。漸爲尋花來去。欵語梅邊。虛堂松外、幾番問竹平安。集姜白石張玉田詞　四時瀟灑　石磴揭松陰。幾曲欄干。古木迷鴉峰六六。烟光搖縹瓦。一屏新繡。芙蓉孔雀夜溫溫。集張玉田史梅溪詞繞徧迴廊還獨坐　紫苔蒼壁。曲徑疏籬。玉斧峭方壺。政爾橫看成嶺。酒令詩籌、芒鞵竹杖。歸路踏明月。等閒行盡長廊。集辛幼安詞　幽懷倚石。蕭疏竹影庭深。且拂簟清眠。引筇閒步。翠幙成波、晻靄苔香簾淨。每逢花駐。樂持酒聽歌。集張子野詞　閒鎖一壺幽綠　移花檻小。

密葉禽幽伴。壓架荼蘼。依約誰教鸚鵡。款竹門深。采芝人到。任滿身風露。姓名題上芭蕉。集張玉田詞

滄浪亭

在城內三元坊從胥門去籐轎價約二角零

滄浪亭與府學毗連。積水彌數十畝。傍有小山。高下曲折。與水相縈帶。洵屬吳中勝鏡。錢氏時廣陵王元璙別圃。或云其近戚吳軍節度使孫承祐所作。宋蘇舜卿子美得之。傍水作亭。曰滄浪。由是滄浪之名始著。後歸章氏。既除地。發其下皆嵌空大石。人以爲廣陵王時所藏。益以增累其隙。兩山相對。遂爲一時雄觀。紹興時曾爲韓世忠所有。韓氏作橋兩山之上。名曰飛虹。由元至明。廢爲僧居。明嘉靖間。於其址之妙隱庵。建韓蘄王祠。釋文瑛於大雲庵旁。復建滄浪亭。清康熙間又建蘇公祠。商邱宋犖撫吳時。尋訪遺跡。復構亭於山之巔。得文徵明隸書滄浪亭三字。揭其楣。被毀於咸豐庚申之役。同治十二年。巡撫張公樹聲重建。亭建原所。其南爲明道堂。堂之後東菑西爽。折而西爲五百名賢祠。祠之南翠玲瓏亭。以北爲

面水軒。靜吟藕花水榭。皆臨水。餘如清香館、聞妙香室、瑤華境界、見心書室、步碕印心石室看小樓。大半就地結構。仍題舊額。其中石刻。如康熙賜吳存禮詩及楹聯。乾隆十二年御書江南潮災歎。御題文徵明小像。宋蘇舜欽留別王原叔詩。道光中陶澍滄浪亭五老圖詠。朱琰七友圖記。楊鑄論詩圖題詠。五百名賢繪像。闕名書。歐陽修歸有光記。及康熙後重修各記。日就荒蕪。亟待修治。其對面有可園。今設省立圖書館。

宋蘇舜欽滄浪詩　一逕抱幽山。居然城市閒。高軒面曲水。修竹慰秋顏。迹與豺狼遠。心隨魚鳥閒。吾甘老此境。無暇事機關。又滄浪靜吟　獨遶虛亭步石矼。靜中清味世無雙。山蟬帶響穿疏戶。野蔓盤青入破窗。二子逢時猶死餓。三閭遭逐便沉江。我今飽食高眠外。惟恨澄醪不滿缸。

拙政園　在婁門大街。從閶門去籐轎來回價九角。或從齊門雇轎轎資約二角。園資半角。茶資酌給拙政園明嘉靖時王御史獻臣。因大宏寺遺址營別墅。以自託潘岳拙者之爲政也。文待詔徵明爲圖記。後其子以樗蒲負失之。歸里中徐氏。清初海寧陳相國之遴得之。中有連理寶珠山茶花。時爛紅奪目。吳梅村嘗作長歌。後籍沒入官。爲駐防將軍府。旗軍撤後。爲吳三桂婿王永寧所有。康熙時改爲蘇松道署。缺裁。散爲民居。同治八年改爲八旗奉直會館。入門有老籐。旁有石。署曰文衡山手植籐。門有太倉王藻林聯。拙補以勤。問當年學士聯吟。月下風前。留得幾人詩酒。政餘有暇。看此日名公雅集。遼東冀北。蔚成一代文章。疊石一座。橫當門內。山後有水一曲。通以小橋。橋後有堂。曰遠香堂。張之萬聯。曲水崇山。雅集逾獅林虎阜。蒔花種竹。風流繼文畫吳詩。西曰南軒。俞曲園署曰聽香深處。堂之北有池。池之北有堤。築屋其上。署曰雪香雲蔚。左有勸耕亭。右有梧竹幽居。稍南爲繡綺亭。署曰水木清華。堤之北又有水。西北隅有屋如舟。曰香洲。閣之上署曰澂觀。與香洲遙對處有亭一。署曰荷風四面。聯云。四壁荷花三面柳。半潭秋水一房山。沿廊而北而東。

曰藕香榭。曰擁翠亭。曰瀟湘一角。園之東南隅。曰枇杷園。有湖石數座。玲瓏有致。故署其屋曰玲瓏館。由此而西。卽爲面山面水之遠香堂也。

吳梅村咏拙政園連理山茶　拙政園內山茶花。一株兩株枝交加。豔如天孫織雲錦。頳如姹女燒丹砂。吐如珊瑚綴火齊。映如螮蝀凌朝霞。百年前是空王宅。寶珠色相生光華。長養端資鬼神力。優曇涌現西流沙。歌臺舞榭從何起。當日豪家擅閭里。苦奪精藍爲玩花。旋拋先業隨流水。兒郎縱博賭名園。一擲留傳猶在耳。後人修築改池臺。石梁路轉蒼苔履。曲檻奇花拂畫樓。樓上朱顏嬌莫比。千條絳蠟照鉛華。十丈紅牆飾羅綺。鬭盡風流富貴弦。更誰瞥眼閒桃李。齊女門邊戰鼓聲。入門便作將軍壘。荆榛從塡馬矢高。斧斤勿剪黃鸝喜。近年此地歸相公。相公勞苦承明宮。眞宰陽和暗回斡。長安日日披薰風。花留金谷遲難落。花到朱門分外紅。獨有君恩歸未得。百花深鎖月明中。灌花老人向前說。園中昨夜零霜雪。黃沙淅淅動人愁。碧樹垂垂爲誰發。可憐塞上燕支山。

染花不就花枝殷。江城作花顏色好。杜鵑啼血何斑斑。花開連理古來少。並蒂同心不相保。名花珍異惜如珠。滿地飄殘胡不歸。楊柳絲絲二月天。玉門關外無芳草。縱賚東君著意吹。忍經摧折春光老。看花不語淚沾衣。惆悵花間燕子飛。折取一枝還供佛。征人消息幾時歸。

獅子林　在城之東北隅潘儒巷內與拙政園距離甚近自閶門馬路起雇人力車至齊門車資一角零再從齊門至園轎資約二角或雇快船去亦可

獅子林湖石玲瓏。洞壑宛轉。其大概分爲東西兩部。各成一大環形。東部疊石。游其中者登降不違西部則盤旋曲折有如廻紋相傳元至正間僧天如惟則延朱德潤、趙善良、倪元鎭、徐幼文、共商疊成。而元鎭爲之圖。取佛書獅子座而名之。近人誤以爲倪雲林所築。非也。中有獅子峯、含暉峯、吐月峯、立雪堂、臥雲室、問梅室、（舊有梅曰臥龍）指柏軒、（舊有柏曰騰蛟）玉鑑池、冰壺井、修竹谷、小飛虹、大石屋諸勝。山上有合抱大松五株。又名五松園。後爲黃殿撰軒居第。已久廢。惟疊石池沼。及松樹十餘株尚存。近歸貝氏所有。於其前建義莊及學校。并將故址修葺之。正在工作中。

玄妙觀　在城適中爲最繁盛之地自閶門馬路起轎資約三角零驟資角半

玄妙觀剏自晉咸寧二年。名眞慶道院。唐曰開元宮。宋曰天慶觀。元至元元年始改稱今名。明正統間巡撫周忱知府况鍾建彌羅寶閣三層。民國元年八月毀於火。三清殿剏建於宋淳熙中。自宋以來代有興廢。今爲嘉慶間尚書韓葑等所鳩工修治者。所用大木。爲常熟瀕海漁人於福山口網得。見石蘊玉重修記殿內宏敞。遍設聯對堂幅等肆。殿前有廣大場地。賣茶賣酒用具玩具糖果水果各肆。羅列其間。卜者、相者、賣技者、唱戲者、無一不有。蓋其地適在都會之中。宜其有此紛紜雜沓之情形焉。

北寺塔　在護龍街北端香花橋堍

塔在報恩寺。俗稱北寺。古爲通玄寺。吳赤烏中孫權母吳夫人捨宅建。或云孫權乳母陳氏捨第爲寺。在唐爲開元寺。至吳越時始易今名。其地故有塔十一成。凡再建再燬。宋紹興末。行者大圓重建。始去其二級爲九成。明隆慶中不戒於火。僧如金重建。推爲一郡浮屠之冠。登塔展望。近則全城狀況。遠則西南諸山。靡不歷歷在目焉。

天平山　在城西十八里。舟行四小時。價二元。膳另講。抵村雇山轎來回六角

天平山多奇石。有穿山洞、蟾蜍石、龍頭石、靈龜石、釣魚石、皆奇絕。尤以卓筆峰爲著。峰高數丈。截然立雙石之上。餘如屏如矗。或插或倚。備極怪狀。飛來峰高二丈。上銳下侈。微附盤石。前臨厓谷。龍門俗稱一綫天。兩崖並峙。若合而通。窄險深黑。過者側足。其上有二石屋。大者可坐十八人。小者可坐六七人。皆石穴空洞。廣石覆之如屋焉。又小巖有蓋斜蔽其頂。俗名頭陀崖。又有五丈石、臥龍峯、巾子峯、皆山

中奇跡。山頂平正。曰望湖臺。巨石圓而面湖者。曰照湖鏡。山半有白雲泉。綫脈縈絡。下墜於沼。味極甘冷。爲吳中第一水。石壁中別有一泉。注出如綫。曰一綫泉。宋僧壽老始發之。中有白樂天蘇子美王君玉蔣希曾詩刻。山之東北麓。有范文正公高祖杜國麗水丞隋墓。旁有松數千株。其後羣石林立。名萬笏朝天。又文正公考以上三世。皆葬笏林之陽。南址白雲庵。文正奏請爲功德香火院。敕賜寺額忠宣。故天平山范氏。號賜山。明季參議范允臨。依麗水墓構山莊。康熙間檢討范必英。即其地建參議祠。乾隆初元。范瑶與參議曾孫興禾興穀更修葺之。於是咒鉢庵、寤言室、聽鶯閣、芝房、魚樂國、來燕榭、繙經臺、宛轉橋、諸勝。盡復舊觀。更名賜山舊廬。乾隆帝賜名高義莊。山多楓樹。秋時冒霜。則葉盡赤色。有萬丈紅霞之稱。

唐白居易白雲泉　天平山上白雲泉。雲本無心水自閒。何必奔衝山下去。更添波浪向人間。明高啟石屋　雙崖立幽關。一洞開深宇。青嶂近石鄰。白雲閒作主。不受杜陵風。可避河朔暑。華棟幾回新。渠渠獨千古。卓筆峰　雲來初似墨。雁過還成字。千載只書空。山靈恨何事。飛來峰　風吹峨眉雲。來依此山住。我來不敢登。只恐還飛去。五丈石　勢危撐月墮。影瘦倚雲平。彷彿華峰井。蓮花一坐生。楊基蟾蜍石　神蟇月中來。化作千年石。曾吞玉杵霜。清露時時滴。照湖鏡　團團山上石。下照太湖影。如何一鑑中。三萬六千頃。

石湖　在城西南十五里舟行三小時陰曆八月十七晚及十八日最熱鬧

石湖長九里。東西四里。周二十里。爲太湖支流。有茶磨諸峰映帶。頗爲勝絕。相傳范蠡從入五湖處。湖東一溪。即越來溪。越侵吳自此入。故名。舊有越城。宋范成大因其故址爲亭榭。植以名花。而梅爲獨盛。別築農圃堂。對楞伽寺。下臨石湖。孝宗書石湖二大字賜之。中有北山堂、千巖觀、天鏡閣、玉雪坡、錦繡坡、說虎軒、夢魚軒、綺川亭、盟鷗室、諸蹟、已久廢。別有石佛寺。就巨石鑱大士像。

上方山即楞伽山。上有楞伽寺。有浮屠七級。隋大業四年太守李顯所建。寺有五通祠。清康熙二十四年湯文正毀之。投其像於太湖。中東北爲茶磨嶼。俗名磨盤山。以其三面臨水。故東麓舊有石湖書院。東南麓有普陀巖。有石池。石梁

宋范成大初歸五湖　曉霧朝登紺碧烘。橫塘西岸越來東。行人半出稻花上。宿鷺孤明菱葉中。信脚自能知舊路。驚心時復認隣翁。當時手種斜陽柳。無限鳴蜩翠掃空。約鄉人至石湖　窈窕崎嶇學種園。此生邱壑是前緣。隔籬日上浮天水。當戶山橫匝地烟。春入葑田蘆綻筍。雨傾沙岸竹垂鞭。荒寒未辦招君醉。且吸湖光當酒泉。携家石湖賞拒霜　水上晴雲綵練橫。許多蜂蝶趁船行。漁樵引入新花塢。兒女扶登小錦城。豔粉發妝朝日麗。溼紅浮影晚波清。誰知搖落霜林畔。一段韶光畫不成。

靈巖山　在木瀆。距城十八里。舟行四小時。價約二元。膳另講。並有輪船開往

靈巖山一名硯石山。高三百六十丈。山之西北絕頂爲琴臺。西子曾鼓琴於此。平

坦處有靈巖寺。即吳王館娃宮故址。有塔九成。曰靈巖塔。宋孫承祐所建。明萬曆廿八年爲雷火所毀。而磚獨存。有吳王井二。一圓一八角。圓曰日池。八角曰月池。相傳爲吳王避暑處。又有硯池、玩花池、玩月池。或云硯池即玩花池。三池雖旱不竭。塔前石壁聳起。爲靈芝石。循塔南西上。舊有小斜廊。名響屧廊。亦曰鳴屧廊。以楩梓藉地而虛其下。令西施與宮人行則有聲。因名。東爲百步街。石龜石羅漢在焉。又有石鼓。大者二十圍。小者半之。街之南有石室。俗稱西施洞。舊稱吳王囚范蠡處。洞右有牛眠石。前爲出洞龍、貓兒石。東西爲二划船隖。蓋吳王瀦水以戲龍舟之所。其下爲妙湛泉。更有醉僧石、石鼉、壽星石、披雲望月二臺、石樓、袈裟石、石髻、石城、石馬、樣頭石、獻花石、藏經石幢等。明嘉靖後屢經構采。遂多殘毀。萬曆四十一年。榷部馬之駿給價官買。勒石禁采。其西南石壁峭拔。曰佛日岩。山前有采香涇。在香山之旁小溪也。吳王種香於香山。使美人泛舟於溪以采香。今自靈巖山望之。一水直如矢。故俗又稱箭涇。寺壁懸絕詩十章。分咏十景。因錄之。

西施洞　館娃宮廢已多時。登覽低徊有所思。野草山花新雨後。先從古洞覓西施。

吳王井　宮井依然似鏡開。墜釵人去有誰哀。年年山上秋風起。應化驚鴻照影來。

琴　臺　崖畔廊空無響屧。山頭臺廢不鳴琴。夕陽欲落天風起。但聽松濤萬古音。

玩花池　山上清池水一匡。畫橋蕪穢檻欹斜。春來別有游魚樂。不見宮人更玩花。

采香逕　一逕似箭散朝烟。聞道吳王欲泛船。宮女如花隨水去。采香直看到山頭。

畫船塿　水嬉千載說吳王。妙舞清歌樂未央。霸業銷沉宮已廢。爭教船塿不滄桑。

石城　離宮結構已崔巍。當日遊觀亦壯哉。豈料石城高百丈。不能禦得越兵來。

石鼓　吳地兵戈久已平。靈巖遊眺息勞生。夜來不識雷聲動。恐是山頭石鼓鳴。

石鼊　石幢石鼓幻形多。此石胡爲獨化鼊。日望太湖終不去。浮沉已似畏風波。

佛日巖　旁晚重尋佛日巖。仰看峭拔出松杉。老僧更立琴臺上。絕境層層自隔凡。

穹窿山　在城西南三十六里至善人橋雇山轎至山價約一元

穹窿山山頂方廣可百畝。有煉丹臺、昇仙臺、皆赤松子遺跡。又三茅峰頭如浮笠。俗呼箬帽嶺。疊石爲龕名國師龕。或云張良從赤松子游處。半山有石膝痕相傳茅君禮斗處。膝印中注水不涸。名雙膝泉。又有拄杖泉。大旱不竭。法雨泉下注石堰。百丈泉則在山之西焉。東嶺下有盤石。高廣丈許。相傳朱買臣讀書其上。今號爲讀書臺。有穹窿寺。梁天監中建。明改爲拈花寺。後建上眞觀。

明吳寬穹窿山　我聞吳中諺。陽山高抵穹窿半。壯哉拔地五千仞。始羨吳中有寺觀。銅坑鄧尉作屏扆。天平靈巖當几案。吾聞法華與雅宜。水邊橫亘如長岸。何人著山經。宜作吳山冠。但嫌地勢高。山家無憂旱。舟行半日青已了。卻被濃雲忽遮斷。水廻路轉二三里。依舊諸峰青歷亂。人云山頂百畝平。合結茅廬倚霄漢。龍門勝跡未遑游。坐向船頭先飽看。

鄧尉山　在光福鎭距城六十里舟行由胥江過木瀆善人橋可順道往游靈巖穹窿兩山民船逕行朝發夕至翌晨登山雇山轎每頂給資二元左右

鄧尉山以漢有鄧尉隱此故名。亦稱光福山。以地名光福里也。山勢雄偉。實爲附近諸山之綱領。故鄧尉之名獨著。

鄧尉之東南有玄墓山。與鄧尉相連不斷之山也。東晉青州刺史郁泰玄葬此。墓在聖恩寺後。明初萬峰和尚居之。又名萬峰山。聖恩寺即萬峰和尚道場。寺有喝石。相傳穿井時有巨石下墜。萬峰喝止之。故名。寺西南有八德泉。水如沸珠。又名沸珠。泉寺後奇石。俗謂之眞假山。天順間。於土中露見稜鍔。扣之錚錚。遂加剔灌。巉岩洞。越巧若天成。後漸湮沒。至康熙十七年仲夏積雨。山泉衝激。復有石露於大悲壇。東寺僧因而搜之。得石湖盧熊所題、神獅出岫、海湧門、汲硯泉、涵輝洞、峭壁岩、螺髻峰、流雲洞、凌空橋、八景。近康南海題壽洞二字於石上。寺中以還元閣爲最勝。可遙望太湖之全景。藏有梆桱鐘及其墨搨。與覺阿和尚一蒲團外萬梅花畫册。寺僧見客至。恒出而乞題。又有四宜堂。康熙駕臨時。賜以松風水月四字。殿右有巨鐘。鏤法華經六萬字。鐘本洪武九年鑄。後爲嚴嵩攫去。此爲萬歷間重鑄者。

五雲洞在米堆山。位玄墓之東。洞爲顧天叙所闢。明季有虎伏於內。俗名老虎洞。

近山有寺曰獅林寺。壁嵌楞嚴經石刻。

石樓在彈山。位玄墓之西。又名萬峯臺。所据極勝。瀕湖處舊有七十二峯閣。已久廢。今有寺。中有留餘泉。味清冽。

石壁在蟠螭山。位彈山之西南。石奇峭。嶄巖如削。山有寺。面太湖。以峯爲壁。如圍屏狀。山產茶。附近居民。有以綠茶來兜售者。

香雪海在馬駕山。俗稱吾家山。誤。四面皆樹梅。康熙中巡撫宋犖題此三字於崖壁。其名遂著。蓋山中人率樹梅以爲業。與藝茶條桑並重。明汪琬馬駕山記有梅五茶三桑二之說。其南數里地曰天井。居民又盆栽紅綠梅。以銷售各處者。故極繁盛。

司徒廟古柏。不知紀年。勢極蟠屈。最著者爲清奇古怪四株。廟曰柏因社。以此。

光福鎮之西北。有山曰龜山。上有光福寺。爲梁九眞太守顧氏之家山。寺中有銅觀音像。宋康定中久旱。禱之即雨。自是凡有禱者。州人請郡守致敬。無不感應。寺有舍利塔。爲梁大同間所建。北有虎山。通一溪。跨以石梁。名虎山橋。

張湛甫士衡紀游吟草五雲洞　上下兩山巔。厥名曰五雲。層雲無復起。虎嘯有時聞。無虎與有虎。山人語紛紜。相傳爲虎洞。人云吾亦云。眞假山　聞此眞假山已歷幾千春。是眞即非假。是假即非眞。眞與假之間。不容一微塵。山石癡聾甚。低頭昧夙因。石壁　天半奇峰削不成。游人到此競題名。屛風幾疊高千仞。遮斷五湖浪送迎。　烟波深處一螭蟠。山勢蜿蜒得地寬。休訝補天餘片石。重重降自碧雲端。石樓　攀崖試上萬峯臺。山色湖光眼界開。波撼烟巒渾欲墮。風停雪浪也成堆。閣傾本爲尋碑至。石滑何妨倚竹來。泉吸留餘僧獻茗。閑吟叉手一徘徊。司徒廟古柏　柏因社裏柏縱橫。古怪清奇舊有名。靈氣往來天地久。刼餘斷榦尙敷榮。香雪海　山前山後盡梅花。人入山中興倍賒。穿徧田疇香不斷。筍輿時訝被花遮。

東洞庭山　在城西南八十餘里有輪船開往自蘇至山六小時

東洞庭山。東西相距十五里。南北相距十七里半。周五十餘里。面積一百九十二方里。人口約二萬四千。一名胥毋。毋音無一作胥母因伍子胥嘗迎母於此一名莫釐。相傳隋莫釐將軍居之。因名。山視西洞庭較小。而岡巒起伏。大略相似。其最高者曰莫釐峯。登其絕頂。極目四周。全湖盡見。七十餘峯。歷歷可數焉。東有翠峯。其下有寺。其處名雨花臺。亦山中名勝。近山人於寺旁建築二層新屋一所。其中陳設。儼如虎邱之冷香閣。惟是樓三面環山。一面面湖。景緻極佳。有聯云。湖山成千古畫圖。南望吳江。西延夾浦。北臨惠麓。東達金閶。此處足清游。古刹被名僧所占。景物極。四時佳境。春風柳岸。夏岫雲峰。秋正歸帆。冬留積雪。我生厭塵俗。一官爲勝地而來。亦可見是處之勝矣。

明王鏊與嚴道師同登莫釐峯　微雨發春妍。東風花外軟。良朋約佳游。遙指莫釐巘。平生山水心。老脚肯辭繭。壺觴紛提携。曲磴屢迴轉。小憩山之腰。秘境漸披蔵。紫翠蓋幢翻。青黃繡絪轉。須臾造其巔。四顧目盡眩。太湖小汀瀅。風帆時隱見。吳門俯可掇。越嶠杳難辨。摩挲舊題名。斑駁半苔蘚。日斜下山椒。窅爾迷近遠。問途値樵夫。失脚悔已晚。懸崖颭伶俜。絕壑窺泓澳。熹微認前村。山寺吠鳴犬。解衣得盤礴。仰視坐猶喘。韓公鐫華嶽。正自恐不免。登高弗知厭。持用戒軒冕。

西洞庭山

由東洞庭雇舟擺渡湖面約十里另有義渡船渡資銅元數枚

西洞庭山在太湖中。山之邃者包山。奇者石公。靈而秀者林屋。高者縹緲。峯險而幽者大小龍渚。石蛇總名西洞庭云。

包山一作苞山。今通謂之包山。以四面皆水包之故名。或謂包公嘗居之。（包公句容鮑靚也。遂呼鮑爲包。）山高七十丈。望之渺然如世外。即之茂林平野。閭巷井舍。仙宮梵宇。星布棋列。雜植花果。若楊梅、若梨、若桃、若梅、若橘、皆有名。而碧螺峯之茶爲更著。其諸峯皆秀異。而縹緲峯最高。登其巔則吳越諸山。隱隱在目。峯頂有龍穴、鷹頭石、紫雲泉、諸勝。

石公山在包山之東南隅。一峯斗入湖中。少土多石。周二里。三面湖水環之。山前二石對峙水中。謂之石公石姥。又有雲梯聯雲嶂。皆附石公。著石公庵。負其西壁。壁縱四十丈。橫不下三四丈。削平如版。作黝黑色。庵之北為歸雲洞。洞高廣二十尺。相傳舊有石垂洞口。如雲之方歸。故名。又北為蟠龍洞。在水厓。洞之旁石多奇異。有名為石梁石琴者。俱倚厓跨水上。落照臺則在山之陰矣。庵之右為劍樓。王弇州仍其舊名曰風弄。俗稱為一綫天。山巔盤陀如畝。可作數百人坐者三四處。但多石礫。相傳花石綱之役。朱勔曾伐石於此。

林屋洞在洞山。為十大洞天之第九。洞門庳隘。非傴僂不能入。門內殊高廣。可容數十人。通日光。有淺水。再進有小口。窅然以黑。高三尺許。須秉燭入。曲行二三十步。石益下。水益深矣。舊傳洞中有石室、銀房、金庭、玉柱、石鐘、石鼓。或稱洞中有白芝、隱泉、金沙龍、盆魚、乳泉、石燕等語。多附會。洞外亂石。如犀象牛羊起伏蹲臥者。

曰齊物觀。東北高起千尺。蒼然壁立者。曰曲巖洞。

吳梅村縹緲峰　茲峯非云高。高與衆山別。其下多嵌空。天風吹不折。插根虛無際。縹緲爲險絕。細徑緣山腰。人聲來木末。籃輿雜徒步。佳處欣屢歇。躋嶺路倍艱。往往攬垂葛。灝氣凌沆寥。一身若冰雪。輕心出天池。羽翮生彷彿。杖底撥殘雲。了了見吳越。曜露燭滄浪。滉瀁金光發。陰雲俄已變。慘澹元雲結。歸笻破暝靄。半嶺値虹蜺。始知清境杳。跡共人鳥滅。丹砂定可求。苦爲妻子奪。看君衣上雲飛過松間月。

汪琬游石公山　嘗聞石公山。名稱習已熟。茲游下筍輿。緩步向前麓。山色圍暖翠。湖光漾晴綠。葛花惹衣袂。橘刺礙巾幅。所遇石漸奇。一一煩記錄。或如城堞連。或如屛幃曲。或平若几案。或方若棋局。虛或生天風。潤或聚雲族。或爲猿猱蹲。或作羊虎伏。或如兒孫拱。或如賓主肅。或深若永巷。或邃若重屋。色或雜青蒼。紋或蹙羅縠。纍纍高復下。離離斷還屬。曠或可振衣。仄或危容足。旣疑雷斧闢。又似鬼工築。不然湖中龍。蜺骨堆深谷。天公弄狡獪。專用悅人目。芳草絡淺根。孤松施頂禿。欹崟上題鼠。嵌空懸蝙蝠。玩之漸忘返。苦被同游促。平生解愛石。拜揖每匍匐。急欲買茲山。誅茅架椽竹。爲謀吾已決。不暇龜策卜。

瑞光塔　在盤門內

瑞光禪寺。爲吳赤烏四年僧性康來自康居國。孫權建寺居之。名普濟禪院。嗣建舍利塔十三級於寺中。以報母恩。至宋宣和間朱勔出貲重建。改爲七級塔。屢放五色。故名瑞光。

雙塔寺　在城東南隅定慧寺巷

寺爲唐咸通中州民盛楚等所建。名般若寺。宋雍熙中王文罕建兩磚塔對峙。俗遂以雙塔名之。清道光初因東塔相輪毀。曾修葺之。

寶帶橋　在葑門外東南約六里

橋跨大運河與澹臺湖上。長千二百二十五尺。環洞五十三。而高其中之三以通巨艦。河爲東南要道。風濤衝激。不利舟楫。因建此橋。唐御史王仲舒鬻所束寶帶以助工費。故有是名。歷元迄清。重建數次。今爲同治十一年工程局所修復者。

荷花塘　在葑門外覓渡橋之東南七八里

荷花塘在獨墅湖旁。居民築爲塍岸。植荷爲業。綿亘數里。夏時花開如雲錦。清香撲人。郡中士民多雇舟往游。每於先日預備一切。拂曉登舟。於旭日未升零露未收時抵其處。爲尤妙。

此外如倉米巷溧陽史氏之半園。韓家巷吳江龐氏之鶴園。南獻子巷安徽會館之惠蔭花園。長春巷全浙會館之之園。有常年開放者。亦有臨時開放者。

遊蘇備覽

附編　雜記

蘇州之沿革

蘇州本春秋時吳國之都吳王闔閭及其子夫差。據之以與越國爭霸者也。秦漢置會稽郡。後漢置吳郡。隋置蘇州。蘇州之得名始此。宋爲平江府。元爲路。明改蘇州府。清因之。爲江蘇省治。舊分吳縣長洲元和三縣。民國後。省會移寧。統稱吳縣。

交通

蘇州車站　距齊門二里　距閶門四里

官瀆里車站　距婁門三里

蘇至滬五三、五哩　蘇至錫二六、五哩　蘇至常五〇、五哩

蘇至鎮九七哩　蘇至寧一三九哩

輪船局

招商　碼頭閶門外萬銀碼頭又盤門外　開往上海湖州杭州嘉興常熟

交通　碼頭閶門外萬銀碼頭　開往湖州及杭州

戴生昌　碼頭同上　開往上海杭州周莊角直陳墓

慶記　碼頭同上　開往湖州

老公茂碼頭閶門外萬銀碼頭開往上海常熟無錫　保興碼頭胥門外洋橋堍開往木瀆橫涇東洞庭

寧紹碼頭同上開往嘉興　協昌碼頭閶門外開往常熟

蘇至常熟八〇里　蘇至嘉興一四〇里　蘇至無錫二〇〇里　蘇至杭州三五〇里

電報局　閶門內天庫前

郵務總局　閶門馬路　支局城內六所　閶門東中市　胥門養育巷　葑門專橋　齊門西北街　醋坊橋堍　護龍街　城外一所覓渡橋

街道

城內東西幹路有四　一桃花塢北街婁門大街　一閶門內西中市東都亭橋接駕橋古市巷東西白塔子巷　一道前街府前街衛前街十梓街嚴衙前天賜莊　一侍其巷三多巷書院大太平巷十全街葑門大街

南北幹路有七　一自閶門內皋橋起吳趨坊學士街　一自崇眞宮橋起中街

路養育巷司前街駙馬府堂　一河沿街道堂巷王天井巷西美巷　一自北寺塔起護龍街三元坊　一齊門大街臨頓路　一倉街　一平江路

其他街道概爲以上各幹路之支路

馬路幹綫　火車站至閶門石路口　石路口至胥門由斯街口　由斯街口至盤門　盤門至覓渡橋　支路閶門鴨蛋橋南横馬路　廣濟橋西留園馬路

城外街道除馬路外　閶門南濠街北濠街山塘街上塘街下塘街　胥門棗棧齊門外大街　婁門外大街

舟車藤轎價

馬車送到價目　火車站四角　留園三角　西園四角　胥門二角　盤門五角　二馬路七角　洋關一元三角

藤轎來回價目（單擡照價六折）　嘉興輪船碼頭四角　常熟輪船碼頭四角　胥門小日暉橋六角　胥門外六角　盤門外十角　二馬路一角　洋關一元四角

遊蘇備覽

附編　雜記　四

橫塘一元二角　上方山二元　七子山二元四角　白馬橋六角
半塘橋七角　虎邱八角　留園五角　西園六角
火車站七角　洋涇塘一元　寒山寺七角　觀音山二元
范墳二元四角　靈岩山三元　玄墓山四元　臯橋四角
接駕橋五角　古市巷東口六角　白塔子橋七角　中由吉巷八角
桃花塢五角　北寺前七角　舊牙厘局六角　跨塘橋八角
拙政園九角　齊門路九角　華陽橋十角　婁門十角
官瀆橋十角　黃鸝坊橋五角　遂園五角　清嘉坊口五角
吳縣公署六角　大關帝廟六角　元妙觀前七角　醋坊橋七角
昇平橋六角　太平橋七角　樂橋八角　顧家橋八角
濂溪坊九角　獅子口十角　侍其巷六角　三多橋七角
道尹公署八角　滄浪亭八角　烏鵲橋八角　帶城橋九角

葑門十角　葑門外十角　吉利橋七角　飲馬橋八角
高等廳七角　警察廳七角　半園八角　南倉橋九角
天賜莊十角　倉街北十角　倉街南一元（上表錄三新旅館所定均以該旅館爲起點）

快船有蘇州快無錫快之別蘇州快又有雙開門單開門及六把椅四把椅之稱蘇快之船點心船菜均有名船點心每席六元至八元船菜倍之每與船價混合講定酒資另給普通雇用小快船視路之遠近兩三元不等膳費若干可先行說明酒資亦另給

人力車價火車站至閶門一角另閶門至胥門銅元五六枚胥門至盤門仝盤門至覓渡橋約一角閶門至楓橋一角另閶門至齊門仝閶門至留園銅元五六枚至西園七八枚

日報

平江日報　市鄉公報　蘇醒日報　蘇州日報　民蘇日報　正大日報

蘇州商報　新江蘇報　吳語　吳聲　晨報

公署

鎮守使署 胥門內舊撫署　道尹署 同上　警察廳 胥門內府前街　水警廳 鎮守使署東

高等法院 胥門內道前街　吳縣知事署 胥門內吳縣橫街　蘇州關監督 葑門內織造府場

稅務公所 高師巷　蘇州洋關 覓渡橋　日本領事署 盤門外二馬路

公所

市公所 草橋南舊元和署　勸學所 葑門內舊皇宮　教育會 同上　通俗教育館 同上

公共體育場 王府基　省立圖書館 滄浪亭對門　青年會 北局　商務總會 西百花巷

工巡捐局 胥門內大太平巷　江蘇全省典業公所 清嘉巷　道立苗圃 胥門內蜜蜂街

務本墾牧處 北寺塔演武廳　農事試驗場 楓橋　苦兒院 廣濟橋

學校

第二中學 草橋頭　第一師範 胥門內三元坊　第二工業 同上　省立醫學 閶門外留園馬路

第二農業 閶門外下津橋
萃英中學 閶門外上津橋
東吳大學 葑門內天賜莊
晏成中學 齊門內謝衙前
桃塢中學 閶門內桃花塢
英華中學 長春巷
博文中學 胥門馬路
第二女師 盤門新橋巷
女子職業中學 學士街舊藩署
景海女學 天賜莊
英華女學 慕家花園
振華女學 十全街
大同女學 舊學前
崇道女學 齊門外洋涇塘
省立女蠶校 滸墅關

醫院

省立醫院 醫校附設見前
縣立醫院 滄浪亭東燕家浜
博習醫院 天賜莊
婦孺醫院 閶門外上津橋
福音醫院 齊門外洋涇塘
更生醫院 火車站西四擺渡
蘇蘇醫院 護龍街飲馬橋

工廠

源盛絲廠 盤門外
又東廠 覓渡橋
蘇綸紗廠 盤門外
鴻生火柴廠 胥門外
燮昌火柴廠 胥門外
華盛造紙廠 閶門外鳳凰橋
市辦電氣廠 胥門外棗棧
振興電燈廠 閶門外大馬路
省立第二工場 棗棧
省立絲織模範工場 盤門外梅家橋
私立女子職業中學校附設工場 學士街舊藩署

銀行

遊蘇備覽

中國銀行 西中市德馨里
江蘇銀行 同上
交通銀行 西中市
上海商業銀行 同上
大陸銀行 西中市
淮海銀行 同上
典業銀行 同上
惠商銀行 同上
華孚銀行 西中市又觀前
蘇州儲蓄銀行 觀東

旅館

(西式)惟盈旅館 車站附近錢萬利橋
鐵路飯店 廣濟橋南丁家巷
(上等)惠中 閶門馬路鴨蛋橋西
三新 廣濟橋南首
蘇臺 鴨蛋橋西
新蘇臺 鴨蛋橋西桃源坊內
第一旅社 鴨蛋橋東
利昌 鴨蛋橋東
中華 同上
姑蘇 胥門內司前街
德成昌 觀前北倉橋

此外上中等旅館城內外甚多

菜館

(西式)萬年青 閶門橫馬路
一品香 閶門大馬路
鐵路飯店 見前
(京館)久華樓 鴨蛋橋西
晏月樓 閶門
(蘇館)大慶樓 閶門馬路
義昌福 同上
新太和 同上
松鶴樓 觀前
天來福 護龍街通關坊口
(徽館)添新樓 閶門馬路
同新館 閶門石路

尙樂園（閶門吊橋西首）　老丹鳳（玄妙觀西）　易和園（玄妙觀東首）　萬福樓（胥門內府前街）

茶館

福安（閶門馬路）　長安（同上）　怡苑（同上）　嘯雲天（同上）　奇苑（閶門內西中市）　茂苑（閶門內湯家巷）

吳苑（觀前太監街內）　雲露閣（玄妙觀東）　桂芳閣（宮巷內）　鳳翔春（胥門內道前街）　胥苑（胥門內養育巷）

此外茶館極多

劇場

民興新劇（閶門馬路）　大舞臺京劇（同上）

浴所

雙龍池（閶門鴨蛋橋西）　新新園（閶門鴨蛋橋東）　第一池（閶門馬路小楊樹里）　同馥泉（閶門外樂榮坊）

蓬瀛（觀前太監街）　彙金泉（玄妙觀西山門口）

物產

米　菜子　繭絲　綢緞　唯亭鎭毛毯　滸墅關蓆　玉器　繡貨

象牙雕刻品　扇　洞庭山枇杷楊梅　車坊荸薺　塘藕　芡實　塘菌
蓴菜　珠蘭　茉莉　代代花　糖食　茶食

店舖

書坊閶門有綠蔭掃葉兩家觀前有振新文怡交通小說林等護龍街道前街多舊書綢緞莊西中市有老人和同仁和介綸等觀前有大新乾泰祥等眼鏡玉器店多在閶門內專諸巷茶食糖果以觀東之稻香村葉受和閶門之趙天祿凌嘉和爲著名衣莊以舊學前爲多木器店以范莊前因果巷王天井巷爲多他如金店銀樓珠寶繡貨大概在閶門西中市及觀前兩處

中華民國十年五月出版

每册定價大洋貳角

編輯者　婁東朱揖文

校訂兼發行者　婁東金俠聞

發行所　蘇州省立第二農業學校
蘇州私立女子職業中學校

寄售處　蘇州觀前小說林
振新書社
蘇州閶門各大旅社

印刷者　無錫錫成印刷公司

蘇州快覽

陶鳳子 編輯

據世界書局一九二五年九月初版影印。

出版説明

陶鳳子，江蘇蘇州人。曾任上海惠群女學國文教員，《江南日報》總編輯。著有《國民革命軍北伐演義》《愛神之花》等。

一九二四年五月，世界書局推出『旅滬必備』的《上海快覽》，翌年三月，又推出同系列書籍《上海寶鑒》，廣受歡迎，不到一月便再版。書局負責人發現導游書籍的廣闊市場，當年九月起陸續推出《居游必携》叢書，並邀陶鳳子編撰了《蘇州快覽》。

《蘇州快覽》封面題『居游必携蘇州快覽』。前有『蘇州快覽編輯大意』『蘇州快覽目次』，目録後有蘇州風景照片八幅。正文分十編：一、蘇州之疆域；二、蘇州之交通；三、蘇州之郵電；四、蘇州之事業；五、蘇州之衣食；六、蘇州之住宿；七、蘇州之名勝；八、蘇州之古蹟；九、蘇州之游戲；十、蘇州之禮俗。又附圖書廣告若干。『名勝』『古蹟』兩編覆蓋範圍廣，總計一百八十餘條，每條介紹言簡意賅，『古蹟』部分的雜類中還包含古樹名木，這是後來游覽指南中較少關注的內容。作者認為『衣食住爲人生切要問題』，『蘇州爲通都大邑，凡百事業靡不争奇炫新，其繁華甲於他埠』。故本書特别注意從蘇州生活習俗、衣食風物等方面來介紹。『蘇州之禮俗』涉及大量蘇州婚喪、中西餐的細節，還羅列了吳地方言稱謂、俗語、諺語，頗具史料價值。

本次出版的《蘇州快覽》，以世界書局一九二五年九月初版爲底本影印。

居游必携

蘇州快覽

上海世界書局印行

蘇州快覽編輯大意

一 本書分十大編。曰疆域。曰交通。曰郵電。曰事業。曰衣食。曰住宿。曰名勝。曰古蹟。曰游戲。曰禮俗。包羅萬象。應有盡有。

一 本書具兩種需要。一備旅行者奉爲嚮導良伴。俾盡覽故宮花草。一備居住者留作參考粉本。俾洞識本地風光。

一 蘇州爲江南文物之邦。具有特殊之歷史。我人食毛踐土。當然有研究之必要。本書於疆域編分別述之。俾明瞭歷史上沿革及地位上形勢。

一 蘇州深巷曲徑。錯綜如蛛網。卽居留較久者。亦難熟悉。本書於道路一欄。調查詳盡。註明地點。欲至何處。一查卽得。問津者庶無岐路之嘆。

一 蘇州處滬寧路之中心。而湖港交流。達於四鄉。水陸交通。均稱便利。但惟其便利。條理紛繁。轉有茫無頭緒之憾。本書於交通編內分別論之。既載規章。又述習俗。俾行旅往來。知所循守。

一 人事愈繁。郵電之爲用亦廣。本書詳載規章。有條不紊。一索卽得。便利良多。

蘇州快覽編輯大意

一衣食住爲人生切要問題。方今物質提高。蘇州開風氣之先。衣食住三者。自與內地不同。本書詳示種種風尚及方法。用作楷模。

一蘇州爲通都大邑。凡百事業。靡不爭奇炫新。其繁華甲於他埠。本書分門別類。廣爲搜輯。以備需要時之檢查。

一蘇州爲山明水秀之鄉。名勝古蹟之夥。指不勝屈。本書刻意搜羅。鉅細靡遺。五光十色。蔚爲大觀。游歷者按圖索驥。恣意瀏覽。不致路迷桃源。

一入境問俗。自昔已然。蘇州有固有之地方化。如貿不加察。周旋其間。不但扞格不入。且將動輒得咎。本書將禮俗及游戲。不厭瑣屑。言之詳盡。俾知所趨避。

一本書關於可以歸納之事物。均列爲表式。以淸眉目。

一本書所載。悉依據最近調查。堪稱精確。惟滄桑靡常。其間有所變遷。勢所難免。當於再版時詳加訂正。又各界事業。遺珠之憾。亦屬不免。倘蒙指教。實爲厚幸。

蘇州快覽目次

第一編　蘇州之疆域

第二編　蘇州之交通

第三編　蘇州之郵電

第四編　蘇州之事業

第五編　蘇州之衣食

第八編　蘇州之古蹟

第九編 蘇州之游戲

第十編 蘇州之禮俗

虎邱塔

蘇州留園

蘇州橫塘

蘇州婁門水閘

范文正公墓

在天平山

西施梳裝臺舊址

鴛鴦壙

在虎邱

眞娘墓

在虎邱山

第一編

蘇州之疆域

甲 沿革

蘇州本荊蠻地。未通上國。禹治洪水。躬歷其地。浚三江而定震澤。而文化猶未興焉。泰伯適吳。化以周禮。漸變其俗。武王封周章於吳。一彈丸地耳。春秋時。吳子壽夢兼併諸蠻夷。始儕於大國。闔閭嗣位。建築郡城。即今之城垣也。至子夫差。爲越所滅。歷百餘年。越又爲楚滅。楚封春申君黃歇於吳。秦始皇滅楚。置爲會稽郡。漢高祖定天下。以其地封楚王韓信。漢末。孫策定江東。權繼之。國號曰吳。吳地悉屬焉。晉武帝平吳。改稱其地爲吳郡。齊梁陳皆因之。隋文帝平陳。廢其名爲蘇州。蘇州之名自此始。唐因之。楊行密等屢陷其城。吳越王錢鏐討平之。宋時仍襲舊名。元始祖入中原。改爲平江路。順帝時張士誠據之。明太祖滅士誠。改爲蘇州府。清因其名。雍正二年。析長洲地置元和縣。割崑山地置新陽縣。分常熟地置昭文縣。裂吳江地置震澤縣。吳縣太湖廳仍舊。共領九縣一廳。定爲省會。咸豐十年。太平軍陷城。巡撫徐壯愍公殉之。同治二年。巡撫李文忠公克復蘇城。光緒二十二年。我國與日本戰。敗績。闢城南靑陽地爲日本租界。光緒末葉。分太湖地置靖湖廳。又多領一廳。民國建立。省會移南京。併長洲元和二縣。太湖靖湖二廳。統稱吳縣。而以新陽併入崑山。昭文併入常熟。震澤併入吳江。今雖改吳縣。狃於習俗。尚稱蘇州也。

乙 形勢

蘇州位於江蘇省東南。南北長二百四十四里。東西廣二百有六里。北枕大江。西南濱太湖。羣山簇擁於西。重湖環抱於東。靈秀之氣。甲於全國。其視爲要地所當控扼者。南方則爲平望、周莊。北方則爲蠡口、望亭。東南則爲陳湖、崑山之磧瀆、安亭。西南則爲太湖、洞庭兩山。此皆險要之在腹地者也。自大江而入者。則爲常熟之福山港、許浦、三丈浦。自海口而入者。則爲嘉定之吳淞江、黃窰港。太倉之劉家河、七了口。此皆險要之在外境者也。

丙 物產

蘇屬物產殷阜。爲江南冠。五穀菜果。桑竹花木。靡不具備。鱗介之產。四時不絕。蠶絲布帛繡羅。尤爲出產大宗。餘如百工技藝。精巧聞於遐邇。名類繁多。亦指不勝屈也。其有本地特產。爲他處所絕無僅有者。述之如下。

螺春茶葉　產洞庭東山。前清貢品。

水晶楊梅　產洞庭東山。

南蕩雞豆　產黃天蕩。

南蕩鮮藕　產黃天蕩。
簹上枇杷　產光福鎭。
虎口地栗　產葑溪。卽荸薺。前清貢品。以大指與食指相圍接曰虎口。形容其大也。
松花糖菌　產山中松樹下。秋時寺僧採之。以醬油菜油相煎儲以罐頭。鮮美無比，
巴盛金瓜　產巴盛。皮黃味甘。
三白西瓜　產雪瀆。
白花蓮蓬　產黃天蕩，
太湖蘿蔔　產太湖田圃。
太湖蓴菜　產太湖。
龍腦薄荷　產府學龍門附近。形如龍首。移殖卽變。前清貢品也。
滸關名席　產滸關。
五色羊毯　產唯亭。
絆絲貢品　產燒墓。
橫涇燒酒　產橫涇。

水炒瓜子　稻香村出品。
香糟鰣魚　稻香村出品。
梅醬名糖　一枝香出品。
五香野味　元妙觀野味店出品。
蘇州船菜　城外花船所製之菜。
祕製肺露　平江路張三和出品。
戈製半夏　臨頓路戈氏出品。
宋製陳皮　山塘宋公祠出品。
六神丸　治諸病，雷允上出品。
九龍丸　治瘋毒，雷允上出品。
黑虎丹　治外症，王鴻翥及良利堂出品。
蝙蝠糞　入痧藥。名夜明砂。產府學大成殿。
高粱酒　王濟美出品。
陽澄蟹　爪作金色。產陽澄湖。
茉莉花　窨茶用。產虎邱花圃。
芝蘭花　窨茶用。產虎邱花圃。
代代花　浸酒用。產虎邱花圃。
玫瑰花　爲食物香料。產虎邱花圃。

丁　道路

一　巷

八良士巷　（城內）東西美巷西養育巷
九如巷　（城內）東王麒基西宋衙街
九勝巷　（城內）東邵磨針巷西護龍街
十郎巷　（城內）北天庫前南寶林寺前
丁香巷　（城內）東倉街西平江路
三多巷　（城內）東查家橋西侍其巷
大太平巷　（城內）東十全街西三元坊
大王家巷　（城內）東田雞巷西護龍街
大郎橋巷　（城內）東平江路西臨頓路
大成坊巷　（城內）北廣福寺橋南觀前街
大石頭巷　（城內）東護龍街西東美巷
大新橋巷　（城內）東小新橋巷西平江路
大柳貞巷　（城內）東小柳貞巷西平江路
大井巷　（城內）東邵磨針巷西護龍街

大儒巷 (城內)東平江路西臨頓路
小太平巷 (城內)東楊家園北大太平巷
小柳貞巷 (城內)東婁城河西大柳貞巷
干將坊巷 (城內)東宮巷西護龍街
土堂巷 (城內)南調豐巷北富仁坊巷
王思巷 (城內)北紅板橋西帶城橋
王洗馬巷 (城內)東中街路西湯家巷
王楓密巷 (城內)東吳趨坊西石塔頭
中由吉巷 (城內)東二門口西平江路
中張家巷 (城內)東虹橋浜街西平江路
水長巷 (城內)東倉街西平江路
水潭巷 (城內)北施林巷南兎子橋
天師巷 (城內)東周啞子巷西靈芝街
井巷,(城內)北徐貴子橋南觀前街
井儀坊巷 (城內)北蔣家坊南十梓街
北顯子巷 (城內)東五聖閣西徐貴子橋
北傳芳巷 (城內)東北張家巷西平江路

北張家巷 (城內)東婁城河西北傳芳巷
北採蓮巷 (城內)北善長巷南西採蓮巷
平家巷 (城內)東柏家巷西齊門大街
打線巷 (城內)南曹胡徐巷北東花橋巷
打線巷 (城內)東皮市街西田雞巷
由巷 (城內)南松鶴板塲北蓮目巷
古市巷 (城內)東西白塔子巷西護龍街
西美巷 (城內)南西貫橋北道堂巷
西百花巷 (城內)東中街路西湯家巷
西支家巷 (城內)東過家街西剪金橋巷
西採蓮巷 (城內)東金獅河沿西司前街
西麒麟巷 (城內)東道堂巷西養育巷
西善長巷 (城內)東東善長巷西念珠街
西泮環巷 (城內)東泮環巷西盤門大街
吉由巷 (城內)東調豐巷西護龍街
朱長巷 (城內)東倉街西平江路
朱進士巷 (城內)南滾綉坊巷北青石橋

田雞巷 (城內)南裝家橋巷北張公橋
宋仙洲巷 (城內)東中街路西湯家巷
佘天燈巷 (城內)南辮蓮巷北廟堂巷
吳殿直巷 (城內)東道堂巷西養育巷
邵磨針巷 (城內)南富仁坊巷北北倉橋
東百花巷 (城內)東王天井巷西中街路
東花橋巷 (城內)東平江路西西花橋
東善長巷 (城內)東金獅河沿西善長仓
東支家巷 (城內)東養育巷西舒巷
東採蓮巷 (城內)東司前街西土地街
東泮環巷 (城內)東平安橋西駙馬府堂
東麒麟巷 (城內)東葛百戶巷西平江路
東美巷 (城內)南衞前街北大石頭巷
花巷 (城內)東雙井巷西樂橋
官庫巷 (城內)西西北街北東教場
宜多賓巷 (城內)東護龍街西韓家巷
泗井巷 (城內)東平橋直街西洛水倉橋

長春巷（城內）東道堂巷西養育巷
周啞子巷（城內）南王大井巷北蘇軍橋
周五郎巷（城內）東吳趨坊西石子街
油車巷（城內）南東北街北平家巷
金獅巷（城內）東護龍街西金獅河沿
侍其巷（城內）東司前街西吉慶街
長春巷（胥門外）東馬路西火燒塘岸
南採蓮巷（城內）東地方街西司前街
南顯子巷（城內）東仁孝里西臨頓路
馬大籙巷（城內）東王天井巷西中街路
馬濟艮巷（城內）東張思艮巷西護龍街
馬醫科巷（城內）東護龍街西吳苑西橋
柳巷（城內）東馬禪寺橋西養育巷
柳仙巷（城內）南油車街北饅行橋
修仙巷（城內）東道堂巷西養育巷
施林巷（城內）南水潭巷北中街前
胡相思巷（城內）東婁門城河西平江路

苑橋巷（城內）東大新橋西臨頓路
幽蘭巷（城內）東鷹揚巷西百善橋
宮巷（城內）南十將坊北觀橋
唐家巷（城內）南桃花塢北後街
唐家巷（城內）東旗杆街西平江路
穿珠巷（城內）南石塔頭北西中市街
倉米巷（城內）東護龍街西東美巷
桐芳巷（城內）東平江路西臨頓路
柏家巷（城內）南華陽橋北太極橋
班竹巷（城內）南査先生巷北雙成巷
張家巷（城內）南西北街北東教場
張思艮巷（城內）南太平巷北石家灣
曹家巷（城內）東三條橋西中街路
曹胡徐巷（城內）東胡相思巷西臨頓路
高師巷（城內）東王天井巷西中街路
紫蘭巷（城內）東護龍街西鷹揚巷
乘馬避巷（城內）南通和坊北吳縣前

道堂巷（城內）南西美巷北珠明寺前
混堂巷（城內）東韓家浜西平江路
鈕家巷（城內）東平江路西臨頓路
詹家巷（城內）東盛家帶西南倉橋
鷹揚巷（城內）南三山街北飼鶴橋
富郎中巷（城內）東養育巷西水潭巷
舒巷（城內）南道前街北瓣蓮巷
舒巷（城內）南天庫前北西中市街
新橋巷（盤門城內）東陳千戶橋西新橋
新橋巷（齊門城內）東新橋西大悲街
新橋巷（婁門城內）東小新橋西平江路
葉蔭巷（城內）東平江路西臨頓路
塔倪巷（城內）東邵磨針巷西護龍街
獅林寺巷（城內）東平江路西善耕橋
喬司空巷（城內）東大成坊巷西護龍街
葛百戶巷（城內）東婁門城河西麒麟巷
義巷（城內）東王天井巷西花駁岸

義慈巷　(閶門外)南夾剪衖北上塘街
蓮花巷　(城內)東學士街西城脚
蓮目巷　(城內)東由巷西宮巷
潘儒巷　(城內)東平江路西臨頓路
蒼龍巷　(城內)東西小橋南混堂衖
寥家巷　(城內)南桃花塢北輪香局
嘉餘坊巷　(城內)東護龍街西金太史場
碧鳳坊巷　(城內)東六瓜橋西宮巷
廟巷　(城內)東任蔣橋西皮市街
廟堂巷　(城內)東養育巷西剪金橋
養育巷　(城內)南吉利橋北水潑粉橋
憩橋巷　(城內)東護龍街西三山街
醋庫巷　(城內)東鳳凰街西平橋直街
興隆巷　(城內)東倉街西旗杆街
雙成巷　(城內)南郡廟前北范莊前
雙井巷　(城內)南鹽倉巷北花巷
彈子巷　(城內)東護龍街西曾家街
螃蜞巷　(城內)東張思良巷西飲馬橋
盧家巷　(胥門外)東馬路西天啓橋
賽兒巷　(城內)南文衙里北天庫前
賽銀巷　(城內)東白塔子巷南東花橋
顏家巷　(城內)東六瓜橋西宮巷
韓家巷　(城內)東宜多賓巷西查先生巷
辮蓮巷　(城內)東養育巷西剪金橋巷
蕭家巷　(城內)東平江路西臨頓路
鐵瓶巷　(城內)東護龍街西谷樹橋
麗姬巷　(城內)東婁門城河西衞道觀前
麒麟巷　(閶門外)東義慈巷西三六灣

二　街

十全街　(城內)東葑門大街西大太平巷
三山街　(城內)南大石頭巷北鷹揚巷
八寶街　(城內)南嚴衙前北雙塔寺
上塘大街　(閶門外)東弔橋西普安橋
下塘大街　(閶門外)東渡僧橋西花板橋
山塘街　(閶門外)東南山塘橋西北虎邱
中市大街　(城內)東都亭橋西閶門
中同仁街　(城內)東混堂衖西新善橋
石子街　(城內)南梵門橋街北周王朝
石板街　(城內)南漁郎橋浜北北禪寺
北街　(城內)東楚勝橋西迎春坊
皮市街　(城內)南廣化寺橋北天后宮橋
司前街　(城內)南三多橋北養育巷
西街　(城內)南張廣橋北桃花巷
西街　(城內)南十梓街北濂溪坊
西街　(婁門外)南矮橙橋北婁門大街
百步街　(城內)南磚橋北望門橋
直街　(城內)南烏鵲橋北平橋
東街　(葑門外)南朝天橋北馬塔橋
前新街　(城內)東大營門西廖家巷
前同仁街　(城內)東混堂衖西新善橋
後同仁街　(城內)東混堂衖西新善橋

神道街 (城内)南鈕家巷北陰元和堂
神道街 (城内)南馬醫科北郡廟
府前街 (城内)東西貫橋西道前街
念珠街 (城内)南纕香橋北石岩橋
胥門街 (胥門外)南接官廳北萬年橋
胥門大街 (胥門外)南大日暉橋
倉街 (城内)南長元學前北倉橋
倉橋北街 (城内)南太伯橋北麒麟橋
道前街 (城内)西歌勳橋東府前街
葑門大街 (城内)東葑門西十全街
齊門大街 (城内)南弔橋北潘家橋
盤門大街 (城内)南盤門北駙馬府堂前
旗杆街 (城内)南胡相思巷北興隆巷
婁門外大街 (婁門外)東柳仙堂西弔橋
衞前街 (城内)東飲馬橋西西貫橋
護龍街 (城内)南三元坊北香草橋

三 路

二馬路 (葑門外)東稅關西甘棠橋
中街路 (城内)南朱明寺北中市大街
平江路 (城内)南花橋北華陽橋
石路 (閶門外)南馬路北渡僧橋
臭馬路 (閶門外)南八字橋北李王廟
紗廠馬路 (盤門外)東二馬路西甘棠橋
留園馬路 (閶門外)東廣濟馬路西留園
絲廠馬路 (盤門外)東甘棠橋西天壇廟
愛河橋馬路 (閶門外)小日暉橋橫馬路
新民橋馬路 (閶門外)萬里橋西廣濟橋
齊門路 (城内)南臨頓橋北齊門
廣濟橋馬路 (胥門外)南閶門馬路
橫馬路 (閶門外)西鴨蛋橋北愛河橋
臨頓路 (城内)南過駕橋北迎春坊

四 街

大官街 (城内)東婁城河西平江路
大悲街 (城内)南西北街北賭帶橋

大衞街 (城内)南衞前街北毛家街
小鐵局街 (城内)東護龍街西東海島
土地街 (城内)南三多巷北地方街
三元街 (閶門外)東河沿西南濠
小邾街 (閶門外)東渡僧橋西花板橋
中軍街 (城内)東吉慶街西駙馬府堂
水仙街 (城内)南滚綉坊巷北鳳凰街
太監街 (城内)東宮巷北觀前
太監街 (城内)南道前街北西支家巷
戈家街 (城内)西西街北蔣家街
毛家街 (城内)南大衞街北三山街
内后街 (婁門外)南小橋北婁門大街
太極街 (閶門外)南叙龍橋北四擺渡
石皮街 (城内)東司前街西糾廟前
打鐵街 (城内)南泰伯廟橋北五峯園
瓦爿街 (城内)南醋庫巷北西小橋
加官街 (城内)東水仙街北醋庫巷

禾家衖（城內）南虹橋下塘北文山寺
由斯衖（胥門外）東胥門大街西馬路
北濠衖（閶門外）南山塘橋北北濠大街
吉祥衖（城內）南王洗馬巷北三茅觀巷
吉慶衖（城內）南平安橋北蜜蜂洞
如意衖（城內）南西百花巷北王洗馬巷
地方衖（城內）南南採蓮巷北東善長巷
利市衖（城內）東學士街西城脚
夾剪衖（閶門外）東守備署西朱家莊
油車衖（城內）南東美巷北百善橋
招財衖（城內）東學士街西城脚
東匯衖（齊門外）東壩基橋西齊門外
官渡衖（閶門外）東沿河西南濠
施相公衖（城內）南察院塲北平安坊
姚家衖（城內）東河沿西南濠
殺猪衖（城內）南朱家衖北西善長巷
草菴衖（城內）南虹橋浜北衞道觀前
蚌殼衖（城內）南傳芳巷北麒麟巷
高墩衖（城內）南羊王廟北十全街
陶家衖（婁門外）南婁門大街北糖坊灣
混堂衖（城內）南滚繡坊巷北蒼龍巷
曾家衖（城內）南尚書里北馬醫科巷
葉家衖（城內）南下塘北中安街橋
銀房衖（城內）南察院塲北喬司空巷
慧珠衖（城內）南楊家園北大太平巷
檀香衖（胥門外 南棗市北小日暉橋
觀音衖（城內）南松鶴板塲北柴河頭
靈芝衖（城內）南天師巷北高師巷

五 雜類

二門口（城內）東姚家角西中由吉巷
三元坊（城內）南滄浪亭北大太平巷
三六灣（閶門外）南朱家莊北天燈頭
九曲里（城內）南三茅觀巷北宋仙洲巷
大倉口（城內）東小倉口西吉慶街
小倉口（城內）東大倉口西吉慶街
大井頭（城內）南獅林寺巷北濟儒巷
下塘（城內）東倉橋西水關橋
王廢基（城內）南十梓街北言橋
王衙前（城內）東學士街西城脚
水鈇里（城內）東忠信橋西孔副司巷
天官坊（城內）東學士街西城脚
天庫前（城內）東吳趨坊西周王廟
天賜莊（城內）西望信橋北東城橋
文衙里（城內）南寶林寺前北賽兒巷
仁孝里（城內）南大儒巷北北顯子巷
牛角浜（城內）東北孔過橋西南元妙觀
牛牙塲（城內）南崇眞宮前北更樓頭
太子碼頭（閶門外）南叙龍橋北四擺渡
天燈頭（閶門外）東義慈巷西石排街
申莊前（城內）南吳縣前北慕家花園
申衙前（城內）東中街路西湯家巷

北柵頭　(葑門外)南安里橋北黄瓜橋
西吏庫　(城內)東警察廳西養育巷
老君堂前　(城內)南漁郎橋浜北北禪寺
朱家園　(城內)東司監街西伍子胥廟
冷水灣　(城內)東張公橋西祁家橋
西河頭　(婁門外)南婁門大街北東糖坊
吳衙場　(城內)東望門橋西織造府場
吳趨坊　(城內)南學士街北西中市
吳縣前　(城內)東養育巷西西成橋
吳縣學前　(城內)東通和坊西昇平橋
東吏庫　(城內)東西美巷西警察廳
花駁岸　(城內)東王天井巷西中街路
金太史場　(城內)東嘉餘坊西查先生巷
金獅河沿　(城內)南查家橋北三板橋
松鶴板場　(城內)東過駕橋西宮巷
油車場　(葑門外)東朝天橋西裏河橋
東糖坊灣　(婁門外)南西河頭北朱家橋

南潭子里　(城內)東廟橋西皮市街
南濠　(閶門外)南小日暉橋北犯人碼頭
星橋灣　(閶門外)東星橋西南小橋
桂和坊　(城內)東道堂巷西養育巷
桐橋灣　(閶門外)東狗廁街西山塘大街
草鞋灣　(葑門外)東横街西安里橋
盛家浜　(城內)西水潭巷北游馬坡巷
清嘉坊　(城內)南水潑粉橋北珠明寺橋
海紅坊　(城內)東道堂巷西養育巷
棗市　(胥門外)東馬路西嘉應會館
痲疾司堂前　(城內)東楚勝橋西華陽橋
楊家園　(城內)南遐廣橋下塘北戈家街
滄浪亭　(城內)東烏鵲橋街西三元坊
蒓家花園　(城內)東養育巷西施林巷
駙馬府堂前　(城內)南盤門街北司前街
劉家浜　(城內)東吳趨坊西石子街
衞道觀前　(城內)東麗姬巷西平江路

鎮撫司前　(城內)東道堂巷西養育巷
謝衙前　(城內)東善耕橋西裝家橋巷
韓家浜　(城內)東婁門巷河西混堂巷
織造府場　(城內)東吳衙場西鳳凰橋
櫓港灣　(葑門外)南朝天橋北馬塔橋
蘇州府前　(城內)東西貫橋西養育巷

第二編

蘇州之交通

甲 陸路

一 火車

(一)鐵路略史

中日戰後、列强要求租地外。又要求鐵路敷設權。英國於長江沿岸。得鐵路敷設權。光緒二十九年二月。中政府代表。與英國銀公司代表。會議上海。訂立鐵路借款之約。英借資二百五十萬鎊、於翌年動工。三十二年。上海至蘇州之鐵路告成。後資金告罄、銀公司復投資六十五萬鎊。於是蘇州至無錫。至常州、至鎮江。至南京之鐵路。先後竣工。三十四年二月。開始通車。是爲滬甯鐵路。

(一)搭客注意要點

搬送行李 搭客在滬甯鐵路搬送行李等件。自車站門口送至車上。或由車上搬下、送至車站門口。定價每件每次概付銅元一枚。

黏貼標籤 凡行李上黏貼標籤或扣結號牌等事。係站上員司及脚夫應盡之職務。概不准向客索費。倘有脚夫故意索詐擾及搭客。可卽報告站上巡察員或站長。

標明行李 搭客登車以前、務須將行李逐件標明並加標籤。以便識別。

謹防扒手 搭客須謹防扒手。切不可將貴重細小物件。放在車窗口及車門口。

行李保險 搭客行李內。如藏有金銀貴重物品。或金銀線繡花邊及裘服等件。若非於交運時切實申明。並將該行李保險者。本路概不負責。

月臺票 經站長許可、及持月臺票者。得入車站月臺。月臺票可在該站售票房購買。每張洋五分。

補費 如搭客在幹路上無票乘車、或越站或越坐高等車座。在中途換坐高等車座。或票已撕破、而致票上所載號數日期、難以查驗。或經鐵路員司查問、不肯將車票交出。除應令該客補足單程票價外。並須核收下列加徵費。

頭等客洋三元　二等客洋二元

三等客洋一元　四等客洋五角

如查出搭客在支路上犯有上開任何條款之一者。須令其補費。按該車起首開駛之站起。照尋常單程票價。加倍收取。四歲至十二歲之小孩。其加徵費照上開之數。減半核收。

隨帶物件 車內祇准隨帶手提之小件行李。

中途折程下車　搭客執本兩路尋常單程及來回車票不得於中途分程。否則該票即行充公。並須核收加徵費。凡執各代理機關發售來回票及簿本式之聯票。必須于規定之日期內畢其行程。

不得作爲行李　腳踏拖車。銀錢登記器。電光攝影機。印刷機。留聲機。照相器械。縫紉機器。打字器等。報裝時概不作爲行李。必須照包件運價加五成算費。

(一)滬甯車站價目表

由上海至南京價目表

站名	頭等	二等	三等	四等
上海				
眞茹	二角	一角	五分	
南翔	六角	三角	一角五分	
黃渡	八角	四角	二角	
安亭	一元二角	六角	三角	
陸家浜	一元四角	七角	三角五分	
崑山	一元六角	八角	四角	二角
正儀	二元	一元	五角	
唯亭	二元二角	一元一角	五角五分	
外跨塘	二元四角	一元二角	六角	
官瀆里	二元八角	一元四角	七角	四角
蘇州	三元	一元五角	七角五分	四角
滸墅關	三元二角	一元六角	八角	四角五分
望亭	三元四角	一元七角	八角五分	五角
周涇港	三元六角	一元八角	九角	
無錫旗站	三元八角	一元九角	九角五分	六角
無錫	四元	二元	一元	六角
石塘灣	四元四角	二元二角	一元一角	六角
洛社	四元四角	二元二角	一元一角	六角
橫林	四元六角	二元三角	一元一角五	六角五分
戚墅堰	四元六角	二元三角	一元一角五	七角

常州	五元	二元五角	一元二角五	七角
奔牛	五元二角	二元六角	一元三角	八角
呂城	五元四角	二元七角	一元三角五	
陵口	五元六角	二元八角	一元四角	
丹陽	六元	三元	一元五角	一元
新豐	六元二角	三元一角	一元五角五	一元五分
渣澤	六元四角	三元二角	一元六角	一元一角
鎮江旗站	六元六角	三元三角	一元六角五	一元一角
鎮江	七元	三元五角	一元七角五	一元一角
高資	七元二角	三元六角	一元八角	一元一角
下蜀	七元四角	三元七角	一元八角五	
龍潭	七元六角	三元八角	一元九角	一元六角
棲霞山 邵孤樹村	七元八角	三元九角	一元九角五	一元六角
堯化門	八元	四元	二元	
太平門	八元二角	四元一角	二元〇五分	一元六角
神策門	八元六角	四元三角	二元一角五	一元六角五
南京	九元	四元五角	二元二角五	一元七角

由南京至上海價目表

站名	頭等	二等	三等	四等
南京				
神策門	二角	一角	五分	
太平門	四角	二角	一角	
堯化門	六角	三角	一角五分	
棲霞山 邵孤樹村	一元	五角	二角五分	
龍潭	一元二角	六角	三角	
下蜀	一元四角	七角	三角五分	
高資	一元八角	九角	四角五分	
鎮江	二元二角	一元一角	五角五分	二角五分
鎮江旗站	二元二角	一元一角	五角五分	二角五分

渚澤	二元二角	一元一角	五角五分	三角
新豐	二元六角	一元三角	六角五分	
丹陽	三元	一元五角	七角五分	五角
陵口	三元	一元五角	七角五分	
呂城	三元二角	一元六角	八角	
奔牛	三元六角	一元八角	九角	
常州	四元	二元	一元	九角
戚墅堰	四元二角	二元一角	一元〇五分	
橫林	四元四角	二元二角	一元一角	
洛社	四元六角	二元三角	一元一角五	
石塘灣	四元六角	二元三角	一元一角五	
無錫	五元	二元五角	一元二角五	一元
無錫旗站	五元	二元五角	一元二角五	
周涇巷	五元二角	二元六角	一元三角	
望亭	五元四角	二元七角	一元三角五	
滸墅關	五元六角	二元八角	一元四角	
蘇州	六元	三元	一元五角	一元二角
官瀆里	六元	三元	一元五角	
外跨塘	六元四角	三元二角	一元六角	
唯亭	六元六角	三元三角	一元六角五	
正儀	六元八角	三元四角	一元七角	
崑山	七元二角	三元六角	一元八角	
陸家浜	七元四角	三元七角	一元八角五	
安亭	七元八角	三元九角	一元九角五	
黃渡	八元	四元	二元	
南翔	八元二角	四元一角	二元〇五分	
眞茹	八元六角	四元三角	二元一角五	
上海	九元	四元五角	二元二角五	一元七角

二　馬車

(一)馬車價目

馬車價目並不一致。關於形式者。新式昂。舊式賤、關於時間者。日間昂。夜間賤。姑以車站爲起點。大約至閶門四角。胥門六角。盤門八角。二馬路一元。洋關一元二角。餘均依此類推、

（二）乘車須知

先講價目　在登車之前、須講明價目。路遠者車夫例索酒資、亦宜事前講明。否則車夫必多方索詐、

講明時間　如喜慶旅行等事。除講明價目外。亦須講明時間。否則亦難免受其索詐。

留意失物　乘車已達目的地。急急下車。最易遺置物件。迨覺察車行已遠。無從查追。故宜留意。

防備索詐　蘇地車夫。索詐乃其慣技。如向其理論、則車夫愈集愈多。身陷重圍、難以理解故如遇此項情事。不必自與爭論。可逕告警察。由彼斷理。

三　人力車

人力車分二種。一種通行於馬路。大概江北人挽之。車資自車站起。至閶門一角。至胥門一角四五枚。至盤門一角八九枚。自閶門至胥門五六枚、至盤門八九枚。一種通行於城內及城外、大概本地人及江北人挽之。車資較昂。在未登車前、須講明價目。以免索詐。

四　籐轎

籐轎通行於城內城外。價目每一里約一角五六枚。路近貴。路遠賤。如至上方山、七子山、觀音山、靈岩山等。約在二三元之間。路過遠者。須酌給酒飯資。

五　驢子

驢子無論遠近均去。其價賤於籐轎。自車站至閶門。約二角。閶門至觀前亦同。往城外諸山。約在二元左右。至於乘馬。則較貴一倍。驢夫馬夫均慣於索詐。故事前須講明價目。

乙　水路

一　輪船

（一）輪船概況

輪船局有招商、老公茂、戴生昌、慶記、新記、保興等數家。航綫東至上海。西至無錫、南至杭州。北至常熟。碼頭多在閶門外萬銀碼頭及胥門外外洋橋。客座大概分房艙、官艙、客艙、煙蓬四種。

（二）輪船一覽表

蘇杭班

局名：招商　戴生昌
船名：利川　利亨　益陽　新鴻
碼頭：萬銀碼頭　盤門吳門橋
日期：每日下午三時開　明日上午十時到

地點	官艙	房艙	客艙	煙篷
吳江	一元二角	六角	三角	二角
八坼	一元五角	八角	四角	三角
平望	一元五角	八角	四角	三角
震澤	二元一角	一元	六角	四角
南潯	二元四角	一元四角	七角	五角
湖州	三元三角	一元八角	一元	六角
菱湖	三元九角	二元四角	一元二角	七角
杭州	四元	二元五角	一元四角	八角

蘇湖班

局名：慶記
船名：益豐
碼頭：萬銀碼頭
日期：每日上午八時開　明日下午六時到

地點	官艙	客艙	篷艙
吳江	六角	三角	二角
八坼	八角	四角	三角
平望	八角	四角	三角
震澤	一元	六角	四角
南潯	一元二角	七角	五角
湖州	一元八角	一元	六角

蘇盛班

局名：新記
船名：新茂
碼頭：萬銀碼頭
日期：每日下午一時開

地點	房艙	客艙
吳江	八角	二角
八坼	一元	三角
黎里	一元	四角
平望	一元	四角
盛澤	一元二角	五角

東山班

局名：老公茂
船名：裕泰
碼頭：萬銀碼頭
日期：逢單日開

地點	官艙	客艙	煙篷
橫涇	二角三十	二角三十	一角三十
浦莊	三角三十	三角三十	二角三十
採蓮橋	三角三十	三角三十	二角三十
前山	六角四十	五角四十	二角四十
後山	六角一百	五角一百	二角一百

蘇申班

局名	慶記	戴生昌
碼頭	萬銀碼頭	吳門橋
日期	每日下午四時開明日上午八時到	

價目	
官艙全包	五元
大房艙	二元
小房艙	一元二角
客艙	三角
煙篷	二角

常熟班

局名	招商局	老公茂
碼頭	萬銀碼頭	
日期	當日來回上午七時十時開	

價目	
官艙	四角
房艙	三角
客艙	二角
篷艙	一角

橫涇班

局名	保興
碼頭	胥門外永安街泰讓橋
日期	每日來回四次上下十一點下午三點半開

價目		
淺上	頭等	一百五十
	二等	一百十
	三等	七十
橫涇	頭等	二百四十
	二等	一百八十
	三等	一百二十

木瀆班

局名	老公茂
碼頭	萬銀碼頭
日期	每日來回四次上午十點下午二點開

價目	
官艙	一角四分
客艙	九十
煙篷	七十

二 航船

航船泊於城外各處。有每日兩班。有四五日一班。有多至半月一班。其航綫近至木瀆、香山、光福、唯亭等處。遠至平湖、瀏湖、太倉、常州等處。價目並不一律。近則在百文之間。遠則在四五百文之間。

航船一覽表

地點	日期	鐘點	泊所
木瀆	每日兩班	上午八點 十二點	胥門萬年橋西堍
香山	每日一班	上午八點	胥門萬年橋堍
光福	隔日一班	下午九點	胥門萬年橋西堍
外跨塘		下午二時	下捧碼頭
唯亭		下午二時	下捧碼頭
望亭	每日一班	上午九時	山塘新明橋堍
湘城	早班	上午九時	臨頓路底跨塘橋
湘城	夜班	下午三時	婁門外塘坊灣
太平橋		下午三時	婁門外吊橋
五漯涇		下午二時	婁門外官瀆橋
沈店橋		下午二時	婁門外官瀆橋
西倉		下午五時	齊門下塘
莫城		下午五時	齊門內賭帶橋堍
陸巷		上午八時	北街奉直會館場
沺涇		上午八時	旗杆場
顧巷		下午二時	下捧碼頭
蕩涇		下午二時	下捧碼頭
崑山		上午八時	婁門外跨塘
正義		上午八時	外跨塘
懸珠		下午三時	婁門外擺渡口
常熟		下午五點	閶門吊橋東堍南北碼頭
太倉	四日一班	下午五時	閶門內觀音閣
嘉定	四日一班	上午八時	閶門太子碼頭
瀏湖	六日一班	下午五時	閶門太子碼頭

塘市	四日一班	下午五點	猪行碼頭
石牌	六日一班	上午五點	猪行碼頭
南潯	四日一班	下午二點	萬銀碼頭
震澤	四日一班	下午二點	中水街口
常州	五日一班	下午九點	閶門吊橋堍
松江	六日一班	上午五點	閶門吊橋堍
橫涇	六日一班	上午五點	猪行碼頭
沙頭	六日一班	上午五點	猪行碼頭
梅里	四日一班	下午五點	猪行碼頭
盛澤	六日一班	下午五點	水關橋
湖州	六日一班	上午十點	橫馬路
沙頭	六日一班	上午五點	猪行碼頭
砷石	九日一班	上午十點	猪行碼頭
新市	九日一班	上午十點	中水街南
平湖	半月一班	上午十點	中水街南

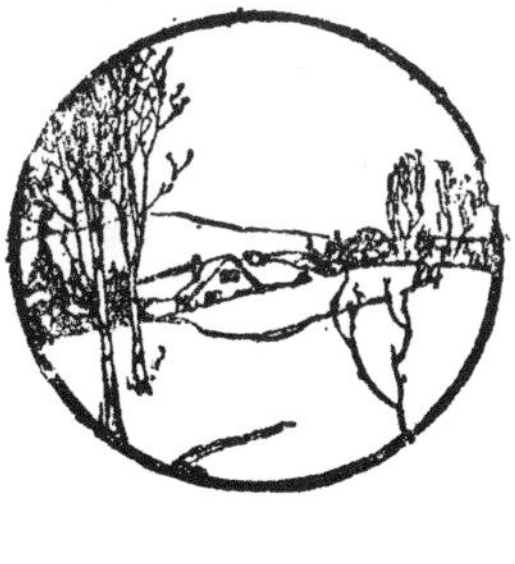

上海寶鑑

（民國十四年新編）

凡與上海有些微關係者俱不可不備本書

因本書中有許多老上海所不曉得的規則，習慣，經驗，常識，得此書者——

走遍南市北市　住遍華界租界　包你資格老練　樣樣幫助得着

【你有模糊的】本書告訴你詳細情形可以明白暢曉

【你有化用的】本書告訴你節省方法可以十分得當

【你有困難的】本書告訴你各種關節可以立刻解決

全部六十萬言共分十五編精訂一大厚册定價大洋八角

上海世界書局出版

第三編

蘇州之郵電

甲 郵務

一 郵務章程（摘要）

（一）郵票種類

（一）郵局發郵票及明信片如左。

郵票

半分	一角	一圓
一分	一角五分	二圓
二分	一角六分	五圓
三分	二角	十圓
四分	三角	
五分	五角	
六分		
七分		
八分		

各局就地投送界內之明信片 單一分 雙二分（即連有回片者）

各局互寄之明信片 單二分 雙四分（即連有回片者）

國外明信片 單八分 雙一角六分（即連有回片者）

郵票及明信片。在各郵局及郵寄代辦所。均行發售。惟代辦所未及辦匯兌而非緊要之局所。其於價值較高之郵票、或不常川存備。

明信片由蒙古各處（庫倫及恰克圖）互寄。及新疆各處互寄者。應按各局互寄資例加倍納費。計單明信片四分。雙明信片八分。其往來蒙古。經由張家口轉寄。及往來新疆經由甘肅轉寄者。計單明信片收費六分。雙明信片收費一角二分。

互寄各局之明信片。係用藍色刷印。就地投送者係用綠色。寄外洋各國者。係用紅色。以便有所區別。

（一）本地通用之足色銀圓。每圓可購郵票一百分。零角銅圓銅錢以及成色較低之銀圓。係照各該處郵務長按期布告。所定之適中銀圓價率核收。

（一）凡翦割塗刮殘缺及刷洗用過之郵票。均不得用作郵費。凡郵件或包裹上。查有刷洗用過之郵票。或以他法蒙用之郵票。當將寄件人按律送究。

（一）為預防被人揭取郵件上之郵票起見。特准寄件人於黏貼郵票後。將自用圖章加蓋少許於郵票之角端。以免流弊。其式如左。

（一）凡郵件上之郵票。務宜逐一勻貼。以露郵票之全面。如係重疊複雜。致所露之票

面不全者。卽不能允爲收遞。

(一)郵件上之郵票。應黏貼於封面上端右角須黏貼牢固。以免遺落。

(一)郵局發出欠資票。係分左列之價值。

半分　一分　二分　三分　四分

五分　一角　二角　三角

此等票係由郵局用於未付資費。或資費不足之郵件。及包裹之上。係歸寄到之局黏貼。其所貼票上之價值。卽表明所欠郵資之數。於收件以前。應由收件人付給。欠資票除郵寄代辦各所外局均行發售。

(一)禁忌之物

(一)郵件或包裹內禁忌之物如左。

(甲)凡物之性質。能濆污或損壞郵件。或傷害郵政人員者。

(乙)爆烈引火及他項危險各品。並除蜜蜂以外。其餘一切。無分生死之動物昆蟲。

(丙)所有稅關禁例之物。如鴉片嗎啡高根乾嗒麻葉毒麻膠印度大麻。並各該物所需之器具。及食鹽銅幣軍械。以及一切軍需等品。

(丁)凡出版物。經政府指爲含有悖逆性質者。

(戊)所有淫邪之印刷品圖册書籍等類。及內容或封面所寫言詞。及描畫形勢涉於汚穢者。

(己)銀行鈔票。除裝入保險信不計。以及通用錢幣。並金銀條塊等類。向各國內各處遞寄者。惟寄國外之信函。准裝銀行鈔票。國外之包裹。准裝錢幣金銀條塊。但不得裝入未保險包裹。向辦理保險之國遞寄。

以上各項禁寄之物。一經查出。卽行充公。或仍酌情另付懲辦。如係軍械之類。若由領件人呈出公文。內載該件。實係國家所用。或係准其運進者。郵局卽准照交。

凡海關應納稅之品。及屬於金銀器具珍珠。或各種寶石之種類。均不准裝入郵件附寄。

(一)明信片類

(一)明信片共分三種。一爲各局就地投送界內遞寄者。一爲國內寄用者。一爲外國寄用者。每種各分單雙兩類。雙係兩片連合。一片由寄者書寫。一片由收者答覆。

(一)國內明信片如欲用以寄往國外。亦無不可。但須照章加貼郵票。

(一)明信片之尺寸。爲大者長不得逾十四桑笛邁當。(英五寸半)寬不得逾九桑笛邁當。(英三寸半)至小者須長及十桑笛邁當。(英四寸)寬及七桑笛邁當。(英二寸又四分寸之三)　明信片必須露寄。卽係不得裝入包皮或封筒之內。

(一)明信片須用紙板。或不礙辦事手續之紙料製造。

(一)明信片之郵票須儘於正面之上端右角黏貼。其收片人之姓名住址。並寄片人對於郵局之表示。即如挂號及雙挂號等字樣。須於正面書明。其正面至少須將右半幅留作書寫以上各項之用。

(一)雙明信片。預備在中國行用者。應於第一片之正面。即有郵政明信片。第二片之正面印有郵政明信回片等字樣。即與郵會各國雙明信片。須印法文 Carte postale avec reponse Payee 及 Carte postale reponse 各語意相同。雙明信片之各半片。其製用各法。須照單者辦理無異。祇將上下兩片疊合。寄雙明信片者。可將其自已姓名住址。書於回收之正面。

或黏貼簽條書寫亦可。

(一)明信片不准繕寫穢褻淫邪訕謗謾罵等言字。

(一)各信片亦可照章掛號。與信函類一律辦理。惟雙明信片之回片。寄件人不得先為掛號。

(一)掛號郵件

(一)凡郵局能寄之件。如信函明信片刷印物貨樣貿易契等類。除犯下列五則不能掛號外。餘皆可隨寄件人之便。准其掛號。

一、封面所書收信人之姓名住址。係屬揑造。或姓名不全者。

一、用鉛筆書寫姓名住址者。

一、封面寫明內裝物件之價值者。

一、封內封裝鈔票。

一、姓名住址均不清楚詳細。或所書均屬費解者。

(一)郵局掛號之法計有二種。一為單掛號。一為雙掛號單掛號者。由局員給寄件人執據一紙。將該件格外小心寄遞封發。雙掛號者。除照單掛號一律辦理外。並於投送時。兼索取收件人之回執交回寄件人。掛號回執間。有某某國僅能由該投遞局在回執上註明已交本人字樣。以為確實投到之據。如寄件人於寄件時。未曾聲明欲取回執。而於日後欲行補取。請查或該件是否投到者。均應將寄件時所領之執據呈出。並附等於單掛號費之資費。郵局即可代查或代為補取回執。

(一)郵件每件之掛號寄費如左。

	單挂號	挂號並索收件人回執
國內郵件(惟往來蒙古新疆者不在此列)	五分	三角
國內郵件之往來蒙古新疆者	一角	二角
國外郵件(惟寄日本者不在此列)	一角	二角

寄往日本郵件　七分　一角

(一)凡將寄件交郵局挂號以前。寄件人須確按以下數端辦理。

一、須用堅固封套。或包及妥爲封裝。如非信函之類。其封裝之法。不得有礙察驗。

二、封面所寫之姓名住址。必須清楚詳細。

三、郵費及挂號費。必須預以郵票貼足。

(一)發寄國內之郵件。如欲補取回執，自交寄之日起，於六個月內聲請。方可代爲補取。

(一)凡交局挂號之郵件。每件須向郵局索一掛號執據。除此執據外。無論寄件人在封面或他處書明若何字樣。均不得作爲業經掛號之證。

郵局人員。在送信部內所署之名。或所簽之字，不過證名所寄之件，已經妥交郵局。並無遺悞。不得作爲掛號之執據。其挂號之件。郵局另有專爲掛號之執據發給。如將來遇有聲請賠抵情事。除能交出掛號執據外。郵局概不承認。

(一)信箱信筒。原爲平常郵件而設，凡投入之件。所黏之郵票，雖已足敷掛號之數。不能因此即受辦法之保障。

(一)郵局承擔挂號之責成。只在設有郵局及郵寄代辦所之處。且只限以照章辦理之散寄零件。並須將郵費及挂號費預行付足。其寄往內地之件，一經脫離郵局之手。郵局即不擔責任。

挂號郵件如遇意外。或他情事遺失者。即由原寄局通知該寄件人。

(一)快遞郵件

(一)凡郵件欲作快遞之件，投送者除付普通郵資外。應另付快遞資費一角。且該件應於郵局之窗櫃，或經快信收攬差之手內交寄。並由寄件人將快遞或Express字樣於封面清晰註明。所有普通郵資及快遞郵資均須以郵票黏貼，又信箱信筒原爲普通郵件而設。凡投入之件所黏郵票。雖已足數快遞資費之數。不能因此即受快遞辦法之保障。

(一)交寄之快遞郵件。每件應黏附快遞專據。寫明該件業由郵局按挂號郵件照收。並以最捷之法寄往投遞處所。所當交寄之時。其快遞專據之D字一聯應蓋用郵局或快信局收攬差之期日戳記。然後交寄件人收執，作爲收據。嗣後對於該件有所查詢。須將該D字一聯呈驗。

(一)快遞郵件之寄件人。並可索取收件人之回執。惟須另加資費五分。以郵票黏貼。

(一)此項郵件。郵局對於寄送投交等事。力籌各種方法。以期迅速穩妥。如果遇有遺失或遞延情事。應由寄件人在六個月內親自或備函將D字一聯呈交原寄郵局查問。除在交寄時已經另付速取回執之資費者。外須另加資費五分卽可補索回執一紙。以爲收件人業經收到之證據。

(一)倘郵局無法將回執交出。則寄件人得將所遺失者另備一件。再由郵局寄遞。免納郵資。及快遞資費。或向郵局索取賠償。除人力難施之事外。郵局應按遺失挂號郵件辦法辦理。

(一)匯票

(一)匯兌局計分甲乙兩類。

(甲)匯兌局。大抵均係輪船火車所通之處。此項匯票每人每日祇准開發三張。共合卽係三百元。其甲局與乙局互兌之匯票。每張不得逾五十元之數。

(乙)匯兌局。大抵均係輪船火車未通之處。而用他法運寄者。每張匯票。無論甲局與乙局或乙局與甲局。均以五十元爲限。此項匯票。每人每日祇准開發二張。共合卽係一百元。

(一)凡赴郵局匯款。請開匯票者。由郵局給予印就之請購匯票單一紙。計分第一第二兩聯依式塡寫。一經按其擬匯之數。以足色通用銀元。或與此項銀元相等之幣(郵票不收)交付郵局。並按郵局以無定額所訂備充手續及兌換折耗之資費。其資費數目若干。可向發票局詢問。交付清楚。卽可發給匯票。由負有責任之局員簽字。一面仍將該請購匯票單之第二聯。由發票員加蓋郵局戳記。編號簽字。一併交給。作爲匯款之據。將來遇有查詢或請求情事。須將該聯呈出爲憑。

(一)郵局所發之匯票。在騎縫處黏有未經蓋戳剪成半幅之郵票一枚或數枚。以表明所匯銀元之數。其郵票之彼半幅。係在匯票之核據上對黏附。此項核對據係由發票局。寄交兌銀局俟取款人持票到局。備作核對之用。所收之資費。均以一枚或數枚之整郵票。黏於核對據之後幅。倘匯票或匯票上所貼之郵票查有更改及塗抹等痕迹者。該匯票得由各該本處郵局長暫停付款。呈候該管郵務長查奪。

(一)匯款人應將所購之匯票。封置信內發寄。並宜將該信挂號。以期安穩。

(一)匯款人如欲請給發銀回帖者。無論匯款多寡。均按匯票張數每張銀元五分。

(一)取款之時。應由取款人在匯票後面署名蓋戳。並將住址註明。郵局並可令取款人將封寄郵票之原信皮呈局查閱。或以他法證明該取款人實係本人無誤。

二　郵務局址

郵務總局　閶門外馬路(電話)三〇八
郵務分局　養育巷(電話)三八
郵務分局　護龍街(電話)三〇九
郵務支局　閶門東中市
郵務支局　醋坊橋
郵務支局　齊門西北街
郵務支局　葑門專橋
郵務支局　葑門外覓渡橋

乙　電報

一　電報章程(摘要)

(一)寄發明碼電報。須於報首寫明某處某人收。查明號碼。照數填寫(法自上至下如用洋文報紙則自左至右)送局照發。

(一)欲寄密碼電報。則須寄報之人。與收報之人預約報號碼加減。或自編密本均可。惟住址姓名。不可用暗碼。以免無從投遞。

(一)遇有明密電報。欲提前先發者。卽爲加急電報。須出費三倍。(每字一角者加作三角)並於報首自加一急字。(此急字亦算一字。其費照價減收二成。)

(一)加用點句者。其點卽加用七二〇〇一碼。(此一碼亦算一字其費照價減收二成)

(一)所寄之報。欲使一無錯誤。須由收報之局照原報號碼傳回校對者。報費另加四分之一。如每字洋一角者。加作一角二分五厘。並於報前自加一對字。(此對字亦算一字。其費照價減收二成。)

(一)所寄之報。欲使收報之局報明收報之人何時接到者。除應收報費外。無論中國外洋。另加五字之報費首加一到字。(此到字亦算一字。其費若干。照價減收二成。惟外洋報不在減費之例。)

(一)如收報人行縱無定住址不一。先期宜在電局知照。則來電可以探轉。惟報費須有人擔保方可照辦。

(一)來報欲分送數人或一人分住數處者。如同在一埠則祇收一分報費。但每紙另加抄寫費二角。如逾一百字則收四角。逾二百字則收六角。餘類推。如分送數處而不同在一埠者。卽按埠照收報費。不能以一分計算。

(一)來電有不解語。須託原局追問。所有追問及回復各報費須先行照付。譬如追問一字。來去祇須付一字之費。如追問二字則付二字之費。(其費照價減收二成)餘類推。如復電到時。查係局中舛誤者。應將所收追問及回報費照數繳還原人。

(一)所發之電欲候回音。須預付回費若干

字。自於報首加一復字。並於復字下加一已付回費之數碼。如預付回費七字者。加以七字之類。此二碼只算一字收費。其費照價減收二成。收報局見有此二暗碼號。卽知已預付回費若干。於送此報時附送已收回費若干字憑單一紙。以便寄回報者照此發寄回電持憑單連報送局。不費分文。如回電字數。多於預付回費之數。則由寄回報者。將報費按照多出字數補足。如無回電。則收報人可將此憑單還發報原人。向發報之局。持此憑單。取回原交回費。此單自發報日起。如寄中國境內。以一個半月爲期。寄外洋各國。以三個月爲期。逾期均作廢。不遞回音。不還原費。倘去報無人接收。卽由收報局。用四等報知照原局。通知寄報人將預付回費。抵作知照之費不再給還。

(一)凡所寄電報。前途並未收到。應將報費全行繳還者。須由發報局先電詢收報局。查實回單。果未簽名蓋章。亦未粘留回單。憑寄報人所執電局收條。及收報人寫來未曾收到之字據。卽全數退費。如發報收報均在有輪船火車之埠。電線無阻。而送報反遲至火車輪船到埠之後者。或非因停報時刻及電線斷阻等情。無故延擱至七十二點鐘外送到者。亦均退全費。並准發報人隨時稟部。除以上所指應行退還全費各制外。平常小誤。概不還費。惟此項退費。各局須俟本部電政局總管通知稽核科會計科發報收報兩局後。方能列册開除。至於應行退還報費之期。在中國境內。以兩個月爲限在外國各處。以六個月爲限。

(一)中國境內往來電報。無論密碼倍費。加急三倍費。報譯報加一費。並同府五分之費。京師與各省往來加收五分之費。以及校對點句索到回報探轉郵送追問應收加字等費。均一律照減。北京天津塘山山海關北戴河秦皇島六處互相往來洋文電報。每字收費洋一角。亦一律照減。惟鐵路過線費。不在此內。

(一)凡來去電報。各電局不准繙查。以防洩漏。如寄報者。因新編未熟。必欲本局代爲繙塡號碼。或收報者因新編未熟。請本局譯送。其譯費若干。照仍照報另加一成。亦以八折核算。惟未承寄報收報人命令。不得擅譯。

(一)收報人住址。如距電局五里以外。須雇人專送者。准收專力洋一角。十里以外。准收二角。十五里以外。准收二角五分。二十里以外。准收三角。二十五里以外准收三角五分。三十里以外。准收四角。三十五里以外。准收四角五分。四十里以外。准收五角。四十五里以外。准收五角五分。五十里以外。准收六角。五十五里以外。准收七角。六十里以外。准收八角。六十五里以外。准收九角。七十里以外。准收一元。七十五里以外。准收一元一角。八十里以外。准收一元二角。八十五里以外。准收一元三角。九十里以外。准收一元四角。九十五里以外。准收一元五角。一百里以外。准收一元六角。外遞加五里遞加洋一角。均由發報人先行付訖。如在五里以內。報差索取專力。及司事擅用專力憑條者。准均立卽告知各該電局。並將憑條呈驗。卽將司事報差驅逐不貸。其有火車輪船通行之處。按三等水脚來往計算。如低於計里收費。卽令由輪船遞送。以期迅速。倘來款付有郵票費。於報首加一郵字者。卽爲粘貼郵票。交郵局寄去。如郵票費外。付有挂號費。於郵字下。自加一掛字者。卽爲掛號費交局寄去。卽以郵局收條爲回單。黏於原來報底之後。以作憑據。此二者亦須算給報費。（其費照價減取二成）

（一）報費除各戶立摺先付存洋外。均須先收現洋。再行發報。報費報不及一元者。以小洋收付。均照市彼此貼水。以昭公允。

（一）商民寄發明電。如有干犯綱紀。妨礙民生等事故。致政府電報而無發報人姓名住址保證書。或雖有住址保證。而有違背字樣者。電局概不傳遞。

（一）報中所載收報人姓名住址。按字計費。寄報者。不可吝惜報費。縮減字數。書寫不清。以致無從投遞。倘有前項情事。應有寄報人簽名報紙。電局不任其咎。如果寄報之人。因姓名住址字數過多。與收報者預先商定減字之法。向兩處局中掛號註明某字。卽係某人姓名住址。亦可照送。惟至少以五字爲率。至於寄報人姓名載入報中。卽須按字收費。掛號無納費名目。密碼電報。掛號不另加字。（掛號電應收報費照價減收二成）

（一）投送電報時。或交收報之本人。或其家屬夥友同居司閽之人。均無不可。（倘收報人預告局中。某報不可交他人代收。則應交付本人）惟不論何人經收。報須於送報單上。親自發押。或蓋圖章。並書收到時刻。如無人簽字蓋章。卽將回單交存其家。電報帶回存局。守候本人或代理其事者。持回單來局領取。倘過四十二日不來領取。卽將此報燬棄。

（一）傳遞電報。一等官報爲先。二等加急

局報次之。三等加急商報又次之。四等尋常商報又次之。尋常二等局報又次之。而發寄各報。則於每等中。各按接到時刻。先後爲序。

(二)收發電報。早以七點鐘起。晚以十點鐘止。如有緊要一二等電報。過時欲寄者。在無夜班之局。必須預先知照留機。臨時方可傳遞。如商件有緊要三等急報待發。雖過時送到。在有夜班之局。應一併收發。以便商民。

(二)各報底月日號碼。及幾等電。何處發寄。明碼密碼標記。俱用華文書寫。各商民人等。如查得與來電不付。隨時稟揭。郵寄本部懲辦。

二　發電種類

(一)明碼電　明碼電報。祇須照電報號碼。按字翻成。送交電局拍發。如託電局代翻。須付翻譯費。

(一)密碼電　凡不願以電報爲他人所見。及防範消息之洩漏者。可用密碼電。譬如彼此約定。報告一事。成則用一天字。不成則用一地字。則電價且可節省。但姓名住址。仍須用明碼。

(一)加急電　無論明碼密碼。皆爲四等商報。如欲電局提前發送。即爲三等加急商報。電費出三倍。例如每字一角者。加作三角。電首冠一急字。或萬急二字。以表時機迫切。

(一)同文電　如發一電。須分送數人。或一人在一埠。分住數處。須分送數處者。即爲同文電。號碼不論明密。電費祇收一份。但將各份住址。開列於電文之首。每份在百字以內。另加抄寫字兩角。同一電文而分送數埠者。不在此內。

三　電報局址

電報局　天庫前(電話)四四二

丙　電話

一　電話用法

(一)凡欲與人通話。先搖鈴一二轉。不可等待回鈴。即取聽筒貼耳。靜候司機生接應。即告明要接某號。此時司機已將綫接好。並已搖鈴代喚。可靜聽來戶說話。倘或靜聽無聲。即係彼處無人接應。可將聽筒掛在原處。稍待片刻。再搖二三轉。此時鈴音已早達受話之家。經一再催傳。終有人接應。仍取聽筒靜聽。

(一)裝戶話機鈴響。即取聽筒答話。均不用回鈴。宜加速接答。以期迅捷。

(一)每次講話。以五分鐘爲度。候話講完。即搖回鈴一轉。以示話畢。俾司機生可以撤線。如話未講完。切不可搖鈴。因既經接線之後。

倘再搖鈴。話機回鈴卽落。恐司機生以爲話畢。撤去接綫也。

(一)凡欲通話時。先將欲與通話人所裝之電話號數查明。隨卽告司機生以某戶號數。萬勿以店號人名報告。蓋恐司機生不能記憶。無從接綫也。

(一)如妄搖鈴至數十下者。局中槪不回答。卽要叫某號。亦不照接。

(一)凡要接某號。適該號與他家談話未完。經司機生告以暫候者。應將聽筒依然掛好靜候。

(一)聽筒有懸掛者。有架起者。均應叉簧。而使鈴鳴。若先取聽筒。然後搖鈴。則彼面之鈴不響。或話畢之後。不將聽筒安放原處。則人喚我之鈴亦不響。每致誤事。最宜留意。

(一)凡遇雷電交作之時。當以暫不傳話爲宜。或有特別緊要事件。必須傳遞者。談話愈速愈妙。且勿手觸機器上之銅鐵。庶免危險。

二　電話局址

電話北局　天庫前(電話)三七〇

電話西局　金獅河沿(電話)一七〇

第四編

蘇州之事業

甲 行政事業

蘇常鎮守使署 三多巷舊撫署內(電話)一一號
蘇常道尹公署 三多巷舊撫署內(電話)六一一號
江蘇高等審判廳 道前街(電話)四五六號
江蘇高等檢察廳 道前街(電話)四〇九號
吳縣知事署 吳縣橫街(電話)四九號
蘇州關監督 織造署前(電話)五三六號
稅務公所 高師巷(電話)四四九號
洋關稅務司 覓渡橋(電話)二八四號
日本領事署 盤門外二馬路(電話)一五號
江南水利局 定慧寺(電話)二二五號
太湖水利工程局 鐵瓶巷(電話)七〇八號
吳縣模範監獄 小柳貞巷(電話)四六號
吳縣分監 司前街(電話)五二三號
第三煙酒公賣局 廟堂巷(電話)七五四號
工巡捐局 大太平巷(電話)七八〇號
吳縣偵探隊 通和坊(電話)五五九號
陸軍第二師司令部 三多巷舊府署內(電話)三六號
陸軍第三旅旅部 盤門外(電話)一一號
陸軍第四旅司令部 通和坊(電話)二七〇號
陸軍步兵第五團部 滄浪亭(電話)二二七號
陸軍步兵第六團部 覓渡橋(電話)一二號
陸軍砲隊營 閶門外(電話)三〇五號
陸軍工程營 楓橋(電話)六二號
陸軍監獄 舊長署內(電話)五〇八號
水警第二廳 三多巷舊督練公所內(電話)一〇一號
胥門水巡總隊 胥門外(電話)一七七
胥門水巡隊派出所 覓渡橋(電話)一六七號
齊門水巡分隊 齊門外(電話)四二三
齊門水巡隊派出所 蠣菉橋(電話)三六〇號
蘇州警察廳 府前街(電話)二二二號
警察教練所 舊織造府署(電話)一七二號

保安隊　警察廳內(電話)二一六號
騎巡隊　警察廳內(電話)五一號
偵探隊　警察廳內(電話)二八九號
消防隊　觀前北局(電話)五三號
東區警察署　蒹葭巷(電話)二四號
東區第一分駐所　察院塲火神廟(電話)二一二號
東區第二分駐所　觀音閣(電話)二一一號
東區第三分駐所　齊門城樓(電話)四二二號
東區第四分駐所　婁門北街(電話)二一〇號
東區第五分駐所　婁門城門(電話)一八一號
東區第六分駐所　婁門外(電話)二六號
東區第七分駐所　婁門外劉王廟(電話)一二六號
東區第八分駐所　齊門外(電話)三八二號
東區第九分駐所　齊門外(電話)五九一號
南區警察署　醋庫巷(電話)二〇九號
南區第一分駐所　烏鵲橋(電話)一五二號
南區第二分駐所　甫橋西街(電話)二二號
南區第三分駐所　盛家帶(電話)二〇七號
南區第四分駐所　陰元和堂(電話)二〇八號
南區第五分駐所　干將坊(電話)二五號
南區第六分駐所　葑門城樓(電話)二八〇號
南區第七分駐所　葑門城外(電話)一四三號
西區警察署　駙馬府堂(電話)二三號
西區第一分駐所　伍子胥廟(電話)二〇一號
西區第二分駐所　富郎中巷(電話)二〇二號
西區第三分駐所　鎮撫司前(電話)二〇三號
西區第四分駐所　華嚴寺(電話)二〇五號
西區第五分駐所　毛家衖(電話)九五號
西區第六分駐所　胥門城樓(電話)一七八號

西區第七分駐所　盤門城樓(電話)一七九號
北區警察署　皮市街(電話)三三二號
北區第一分駐所　因果巷(電話)四三四號
北區第二分駐所　宋仙洲巷(電話)二〇四號
北區第三分駐所　劉家浜(電話)四三三號
北區第四分駐所　神仙廟(電話)三一一號
北區第五分駐所　婁門西北街(電話)四三二號
北區第六分駐所　閶門城門(電話)四一七號
閶區警察署　閶門馬路(電話)三一三號
閶區第一分駐所　虎邱半塘街(電話)三八一號
閶區第二分駐所　臭馬路(電話)四八八號
閶區第三分駐所　四擺渡(電話)三八〇號
閶區第四分駐所　新民橋(電話)四八六號
閶區第五分駐所　寶蓮寺(電話)三逃一號
閶區第六分駐所　閶門外(電話)三一四號
閶區第七分駐所　水仙廟(電話)一四四號
閶區第八分駐所　盤門外(電話)五一四號
閶區第九分駐所　覓渡橋(電話)二八七號
閶區第十分駐所　朱家莊(電話)三〇三號

乙　教育事業

一　省立學校

江蘇第一師範學校　三元坊(電話)二七二號
附屬小學校　三元坊(電話)二六〇號
江蘇第二女子師範學校　新橋巷(電話)二九八號
附屬小學校　小倉口
江蘇第二女子師範中學校　侍其巷(電話)七六一號
江蘇第二中學校　草橋頭(電話)五五號
江蘇公立工業專門學校　三元坊(電話)一六九號
江蘇醫學專門學校　留園馬路(電話)五

三〇號

江蘇第二農業學校 下津橋(電話)四五五號

江蘇女子蠶業學校 滸墅關

二 縣立學校

吳縣第一高等小學校 駙馬府堂前(電話)二六三號

吳縣第二高等小學校 謝衙前 電話)二六六號

吳縣第三高等小學校 大儒巷(電話)二六二號

吳縣第四高等小學校 草橋頭(電話)一四二號

吳縣第五高等小學校 角直

吳縣第六高等小學校 木瀆

吳縣第七高等小學校 黃棣

吳縣第八高等小學校 橫涇

吳縣乙種商業學校 羊王廟前(電話)七二四號

三 私立學校

女子職業中學校 學士街(電話)七八六號

大同女學校 舊學前(電話)七一號

樂益女學校 王廢基

潛松鱗女子職業學校 顏家巷

純一小學校 吳縣前

四 教會學校

東吳大學 天賜莊(電話)一四二號

桃塢中學 桃花塢

晏成中學 謝衙前(電話)四〇六號

萃英中學 上津橋

英華中學 長春巷

景海女學 天賜莊(電話)三五號

英華女學 嘉家花園(電話)六三號

振華女學 十全街

崇道女學 洋涇塘

尚德女學 顏家巷(電話)一六號

丙 通俗事業

一 圖書館

江蘇省立圖書館 滄浪亭

吳縣縣立圖書館 王廢基

二 教育館

通俗教育館 舊皇宮

三 體育場

公共體育場 王廢基

四 試驗場

農事試驗場 楓橋場

道立苗圃 蜜蜂衖植圃

丁 慈善事業

一 教養院

蘇州苦兒院 閶門外馬路(電話)四六八號
吳縣習藝所 舊長洲署(電話)五八九號
游民習藝所 十梓街(電話)一八四號

二 善堂

男普濟堂 虎邱(電話)六〇五號
女普濟堂 新橋巷(電話)二八八號
育嬰堂 中由吉巷(電話)七二二號

三 醫院

省立醫院 留園馬路醫學專門學校內
博習醫院 天賜莊(電話)三四號
福音醫院 齊門外(電話)三二四號
婦孺醫院 上津橋(電話)八一九號

戊 工商事業

一 工業

振興電燈公司 南濠(電話)五八六號
蘇州電氣廠 觀前(電話)二一四號
鴻生火柴公司 皋亭(電話)二五九號
燮昌火柴廠 胥門外(電話)七〇七號
蘇綸紗廠 盤門外
蘇經絲廠 盤門外
源盛絲廠 盤門外
華盛紙版廠 楓橋(電話)二八三號
華英水廠 胥門外(電話)五二四號
瑞記水廠 胥門外(電話)五三二號
茂新麵粉公司 山塘新民橋(電話)六二四號
公民織布廠 二門口(電話)二四四號
祥豐燭皂廠 醋庫巷(電話)一七四號

二 商業

中國銀行 中市街德馨里(電話)三六六號
交通銀行 中市街(電話)三八九號
江蘇銀行 中市街(電話)三〇七號
蘇州儲蓄銀行 觀東
上海商業儲蓄銀行 中市街(電話)三五九號
大陸銀行 中市街(電話)六三三號
淮海銀行 中市街(電話)四二九號
典業銀行 中市街(電話)三八六號
永年人壽公司 閶門外(電話)三二一號
華安人壽公司 閶門外(電話)三三四號
英美香煙公司 閶門外
南洋兄弟烟草公司 閶門外
廣生行 中市街(電話)八〇八號
科發藥房 觀前(電話)七九八號
五洲大藥房 中市街
屈臣氏藥房 中市街
東恆孚銀樓 觀前街(電話)七七號
西恆孚銀樓 中市街(電話)三三〇號

同豐永銀樓　中市街(電話)三五二號
天豐恆銀樓　中市街(電話)三五一號
老萬年銀樓　道前街(電話)八〇號
陳萬源珠號　觀前(電話)五六八號
倪源源珠號　觀前(電話)七五九號
天昌祥珠號　觀前(電話)七一七號
老人和緞莊　中市街(電話)六三九號
介綸緞莊　中市街(電話)四一五號
餘綸緞莊　中市街(電話)四四六號
大新緞莊　觀前(電話)六六號
乾泰祥緞莊　觀前(電話)二三八號
恆豐仁洋貨店　中市街(電話)三九〇
大有恆洋貨店　觀前(電話)一五九號
怡和祥洋貨店　觀前(電話)八二號
恆豐永洋貨店　觀前(電話)一二八號
藝蘭堂紙號　山塘街(電話)六五三號
同泰生紙號　中市街(電話)四四五號
芸蘭閣紙號　養育巷(電話)二九三號
麗青閣紙號　養育巷(電話)七八二號
振新書社　觀前(電話)五六二號
瑪瑙經房　觀前(電話)五三九號
交通圖書館　觀前
小說林書坊　觀前(電話)二九二號
掃葉山房　中市街
綠蔭堂書坊　中市街

己　公衆事業

一　公會

吳縣教育局　舊皇宮(電話)四二號
蘇州總商會　西百花巷
商團司令部　珠明寺前
吳縣市公所　草橋南舊元和署
救火聯合會　舊學前(電話)一七三號
青年會　觀前北局

二　會館

八旗會館　婁門大街
山東會館　山塘桐橋
汀州會館　上津橋上塘
江西會館　楊安浜又西美巷
全浙會館　長春巷
安徽會館　南顯子巷
兩廣會館　侍其巷
武陵會館　上津橋上塘
金華會館　南濠大街
陝西會館　山塘桐橋
浙江會館　上津橋下塘
浙紹會館　盤門新橋巷
浙甯會館　南濠大街
湖南會館　通和坊
雲貴會館　十全街
新安會館　上津橋上塘

廣東會館 山塘橋
嘉應會館 胥門棗市
潮州會館 上津橋上塘
嶺南會館 山塘橋
錢江會館 桃花塢
霞漳會館 南濠大街

庚 個人事業

一 律師

王開疆 廟堂巷四三號
孔昭晉 宜多賓巷一四號
朱樹楨 石路濟華堂藥房
沈時復 桃花塢東街五一八號
沈楚青 新橋巷五四號
宋銘勳 鈕家巷一一號
沙訓義 橫馬路南陽里一號
吳允中 橫馬路南陽里一號
李振霄 申莊前五號
金宏基 閶門馬路太平坊
俞晉陶 盛家浜一號
陳則民 獅林寺巷七五號
秦聯奎 閶門馬路太平坊
唐愼坊 幽蘭巷
徐均犧 古市巷八八號
席裕昌 閶門馬路鐵路飯店
章世焱 富郎中巷一五號
張一鵬 辮蓮巷
楊同穎 侍其巷
蔡倪培 辮蓮巷四一號
潘承鍔 廟堂巷
劉　相 吳縣前九六號
錢崇固 顏家巷六十號

二 醫生

(一)中醫

王松生(內科) 醋庫巷
朱壽清(內科) 十梓街一一五號
汪子敬(女科) 鐵瓶巷五〇號
李卓英(內科) 金獅巷西口
姚小陶(內科) 護龍街飲馬橋北
馬筱岩(內科) 調豐巷
徐衡伯(內外科) 學士街一〇六號
殷契範(傷科) 婁門倉橋
夏天民(傷寒科) 馬醫科巷
陳右銘(內科) 滸馬坡巷七號
曹融甫 內外科) 西街
孫禧年(傷寒女科) 嘉餘坊巷
張仲甫(瘋科) 閶門外四擺渡
張愼甫(瘋科) 閶門外四擺渡
張繩田(傷寒痧症二科) 馬醫科巷
程南山(女科) 護龍街樂橋北
程燕山(女科) 護龍街樂橋北

馮在田(小兒科)　喬司空巷
鄒文珉(內科)　干將坊一三一號
蔡春谷(內外科)　金太史場二七號
潘惠君(眼科)　宮巷蔡匯河頭一一號
謝劍新(傷科大家)　烏鵲橋街三十三號
戴銘甫(走馬外瘡)　西美巷七一號
顧伯平(內科)　甫橋西街(電話)七五〇

(一)西醫

江兆蘭　平江路三五一號
范補程　飲馬橋郭家巷口(電話)七九二
柏樂文(美人)　天賜莊博習醫院(電話)三四
侯錫藩　喬司空巷二三號(電話)七二
胡韶成　飲馬橋蘇蘇醫院(電話)七九四
陳欽溱　皮市街(電話)三二七
曹雲芳(女醫)　衛前街四八號(電話)七九二
張鐵夫　橫馬路五二號
程子鶴　富仁坊巷
惠更生(美人)　四擺渡更生醫院(電話)三三八
楊濟之　調豐巷(電話)一九〇
榮美生(美人)　齊門洋涇塘岸福音醫院(電話)三二四
蕭潤身(牙科)　大馬路施家街
謝谷山　蓮溪坊一五二號
蘇邁爾(美人)　天賜莊博習醫院(電話)三四
麗織文(女醫)　婁門新橋巷一九號
顧志華(女醫)　舊學前
顧諫廷　鐵瓶巷(電話)二九六

三　書畫家

(一)書家

王仲虎(行楷)　衛前街
朱小汀(行楷)　胥門
朱聲曾(行楷)　護龍街
汪簽六(篆隸)　倉米巷
俞粟廬(隸楷)　宜多賓巷
畢勛閣(行楷)　申衙前
蘇寅忱(隸楷)　河沿街

(一)畫家

吳湘帆(山水)　南倉橋
陳伽盦(山水花鳥)　大太平巷
黃築巖(山水)　河沿街
蔣宜安(人物)　富仁坊巷
樊少雲(山水人物花卉)　甫橋西街
顏潤生(山水人物)　馬大籙巷
顧彥平(山水)　鐵瓶巷
顧墨怡(山水花卉)　學士街職業女校
顧鶴逸(山水)　鐵瓶巷

第五編

蘇州之衣食

甲　服裝

一　衣服時尚

（一）春季

初春天氣猶寒。老年多穿羊皮。少年多穿駱駝絨，時髦者則穿狐皮或灰鼠，普通均穿棉袍。以前馬褂皆用羊皮。今則多用短毛駱駝絨。不用皮絨。而製夾層者。亦無不可。其面子袍用華絲葛。馬褂多用直貢呢或嗶嘰，以爲縹亮，老年或守舊者，則袍用綢綢。馬褂用緞。過後漸用棉袍及夾衫矣。至女子所用衣料。大概與男子仿彿。惟新式女子。則多穿絨線衣。或呢大衣。普通女子多披圍巾。自絨線衣盛行後。風頭銳減矣。

（一）夏季

無論男女。多以嗶嘰製夾衫或單衫。爲無上縹亮。至溽暑多穿夏布、米通紗、官紗、蟬葉紗、芙蓉紗等。以前衣袖尙窄。今則尙寬，取其舒適也。女子衣袖及褲管，甚有不但加寬。且亦奇短。玉臂斂露。粉腿隱約。以爲非然者，不足一出其風頭也。間有效法西式。露其一角胸部。搖擺過市。人皆側目矣。衣乃章身。若是未免矯枉過正耳。夏季衣服。所値無多。故無論大少之荷花者。小姐之桂花者，皆衣冠楚楚奔走駭汗於園林街巷，以爲西風一起。行將銷聲匿跡。大好風頭。不能錯過也。又有游手好閒之徒。身穿短衣。褲管之大乃無倫。腰垂綢紗之帶，足穿錦緞之鞋。三五成羣，逡巡於街頭巷口。更可怪已。

（一）秋季

大概與春季仿彿。惟棄舊喜新。人心所同。一般綽闊者。必求趨時。更製新服。故春季之衣。甚有棄置不用者。其不經濟乃如是。然一般守舊人物。西風已緊。多披其陳舊之棉袍。雖至油光與日月爭光。敗絮縷縷自破綻中脫穎而出。亦恬不爲怪。依舊按時入茶寮。高據案頭。享其清福。其忍耐功夫。實可驚愕。亦可見心理之不同也。

（一）冬季

富家男女。認爲出風頭之機會者。厥爲冬季。蓋平時衣服。無論何人，皆可勉力備置。其在縹亮者。且可與富家分庭抗禮。故富家一交冬季。率穿狐皮、灰鼠、珠皮、獺皮、海虎等。而女子之衣料。多爲綺霞緞、閃花緞、魚鱗緞、珠花緞、貝葉緞、文明錦等。其貴重眞非寒素者可望項背矣。然新式女子。重在天然之美。衛生之道。故衣服但求身段配合。溫暖適宜。素淨整飾。別具風致。在彼輩目中。以視富家女子花園錦簇。又以爲俗不可耐矣。

二 衣料店

(一)綢緞店

大新 觀前(電話)六六
久昌 觀前(電話)五三四
介綸 西中市(電話)四一五
老人和 西中市(電話)六三九
同仁和 西中市(電話)六六二
李宏興 皮市街(電話)四一二
莫義昌 西中市(電話)五八一
陶泰豐 東北街(電話)六二五
乾泰祥 觀前(電話)二三八
裕源 皮市街(電話)八三五
裕豐仁 古市巷(電話)一二二
餘綸 西中市(電話)四四六

(二)布店

大亨 宮巷(電話)二二六
永順 楓橋(電話)六八四
同福昌 小邾街(電話)六六四
協記 懸橋(電話)七五七
恆泰源 白塔子巷(電話)四八一
振大 山塘街(電話)八三六
萬大順 古市巷(電話)六〇〇
愼興 西中市(電話)六五五
義和 婁門外(電話)八一七
福康 上塘街(電話)六九一

三 浴堂

浴堂隨地皆有。有浴池盆湯之別。均兼設之。浴池衆人皆在一池沐浴。熱氣蒸騰。悶苦異常。且易傳染瘡毒。最不衞生。不若盆湯之每人一盆。舒服而清潔也。盆湯又分官盆客盆二種。官盆設置尤爲美備。有冷熱水管可以自由開閉。堂內冬季裝火爐。夏季裝風扇。溫涼咸宜。招待亦甚周到。價目浴池五六十文。客盆一百文或小洋一角。官盆小洋三角。茶水在內。小賬隨意另給。擦背、剗脚。每種六七十文或小洋一角。理髮依市面給資。

四 理髮店

理髮店到處皆有。皆鎭江人所營之業。規定價目剪西式平頂或圓頂。小洋一角。錢三十文。軋或剃頭。錢一百文。修面錢七十文。小孩減至六十文。但亦有因其手術之佳。加給數十文。甚至給滿二角者。均聽便。除剪剃外。修面、洗頭、捉耳、敲背。均不加錢。

乙 飲食

一 茶館

(一)茶館概況

蘇人尚清談。多以茶室爲促膝談心之所。故茶館之多。甲於他埠。其吸收茶客之方法。全恃招待周到。故茶役之殷勤和平。尤非他埠所能及。近來各茶館競尚裝飾。多改造房屋。如吳苑深處茂苑等院宇曲折。花木扶疏。身臨其地。與知友二三。飲茗譚笑。殊覺別有雅趣。其茶資大概銅圓八枚或十枚。其次者祇四五枚而已。

(一)茶館一覽

九如 懸橋巷口
三萬昌 觀前觀內
吟芳 觀前觀內
吳苑 觀前北局
金谷 醋芳橋
青年春 觀前青年會
怡苑 閶門馬路
茂苑 湯家巷
胥苑 養育巷
長安 閶門馬路
桂芳閣 觀前宮巷
彩雲樓 護龍街
雲露閣 觀東
廣南居 觀前
福安 閶門馬路
蓬瀛 觀前太監街
嘯雲天 閶門馬路
嘯雲處 護龍街

二 酒店

(一)酒店概況

菜館雖售酒。但主要在售菜。酒店則主要在售酒。雖有菜。不過蝦、筍、豆、蛋等冷肴。欲添菜者。可命堂倌往備。事後一併算給。京莊每斤一角二分。花雕每斤一角三分。小賬加一。又醬園店兼售元燒。營業同酒店。亦有暖酒沽菜。均由酒客自理。但佔其少數耳。

(一)酒店一覽

元大昌 石路口
全美 閶門馬路
其昌 石路口
東升 西中市
金瑞興 石路口
金瑞興 都亭橋
益大 平橋頭
章東明 西中市
福興 山塘街
譚萬泰 都亭橋
寶裕 渡僧橋

三 菜館

(一)菜館概況

菜館有蘇館、京館、徽館之別。蘇館吃全十二盆、五菜、四小碗、一道點。每桌洋五元。換全翅加洋二元八角。換半翅加洋一元七角。一菜換用正鴨。加洋六角。一菜換用正雞。加洋五角。四菜、四小碗、四大盆。或八盆五菜。每桌洋三元五角。四盆四菜。或和菜，每桌洋二元八角。京館吃全無定。正全翅二元四角。扒翅四元半。和菜二元四角。徽館吃全無定。大和菜四冷葷盆、四小碗、三大菜、一道點。價兩元二角。中和菜二冷葷盆、二小碗、二大菜。價一元三角。小和菜二炒一湯。價五角。蘇館專備整席。京館、徽館。除整席外。亦可零點。酒皆另算。小賬加一。

（二）菜館一覽

大慶樓（蘇館亦可零點）　閶門馬路（電話）四六四
久華樓（京館）　閶門馬路（電話）三七七
三雅園（蘇館）　道前街（電話）一一五
天來福（蘇館）　護龍街（電話）一二九
六宜樓（徽館）　西中市（電話）四六〇
丹鳳樓（徽館）　觀前（電話）七三五
西德福（蘇館）　東中市（電話）三五四
西德福（蘇館）　醋坊橋（電話）七三二
同新樓（徽館）　石路（電話）四四七
易和園（徽館）　觀東（電話）七〇九
松鶴樓（蘇館亦可點零兼麵食）　觀前大成坊巷口（電話）六六八
泰昌福（蘇館）　養育巷
宴月樓（京館）　閶門馬路（電話）六四三
添新樓（徽館）　閶門馬路（電話）六八六
復興園（蘇館）　南倉橋（電話）五二五
萬福樓（徽館）　府前街（電話）五〇九
新太和（蘇館亦可零點）　閶門馬路（電話）四二一
新和祥（蘇館）　接駕橋（電話）八二七
新昌福（蘇館）　南倉橋
義昌福（蘇館亦可零點）　閶門馬路（電話）四三六
義豐園（蘇館）　宮巷（電話）七二六
福和祥（蘇館）　東白塔子巷（電話）八二一
聚福樓（徽館）　渡僧橋（電話）六八六
聚豐園（蘇館）　祥符寺巷西口（電話）六七五
德和祥（蘇館）　白塔子巷口（電話）一二一

四　大餐館

大餐館寥寥無幾。在閶門馬路有一品香。橫馬路有萬年青。觀前有青年會大餐間。餘如鐵路飯店、蘇州飯店。係以旅館兼售大菜。價目大概分四種。每客一元者六菜。八角者五菜。六角者四菜。啤酒汽水等另算。小賬加一。

第六編

蘇州之住宿

甲 居住

一 居住選擇

衛生合宜 江南靈秀之氣。獨鍾蘇州。虎邱之明媚。楓橋之古樸。橫塘之瀟灑。太湖之浩蕩。靈岩鄧尉之倩麗。天平穹窿之靜穆。各隨所好。卜居其地。皆足陶怡性靈。甚合養生之道。至於城內各巷。亦呈清靜樸實之象。最宜家居。但亦有房屋陳舊。地土卑濕者。則皆不合衛生。又城內路政。不甚考究。街頭巷角之廁所尿池。觸目皆是。卜居者誠宜望望然而去之。以免染疫之患。

交通便利 蘇地陸有火車。水有輪船。城內外有人力車。交通甚形便利。但與居住之所。頗有關係。如須常往外埠。則宜居住閶齊門外。以車站相近也。常往本埠各鄉。則宜居住閶胥門外。以輪埠相近也。否則。費時耗資。且難免跋涉之勞。

二 居住須知

預付房金 租屋居住。須按月預付房金。在居住第一個月。須多付一月或三月房金。以便拖欠時扣除。

房屋退租 房屋退租。須於前一月關照房東。否則須付一月房金。

謹防竊賊 蘇地竊賊之慣技。或撬門。或掘洞。或逾牆。卜居者防患未然。宜住高牆堅壁。重門深戶之房屋。否則宜隨時留意。

留心火燭 家中堆柴。宜另闢一室。否則亦須遠離灶門。房中燈燭。須遠離帳幃。其餘火燭。亦宜隨時留心。以免失火。

注重衛生 家庭衛生。最宜注意。如灑掃庭戶。洗滌衣物。開窗戶以通空氣。習運動而練體力。均當按照秩序。勤於其事。庶可避免疫病。保持康甯。

同居注意 如與他家同居一屋者。事前須加以考查。若其人品性卑鄙。家世齷齪者。與之貿然同居。則年輕子女。接觸既易。難免受其同化。爲患不堪設想。故彼此均須嚴加屏絕。庶免後患。

乙 寄宿

一 寄宿注意

塡寫名單 寄宿旅社。須於到時塡寫旅社所備之名單。姓名職業。一一塡入。如有女客。亦須載明。以備警廳之查考。

銀錢交櫃 如帶有鉅數銀錢。或珠寶等貴重物品。宜交與櫃上。由帳房負責保管。較爲穩當。

防範失竊 夜間睡眠須將房門落

門如出外須命茶房在房門上加鎖。以免失竊。如自己加鎖。而致失物者。則茶房不負責任。

遺失物件　如遺失物件。將物件之名目花色價值等。詳細開列一單。往附近警所報告。由警所代爲查緝。

謹愼交接　旅店客館。匪類最易混跡。或衣服麗都。或貌似忠厚。非老於世故。不能辨識。故寄宿旅社者。無論何人。均以不交接爲宜。否則難免入其彀中。而災禍踵至。悔將莫及。

屏絕娼妓　蘇地有不良風化。郎雉妓可以至旅社各房間中。兜攬生意。打情駡俏。無所不至。如旅客不能自主。貪歡一時。勢將貽害畢生。以雉妓十九有梅毒也。故遇若輩進門。可婉令退出。愼勿輕薄待之。自授以隙。

二　旅館一覽

三新旅社　閶門馬路（電話）前樓七九一後樓六一五

中華旅社　閶門馬路（電話）三四二

利昌旅社　閶門馬路（電話）七一六

惟盈旅館　車站錢萬里橋堍

惠中旅館　閶門馬路（電話）三五五

新江旅社　閶門馬路（電話）四九七

新蘇臺旅社　閶門馬路桃原坊（電話）賬房八一三二樓入三四三樓八一五

蘇州飯店　閶門馬路

蘇州第一旅社　閶門馬路（電話）一六四

蘇臺旅社　閶門馬路（電話）三五六

鐵路飯店　閶門馬路丁家巷（電話）八二

○

第七編

蘇州之名勝

甲　山

（一）虎邱山

在城西北七里。一名海涌山。吳王闔閭葬此。相傳葬後三日。有白虎踞墳。故名虎邱。山高一百三十尺。周二百十丈。泉石奇詭。應接不暇。其最勝者爲劍池。闔閭葬其下。以扁諸魚腸等劍殉焉。故名。兩崖劃開。中涵石泉。深不可測。李秀卿品爲天下第五。唐顏眞卿書虎邱劍池四字。石刻猶存。前爲千人石。廣可坐千人。爲生公講臺。旁有白蓮池。池中有石名點頭。相傳晉高僧生公說法於此。頑石皆點頭。道旁有試劍石。相傳闔閭於此試劍，劍痕可辨。有憨憨泉。爲梁高僧憨憨遺跡。有枕石。生公嘗倚此看經。登五十三參。入門而左。爲清聖祖高宗駐蹕處。有大吳軒、小吳軒、平遠堂、梅花樓、仰蘇樓、雪浪軒、月駕軒、海晏亭、玉蘭房等處。後有浮屠七級。隋仁壽九年建。紅羊遭燬。尚未修復。前有石觀音殿。殿右有冷香閣。民國新建，前植紅綠梅花。登臨可望太湖。山本在田疇中。唐郡守白居易鑿渠築隄。以通南北。亦稱白隄。即今之山塘是也。

（一）天平山

在城西二十五里。支硎之南。視諸山最爲秀靈。山頂有蓮花洞。又有白雲洞。皆山中最勝處。山皆奇石。環形異狀。可喜可愕。以卓筆峯爲最。峯高數丈。截然立雙石之上。餘爲屏爲矗。或插或倚。備極奇怪。飛來峯高二丈。上銳下侈。微附盤石。前臨崖谷。大石屋、三面壁立。覆以二大石。小石屋、一石覆之。又小廠有蓋。斜敧其頂。俗名頭陀崖。又有五大石、臥龍峯、巾子峯。皆山中奇跡。山半有白雲泉。爲吳中第一水。石壁中別有一泉，注出如綫。曰一線泉。宋僧壽老始發之。有古松、膠蚪如蓋。曰華蓋松。他如白彪門、穿山洞、蟾蜍石、龍頭石、靈龜石、釣魚石、皆奇絕，南址白雲寺。今爲范文正公功德院。清高宗臨幸其地，范公之祖墓在焉。其西有筆架峯。其後羣石林立。名萬笏朝天。

（一）靈巖山

在城西三十里。高三百六十丈。一名硯石山，產石可爲硯。故名，闔閭之館娃宮址也。山有石馬。望之如人騎。南有石鼓，俗謂鳴即兵起。山之西北絕頂。爲琴臺。范成大謂下瞰太湖及洞庭兩山。清翠叢碧。在白銀世界中是也。臺下有大偃松。身臥於地。兩頭蜿起。交蔭下見根所自出。吳人以爲奇賞。比年雷震。一枝已瘁。自臺而東。爲走馬街。山前十里有採香徑。斜橫如臥箭。山頂之地有葵蒓。夏能去熱。秋則去寒。水至旱不竭。井二圓曰吳王井。八角曰智積禪師井。井之陽爲涵空閣。其西南石壁削拔。曰佛日巖。其中平坦處爲靈巖塔。塔前石壁聳起。爲靈芝石。循塔南西上有小斜廊。爲響屧廊。亦曰鳴屐廊。圖經云。吳王以楩梓藉地而虛其下。西子輩行則有聲。故名。東爲百步街。石龜、石羅漢在焉。又石上男女足跡。俗呼吳王西施足跡。街之南爲西施洞。圖經續記。吳王囚范蠡處。洞右有牛眠石。前爲出洞龍、貓兒石。東西爲二划船隝。蓋吳王渚水以戲龍舟之所。其下爲妙湛泉。明萬歷初太倉士人曹允浚得之。此山數十里外。望之即可辨。高啓云。靈巖拔奇挺秀。若不肯與衆峯列。允多奇石。嘉靖後屢經構采。遂多殘毀。清聖祖、高宗南巡。皆駐蹕其地。行宮在山嶺。

(一)鄧尉山

在城西南六十里。錦峯山西南。漢鄧尉隱此。亦名光福山。以地名光福里也。前瞰太湖。風景極佳。山多梅樹。花時一望如雪。山之東麓二里。有妙高峯。下有七寶泉。西有壽巖泉。山之西北曰龜山。光福塔在焉。俗名塔山。山北有虎山。中通一溪。跨以石梁。名虎山橋。其西南有鳳鳴岡。岡下有至理山。又有莼岡山、石帆山、褚山、邢山、長山、游城山。皆附鄧尉山。

(一)玄慕山

在鄧尉山南六里。相傳東晉青州刺史郁泰玄葬此。故名。初明萬峯和尚居之。名萬峯山。人謂吳之山唯玄墓最僻亦最奇。面湖而險隩。丹崖翠閣。望之如屏。背鄧尉而來。法華障其前。銅井、青芝迤邐其右。游龍界其左。尤奇在絕頂。一登則洞庭諸山。悉陷伏於湖。而湖波混茫。蕩爲一色。山有聖恩寺、喝石寺。西南有八德泉。水如沸珠。又名沸珠泉。寺後奇石。俗謂之眞假山。元天順間於土中露見稜鍔。扣之錚錚。遂加剔濯。巉巖洞越。巧若天成。後漸湮沒。清康熙間。積雨山泉衝激。復有石露於大悲壇東。寺僧因而搜之。得石湖盧熊所題神獅出岫、海湧門、汲硯泉、涵輝洞、峭壁巖、螺髻峯、流雲洞、凌空橋八景。清聖祖、高宗皆巡幸。山半有五雲洞。顧天敍所闢。東有米圃山。東麓爲柴莊嶺。米圃山迤南爲錢家礁。又東南爲台山、周山。西爲石牌山。又西爲孫家、蟲頭諸山。漸入於湖。迤南爲竺山。亦名竹山。南爲法華山。一名鉢盂山。亦名烏鉢山。又南爲漁洋山。二山西南北三面皆在湖中。峯隝幽闃。遊者鮮至。

(一)穹窿山

在城西南六十里。即赤松子所取赤石子脂之地也。山東西兩嶺相趯。產自然銅。又曰銅嶺。山頂方廣可百畝。有煉丹台。昇仙台。皆赤松子遺跡。又三茅峯頭如浮笠。俗呼箬帽嶺。疊石爲龕。名國師龕。半山有石膝痕。相傳茅君禮斗處膝印。中注水不涸。名雙膝泉。產石蟹如錢大。又有柱杖泉。大旱不竭。法雨泉下注石堰。東嶺下有盤石。高廣丈許。相傳朱買臣讀書其上。今號爲讀書臺。北有紫石山。鳳凰山。西爲紫藤塢、百丈泉。清高宗南巡。臨幸其地。

（一）岝崿山

在城西南十五里。俗稱獅子山。以形名。王僚葬此山。山上有石菴。南有大石。相傳爲墜星。今其東有落星涇。俗傳禹治水時。令童男童女入太湖。引出此山。欲以塡水至鶴邑。不肯進。因又名鶴阜山。後有鈴山。左曰索山。皆以獅子得名。山南頂有巨石二。云是獅子兩耳。自元以來。鑿石殆盡。

（一）支硎山

在城西二十五里。晉高士支遁憩遊其上。平石爲硎。故因支遁以支硎爲號。一名報恩山。以昔有報恩寺也。山有石室、寒泉。遁詩云。石室可蔽身。寒泉濯溫手。相傳遁冬居石室。夏隱別峯。所遺故物。有鐵柱丈、鐵燈籠之屬。又有放鶴亭、白馬磵、馬蹟石。皆以遁得名。舊有南峯寺。及中峯、北峯二院。北峯、宣德間移於雖窠嶺。中峯、在寒泉上。又有楞伽院。南峯、一名天峯。即唐支山院也。傍有待月嶺。嶺下有碧琳泉、南池、新泉、馬坡。坡南三巨石屹立如門。西連危峯。東臨絕壑。中猶棖臬然。又牛頭峯在寺門下。盤院、空谷、化成、法螺諸菴。最皆絕勝。清高宗南巡。臨幸其地。

（一）楞伽山

在城西南十四里。吳山東北。又名上方山。上爲楞伽寺。有浮屠七級。東南麓有丁家山。唐丁公著父喪。負土作冢。故名。北爲寶積山。寶積寺在焉。又北爲吳王郊台。東北爲茶磨嶼。東麓爲石湖書院。東南麓有普陀巖、石池、石梁。清高宗南巡。臨幸其地。茶磨北四里曰黃山。諸峯高下相連。俗稱筆格山。隋志載王世充破劉元進。坑其衆於黃亭磵。疑即此。其西山之半。有二石洞。深可三四丈。俗名虎洞。

（一）堯峯山

在城西南十六里。堯時洪水汎溢。吳人避此。故又名免水山。有青輝軒、碧玉沼、多景巖、寶雲井、白龍洞、觀音巖、偃蓋松、妙高峯、東齋、西隱十景。後廢及半。人因取露禪菴、千人坐、響泉、松岡、竹徑以足之。俗又以壽聖菴爲上堯峯。露禪菴爲中堯峯。興福菴爲下堯峯。山半有鞦韆嶺。嶺下石隝中產文石。其東南有寶華山寺。有緬緬泉。又有紫薇塢、瑞雲塢、褒忠嶺、青霞嶺。東有長旗嶺、臨慈塢。又東爲吳山。

吳越廣陵王子文奉建吳山院於此。故名。其南有昇猶山、桃花塢。漫衍六七里。臨太湖白陽灣。與吳江分界。陰雨彌日。則烟霞瀰漫。望之若白浪中浮。露青峯也。至風清月明。其氣凝結不散。疑井中龍噓所出。雲泉所由名也也。

(一)陽　山

在城西北三十里。一名秦餘杭山。越入吳。夫差晝夜馳走。達於秦餘杭山下。越兵追至。遂擒之。其地卽所謂干隧也。山高八百五十餘丈。透迤二十餘里。大峯一十有五。而箭鈌最高。相傳秦皇射於此。故下有射瀆。箭鈌之傍。有巨人跡。長五尺許。下有文殊寺。寺內石井。大旱不涸。有香爐石高聳數丈。有白龍塢。其前有龍湫右。徑千尺。深亦如之。白龍廟在焉。東北有白鶴山。以丁令威宅名。丹井尚存。今名澄照山。山北大石聳出如蓮花。上建佛廬精舍。皆架巖壁下。有雲泉。水自石上瀉納小池。因建庵名雲泉。自此一支東北過金芝嶺。曰管山。亦曰灌山。西爲陽抱山、青山、寒山。西北彭山。西南溫山、圖山。其北竹青塘。又北雞籠山。以形似雞籠故名。山有洞。深不可測。有探者其去甚遠。燭盡而返。上聞風濤舟艫聲。疑在太湖下也。東南曰象山。卽福壽山。盤廻不絕。而爬石嶺在其間。象山之北。爲南爪山、北瓜山。陽山西北十里。有徐候山一名卑猶。越王葬夫差處也。

(一)香　山

在城西南七十里。北連穹窿。南近太湖。脈與胥山接。吳王種香於此。遣美人採之。故名。下有採香涇。通靈巖山。今名箭涇。山北有名上園下園者。皆吳王藝花處也。西南數里。有黃茅山。臨太湖。

(一)胥　山

在香山東南太湖口。今名清明山。吳王殺子胥投之江。里人立祠江上。因名胥山。其西麓長而銳。土人呼爲西上方。闔閭嘗造九折路。以遊胥臺。望太湖。胥臺、卽胥山也。

(一)橫　山

在城西南十五里。四面皆橫。故名。山有七墩。俗稱七子山。背臨太湖。若箕踞之勢。又名踞湖山。吳越錢氏。葬忠獻王元璙。於此建寺。其趾曰薦福。又名薦福山。山有五塢。曰芳桂塢、飛泉塢、修竹塢。丹霞塢、白雲塢。臨吳控越。實吳時要地。隋開皇中嘗遷郡於橫山東。亦以是爲屏蔽云。

乙　園

(一)留園

在閶門外五福路。游資每人小洋一角。爲明太僕徐冏卿東園故址。清嘉慶初。洞庭劉蓉峯就其地建寒碧山莊。人稱劉園。光緒二年。

爲常州盛旭人所得。大加修葺。易名曰留園。入門曲折進。有涵碧山房。署曰胸次廣博天所開。極寬敞。臨荷花池。池蓄大種金魚。駕以九曲橋。橋有亭。署曰濠濮想。池之西。疊石爲山。桂花甚繁。中覆一軒。署曰聞木犀香。山頂有可亭。山陰有半野艸堂。向東爲柟木廳。署曰藏修息游。庭前壘石。極怪偉。廳旁有亭名佳晴喜雨快雪。對面有屋。署曰洞天一碧。由揖峯軒入東園。有冠雲、岫雲、瑞雪三湖石。奇特險峻。得未曾有。尤以冠雲爲最。南有四面廳。額曰奇石壽太古。北有樓。額曰仙苑停雲。皆爲園中最勝處。全園經營曲折委宛。應接不暇。無一覽無餘之憾。而泉石之勝。花木之美。樓臺亭榭之幽勝精緻。允推花園之冠。

（一）西園

在留園西。卽戒幢寺之放心池。其入門處。署曰西園一角。園以放生池爲勝景。上駕曲橋。中有湖心亭。額曰月照潭心。池蓄魚鼈甚多。游人投以餅餌。羣聚爭食。頗有可觀。池東有四面廳。西有軒。皆精緻寬敞。此外石疊田圃。亦雅好。而柳暗花明。鳶飛魚躍。此中大有眞趣焉。

（一）拙政園

在婁門大街。宋元爲大宏寺。明御史王獻臣因其遺址營爲別墅。清初歸相國陳遴。後沒入官。爲吳三桂壻王永甯所得。同治八年。改爲八旗奉直會館。故今日之園。不過當時一部分耳。入門有古藤。爲文衡山手植。園中有遠香堂、聽香深處、繡綺亭、香洲、藕香榭、擁翠亭、玲瓏館諸築。園多老樹。夏日清蔭可愛。疊石亦有玲瓏者。又有連理寶珠山茶。花時豔紅奪目。吳梅村曾作長歌記之。

（一）怡園

在護龍街。顧子山所築。入園有一軒。庭植牡丹。署曰瓊島飛來。軒東有屋如舟。署曰舫齋賴有小溪山。其前三面環水。左則蒼松數十幹。上有閣曰松籟。可眺遠。繞廊東南行。有石壁數仞。築亭面之。名曰面壁。又南行。則桐蔭翳然。中藏精舍。名曰碧梧棲鳳。又東行。梅樹數百。素豔成林。後臨荷花池。石橋三曲。紅欄翠蓋。相映成趣。其前曰梅花廳。廳西鑿坏於垣。曰遯窟。窟中有室。署曰舊時月色。東南爲雪亭。又東爲歲寒草廬。有石筍數十枝。蒼寶可愛。北爲拜石軒。庭有奇石。佐以古松。又北爲坡仙琴館。以藏東坡琴也。右有石似老人。傴僂而聽琴。築室其旁。曰石聽琴室。西北行有芍藥臺。墻外有竹徑。遵徑而南。修竹盡而叢桂見。一亭署曰雲外築婆娑。亭前卽荷池也。循池而西。曲折登山。上有亭曰螺髻。自左而下。得一洞。有石作大士形。是曰慈雲洞。洞外有桃花。是曰絳霞洞。園東南多水。西北多山。為池有四。皆曲折可通。其結構之佳。非胸有邱壑者不辦也。

（一）遂園

在慕家花園後門在申衙前。游資平常銅圓五枚。園本清康熙時巡撫慕天顏别墅。旋歸席氏。其後畢尚書沅劉其半。半歸滇人劉氏。即今遂園也。有綠天深處、映紅軒、容閑堂、琴舫諸築。其土山。花木甚繁。池頗廣。所植荷花。名層層樓。頗名貴。池上有橋。曲折可通。

（一）半園

在倉米巷。溧陽史偉堂所築。游資銅圓五枚。有精若艸堂、君子居、四宜樓、雙蔭軒、三友亭、不繫舟等建築。有池有山。疊石亦玲瓏可喜。

（一）滄浪亭

在三元坊。為蘇子美舊宅。蓄水數十畝。傍以小山。宛委高下。互相映帶。南為明道堂。折而西為五百名賢祠。祠南為翠玲瓏亭。北為面水軒。靜吟藕花水榭皆臨水。餘如瑤華境界、聞妙香室、見心書室、清香館等。各就地形結構。極自然之妙。洵吳中勝境也。

（一）獅子林

在潘儒巷。與畫禪寺接壤。湖石之玲瓏奇偉。允推吳中第一。登臨其間。盤旋宛委。有迷離縹渺之觀。相傳元至正間。僧天如惟則。與倪元鎮等共商疊成。俗傳為倪雲林所構。誤也。其中如獅子峯、含暉峯、吐月峯、臥雲室、問梅室、立雪堂、指柏軒、玉鑑池、水壺井、修竹谷、大石屋等。皆為勝景。山上有大松五。故又名五松園。今歸貝氏。

（一）環秀山莊

在申衙前。即汪氏耕蔭義莊。不需游資。但須有人介紹。園本為清相國孫補山舊宅。道光年。始歸汪氏。疊石成山。望之一小邱耳。穿越其間。則曲折不盡。似入八陣圖中。誠佳構也。東有亭。署曰半灣秋水一房山。西有亭。曰問泉。北曰補秋舫。庭植婆尾一本。春來發花甚盛。舊有飛雪泉。淤塞已久。近年始疏通之。

（一）七襄公所

在寶林寺東文衙里。為文徵明舊宅。今為綢業集會之所。有荷花廳、博雅堂、聽雨雙聲室、紅鵝館、乳魚亭、愛蓮窩諸築。池中荷花。來自湖南。珍異冠吳中。假山秀靈可愛。亦大好園林也。

第八編

蘇州之古蹟

甲 城門

一 城

(一)府城

爲吳王闔閭故都。自泰伯城梅里平墟。諸樊徙都於此。闔閭時伍子胥爲相。始相土嘗水。象天法地。以築大城。周迴四十七里。時周敬王六年也。

(一)子城

即吳小城。在舊長洲境。闔閭所築。元末張士誠據之。敗後城夷圯。獨存南門。頹垣上置吏司更。號鼓樓。今自乘魚橋至金姆橋而東。高岡迤邐。是其遺址。東有鼓樓坊。即當時鼓樓所在也。

(一)魚城

在縣西二十五里橫山下越來溪西。爲吳王養魚處。或謂魚爲吳之誤。蓋王控越之地也。城在田間。基厚而方。其高三丈。土極細。故歷久不壞。

(一)越城

在縣西橫山下。一云越王城。又云勾踐城。越伐吳。吳王築此城以禦之。城堞髣髴具在。高者丈餘。闊亦三丈。

(一)相城

在縣東北五里。相傳子胥初築城時。先于此相地嘗土而城之。下濕乃止。其地因名。

(一)搖城

吳王子居焉。後越搖君居之。稻田三百頃。在邑東南。去縣五十里。今其地名大姚。

(一)酒城

在縣東南三十五里。壇塘邊。夫差既殺子胥。悔之。於此設酒拜祭。故名。

二 門

(一)閶門

在城西。蓋象天通閶闔風也。闔閭欲破楚。楚在西。故立閶門以通天氣。又名破楚門。

(一)胥門

在城西。門外本有九曲路。闔閭造以游姑胥之屋。以望太湖。蓋取姑胥山爲名也。又名姑胥門。

(一)盤門

在城南。舊名蟠門。闔閭嘗於門上刻木爲蟠龍以厭越也。

(一)蛇門

在城東南。今廢。闔閭象地形立蛇門。欲以并越。越在東南。故立此制之。

(一)婁門

在城東。本號疁門。東南秦時有古疁縣。漢王葬改爲婁縣。卽今崑山。故名。

（一）匠門

在城東。今廢。又名干將門。干將於此置冶鑄劍。匠乃干將之變聲也。

（一）齊門

在城北。闔閭十年旣破齊。齊以女爲質。吳爲太子波聘之。齊女少。日夜號泣成病。闔閭乃造此門。名曰望齊門。令女往游其上。

（一）平門

在城北。今廢。北面有水道通毗陵。子胥平齊。大軍從此門出。故號平門。

乙　宮殿

一　宮

（一）館娃宮

在縣西三十里硯石山。今靈巖寺卽其地也。有響屧廊。吳王以楩梓藉地。而虛其下。令西施與宮人行其上有聲。吳王井在山腰。大石泓也。相傳吳王避暑處。玩月池雖旱不竭。中有水葵甚美。石室俗云西施洞。相傳吳王囚范蠡處。山前有采香涇。香山旁之小溪也。自靈巖望之。一水直如矢。故俗又稱箭涇。吳王種香其旁。令宮女泛舟采香。皆吳宮遺蹟也。

（一）臨頓宮

在城內。吳王嘗逐東夷。頓軍於此。設宴餉之。其地猶有臨頓橋。

（一）吳宮

在縣東南五十里。相傳爲吳王夫差別宮。遺址無可考。

（一）南宮

卽今南宮鄉。吳王離宮也。小院續南。尙有兩石門。是其遺址。

二　殿

（一）大成殿

在盤門內護龍街南府學內。宋范文正公建。祀孔子。歷代修築。規模宏壯。逢丁祭開放。龍門下所產薄荷。形如龍頭。名龍腦薄荷。移植他處卽變形。爲前清貢品。殿上蝙蝠繁殖。啾啾之聲不絕。其糞名夜明砂。入藥。亦爲蘇地特產。

（一）三清殿

在城中玄妙觀內。建於宋淳熙間。有匾曰妙一統元。筆勢壯穩。相傳金兀朮所書。中間供三清神像。都五丈。金身。柱皆用石。滿刻神號。前有露臺。三面石欄。外面皆刻圖畫。神像旁供六十花甲星宿。香火不絕。

丙　樓臺

一　樓

（一）和豐樓

在城內樂橋南。舊名清風樓。明嘉熙四年郡

守展拓其址。爲樓三間以臨街。

（一）中和樓

在城內吉利橋西。明淳熙八年郡守建。今爲民居。

（一）花月樓

在隱坊。明淳熙中改建。今爲民居。

（一）齊雲樓

在郡治後子城上。相傳古月華樓也。後又稱飛雲閣。曹恭王所建。

二 臺

（一）姑蘇臺

在縣西南三十里橫山西北麓姑胥山上。亦名胥臺。闔閭經營九年始成。高三百丈。望見三百里外。作九曲路以登臨。越入吳。焚之。今僅有山耳。

（一）般若臺

在縣西二里。晉穆侯何準捨宅建。其東北有般若橋。今呼爲朱明寺橋。

（一）郊臺

在橫山東麓下。臨石湖。壇基之形儼然。相傳吳僭王時建。

（一）射臺

亦在橫山。相傳吳僭王游獵處。

三 亭

（一）滄浪亭

在盤門內三元坊。宋蘇舜卿建。後歸韓世忠。元明均廢爲僧寮。嘉靖間。改爲韓蘄王祠。浮徒文瑛於大雲菴旁。復建滄浪亭。清康熙間。巡撫宋犖復構亭於土山上。紅羊之役又毀。清同治間。巡撫張樹聲。仍建亭原所。並建五百名賢祠於亭之西南。其中亭臺軒榭。皆臨水構築。荷蕖甚繁。花時清香遠聞。游蹤不絕。

（一）金閶亭

在閶門。漢時建。傍川帶河。署曰金閶。朱買臣曾逆旅此舍。今不可考。

（一）夷亭

在婁門外。闔閭十年東夷侵逼。王師率征之。下營於此。故名。

（一）望亭

在縣西境。吳先主立。謂之御亭。隋置爲驛。唐改今名。劉禹錫云詩懷人吳御亭。謂此也。

丁 祠廟

一 祠

（一）孟子祠

在東禪寺西。舊名鄒國公祠。在城東顧家橋。明萬歷四十四年移建今所。寢殿祀孟母。

（一）顏子祠

在盤門內梅家橋南。舊在楓橋顏家塲。宋元豐八年建。清康熙三年。移建於蔡氏墓左。二十四年巡撫湯斌仍建舊所。咸豐十年燬。十一年移建今所。

(一)言子祠

在干將坊巷。明萬歷十二年建。清康熙四十四年。賜御書文開吳會額。

(一)韓蘄王祠

在靈巖山西麓。清道光十年巡撫陶樹建。一在歸涇橋西。明嘉靖二年建。今民間祀爲土穀之神。

(一)忠烈祠

在舊學前平江書院中。祀宋浙西江東制置使兼知平江府文天祥。初在永豐倉西。明正德十年。巡撫謝琛建。嘉靖二十年。巡撫饒天民移建舊學前。清咸豐十年燬。惟石像獨存。同治五年。移像書院中祀之。

(一)范文正公祠

在義宅東。宋咸淳十年建。祀魏國文正公仲淹。清咸豐十年燬。同治五年重建。

(一)林文忠公祠

在恤孤局西。清同治五年長洲縣知縣蒯德模建。祀江蘇巡撫林則徐。

(一)唐解元祠

在桃花塢準提庵內。清嘉慶六年吳縣知縣唐仲冕建。祀明解元唐寅。以祝允明文徵明配。咸豐十年重修。復以江蘇巡撫宋犖及仲冕配。

(一)昭忠祠

在城南平橋。舊在護龍街。清嘉慶八年。奉敕建。祀陣亡文武諸臣。治同六年。長洲縣知縣蒯德模建移今所。

(一)淮軍昭忠祠

在南顯巷。清同治成十三年巡撫張樹聲建。祠淮軍東征。歿於王事者。

(一)總孝子祠

在平橋昭忠祠右。祀歷代孝子。清道光二十四年建。清咸豐十年燬。同治六年。蒯德模重建。

(一)節孝貞烈祠

在平橋昭忠祠左。祀歷代節孝貞烈婦女。清道光二十九年巡撫裕謙倡建。咸豐十年。燬同治五年。蒯德模重建。

二　廟

(一)至德廟

在閶門內泰伯廟橋北堍。祀吳泰伯。東漢時本在閶門外。吳越錢鏐移廟今所。建炎年燬。乾道元年重建。淳佑十二年。提刑潘凱重修。悉屏去祔祠之神。惟附以泰伯之弟仲雍季札二位。康熙二十三年。巡撫湯斌重修。

(一)關帝廟

在護龍街周太保橋北。宋淳熙中建。清順治九年。敕封忠義神武關聖大帝。乾隆三十三年。敕封忠義神公靈佑關聖大帝。嘉慶十二年。敕封忠義神武靈佑仁勇關聖大帝。道光九年。敕封忠義神武靈佑仁勇威顯關聖大帝。春秋二仲月及五月十三日設祭。民國成立。與岳武穆同祭。

（一）城隍廟

在城西南隅流花坊北。吳赤烏二年建。宋時封忠安王。加封順應。加封威顯。加封英濟。明時封威靈公。清光緒御賜府城隍神崇墉鞏護匾額。加封沛澤。

（一）伍大夫廟

在胥口胥山上。子胥死。吳人於此立祠。俗稱胥王廟。一在洞庭東山楊灣。清康熙初建。一在盤門內。俗稱南雙廟。宋時建。至正間。僉事李仲美別立廟於胥門鼓樓上。今但存偶像。明萬曆四十年。裔孫伍萃就胥門內朱家園督糧同知廢署改建立祠。

（一）春申君廟

在黃洮馬巷。祀楚相黃歇。舊在于城內西南隅。明初移廟今所。清咸豐十年燬。同治五年重建。

（一）羊太傅廟

在烏鵲橋南瓶罏無巷。祀晉太傅羊祜。咸豐十年燬。同治十三年重建。

（一）司徒廟

在青芝山北。相傳祀漢鄧禹。廟有古柏四株。千年物也。今稱古柏菴。

（一）水仙廟

在閶門外雁宕村南。唐末建。一在胥門外日暉橋南。宋紹熙中建。清咸豐十年並燬。同治年重建。

（一）火神廟

在清嘉坊東。明萬曆間建。咸豐十年燬。同治六年重建。

（一）施相公廟

在元妙觀西脩司空巷。宋咸淳三年建。俗以爲江湖之神。

戊 寺觀

一 寺

（一）報恩寺

在府城北陲。俗稱八寺。古爲通玄寺。吳赤烏中。孫權母吳夫人捨宅建。唐大順二年。爲淮西賊孫儒焚燬。同光三年。錢鏐重建。舊有塔十一層。梁僧正慧建。宋元豐時經火。寺塔並燬。僧大圓建塔。僅九層。紹興二十九年建寺。自明迄今。屢閱興廢。猶爲郡中捨寺之冠。

（一）戒幢寺

在留園馬路東。爲明徐太僕故址。崇禎八年施漢捨寺。咸豐十年燬。清光緒初。僧廣慧募貲建羅漢堂。供羅漢五百尊。爲狀不一。又有千手觀音像。高四丈。民國初。建大雄寶殿。莊殿輝煌。冠絕吳中。

（一）寒山寺

在閶門外楓橋。初名妙利。建於梁。舊有塔七級。咸豐十年。與寺同燬。清末。蘇撫程德全修葺。惟塔無存。殿有寒山拾得二尊者碑像。及唐寅文徵明所書石碑。寺舊有巨鐘。明嘉靖間物。爲日人取去。另鑄一劣鐘歸還。懸於左室。唐張繼詩云。月落烏啼霜滿天。江楓漁火對愁眠。姑蘇城外寒山寺。夜半鐘聲到客船。膾炙人口。與寺相得益彰。

（一）瑞光寺

在盤門內。吳赤烏四年。僧性康來自康居國。孫權建寺居之。名普濟禪院。十年。權建舍利塔十三級於寺中。以報母恩。唐崇甯四年。奉敕修塔。塔放五色光。賜名天甯萬年寶塔。宣和間。朱勔出資重修。以塔十三級太峻。改爲七級。賜額瑞光禪寺。歷代均有修葺。清聖祖、高宗南巡。皆幸臨焉。咸豐十年燬。惟塔獨存。同治十一年僧西語重修。

（一）開元寺

在盤門內。舊在城北隅報恩寺。後唐同光三年。錢鏐徙今地。明萬歷間。歷修大殿、石佛殿、天王殿、佛閣。建地藏殿、西方殿。四十六年。賜藏經。建閣供奉。甃甓爲之。寸木不用。因名無梁殿。高宗南巡。嘗幸臨其地。咸豐十年燬。惟無梁殿無恙。同治十二年。僧量寬重修。

（一）承天寺

在閶門內皐橋東。梁衛尉卿陸僧瓚捨宅建。本名重玄寺。有無量壽佛銅像丈高餘。及萬佛閣、經樓、鐘樓等。元至順間悉燬於火。至元間復新之。至正末。張士誠據爲宮。明初復爲寺。清康熙二十八年。僧徒恣爲姦利。產沒入官。聽民賃居。寺遂廢。同治間僧涵蓮就其旁址改建。

（一）朱明寺

在城隍廟西。東晉時富人朱明捨宅建。後廢爲民居。清順治初。撫巡舊署燬於兵火。移駐其地。巡撫都御使周國佐發地得須菩提碑。刻五百羅漢尊者。朱明字跡在焉。乃遷署而復爲寺。

（一）永定寺

在鐵瓶巷北。一名永定普慈天台講寺。梁天監中。吳郡顧氏捨宅建。燬於張氏之亂。明洪武初重建。嘉靖二年。郡守胡纘宗割寺之半。爲金鄉書院。萬歷中。書院廢。地仍歸僧。咸豐十年燬。同治間重建大殿三楹。

（一）西禪寺

在富郎中巷。郎北觀音菴。唐貞觀間建。咸通間。有僧自南泉來居此。號西禪和尚。寺因得名。宋景定間兵燬。惟觀音像獨存。故稱觀音菴。清康熙十三年。官撤寺材爲姑蘇驛館。十九年寺僧重建。

(一)寶林寺

在城西北隅。元至正間建。內有栟櫚徑、梧桐園、水竹亭、山茶塢、薜蘿庵、煮雪寮、停鶴館、方塘、石橋、蕉窗十景。今大半圮壞。

(一)南禪寺

在府學東。唐開成間建。有千佛堂。後廢。咸豐十年燬。同治間修。尙未復舊觀。

(一)祥符寺

在祥符寺巷。卽西竹寺。唐大中間郡人司馬厚捨宅建。初爲比邱尼所居。明嘉靖間改僧寺。咸豐十年圮。同治間重修。

(一)禪興寺

在因果巷。梁大監二年刺史孫文捨宅建。咸豐十年燬。同治間重建。

(一)靈鷲寺

在謝衙前。梁天監中建。初爲永光院。明隆慶六年火。崇禎二年重建。

(一)雙塔寺

在城東南隅定慧寺巷。唐咸通間建。初名般若寺。宋雍熙中王文罕建。兩磚塔對峙。遂以雙塔名之。咸豐十年燬。惟雙塔及一殿尙存。同治間。僧却凡稍加修葺。

(一)定慧寺

在雙塔寺西。宋天禧間爲西方院。祥符間爲改今額。元季兵燬。明洪武中重建。

(一)昭慶寺

在大儒巷。元大歷元年建。明洪武間廢爲王氏園。崇禎末。僧養素復贖爲寺。咸豐十年燬。僅存山門。同治十年重建。

(一)畫禪寺

在城東北隅。卽獅子林寺。元至正二年建。明嘉靖建。爲勢家所佔。止存彌勒院。萬歷二十年奏請追復。敕賜聖恩寺額。清高宗南巡。御書畫禪寺額。遂易今名。

(一)普福寺

在城東北隅。晉時建。後廢。斷碑僅存。土山上有銀杏三株。大各二十圍。清順治間重建。

(一)聖恩寺

在縣西南七十里鄧尉山之南岡。唐天寶間建。初名天壽禪院。元季燬。僧時蔚重興。觀音閣、三塔院、藏經閣、大法堂、大悲堂。明代相繼建設。莊嚴靈秀。爲叢林冠。聖祖南臨。宿寺中四宜堂。御書松風水月四字以賜。高宗南巡。六次臨幸。賜寺額。

(一)翠巖寺

在蓮華峯下。一名華山寺。明僧鹿亭結茅於此。其徒續建殿宇。長松夾徑。寺門幽絕。清聖祖南巡臨幸。書寺額以賜。高宗南巡臨幸。賜聯額。

(一)白雲寺

在縣西二十五里天平山。舊亦稱天平寺。山中有白雲泉。唐寶歷二年建。宋范仲淹以先墓所在。奏爲功德寺。元末燬。明洪武初重建。內有寤言堂、桃花澗、宛轉橋、聽鸞閣。皆裔孫允臨所構。清道高宗六次臨幸。

(一)觀音寺

在支硎山東麓。晉支遁隱此。梁天監中建。會昌中廢。刺史盧簡求重修。清高宗南巡。六次臨幸。

(一)穹窿寺

在穹窿山。相傳朱買臣故宅。梁天監二年建。初名福臻禪院。明洪武初爲叢林寺。永樂中勅改顯忠寺。尋燬。宣德初重建。清高宗南巡。遙望寄題。

(一)治平寺

在縣西南十二里上方山下。臨石湖。梁天監二年建。寺有吳王時井。名越公井。井欄有隋人刻字。明嘉靖初建石湖草堂。

(一)中峰寺

在支硎山寒泉上。本支公古刹。明弘治間建。後地歸王文恪公鏊。天啓中。公四世孫永思。復畀僧改今寺。

(一)北峰寺

在支硎山。相傳爲遁蛻骨地。有石壁。古塔上鐫永和年號。明永樂間重建。

(一)白馬寺

在穹窿山西麓。宋景德四年建。元季燬。明永樂元年重建。清同治二年。大殿遭兵燬。今尚未復舊觀。

(一)甯邦寺

在穹窿山下。相傳宋紹興十二年。韓世忠部將臘還。薙髮隱此學禪。明永樂間重建。

(一)光福寺

在光福鎭西街。梁大同間建。有舍利塔七級。宋康定初。居民在寺旁泥中獲觀音像。祀於寺中。清道光十二年久旱。巡撫林則徐迎入城中。禱之立應。勅賜慈雲護佑匾額。

(一)天台寺

在洞庭西山縹緲峯北。梁大同間建。相傳唐乾符中。有沉香觀音像泛太湖而來。僧迎得之。有艸繞像足。投之小湖。生千葉蓮花。

(一)水月寺

在洞庭西山縹緲峯下。梁大同間建。寺有無碍泉。明洪武初歸併上方寺。宣德七年重建。

(一)上方寺

在洞庭西山。唐會昌六年建。明正德間圮。嘉靖間重修。

(一)顯慶寺

在洞庭西山。梁大同間建。寺有古鐘。咸豐十年圮。同治間重建。

(一)高峰寺

在洞庭東山俞塢之北。梁大同元年建。隋燬。宋祥符中重建。寺後有樓。塑如來涅槃像。俗名臥佛寺。

（一）彌勒寺

在洞庭東山飯石峯下。唐乾符間建。內有白蓮池。山岡雨後。往往得細石如米。今圮。惟大殿尚存。

二 觀

（一）玄妙觀

在城中心。晉咸寧間建。號眞慶道院。唐開元二年。改爲開元宮。乾符元年。建文昌張仙二殿。宋祥符中。更名天慶觀。皇祐間建山門。建炎兵燬。紹興十六年重建。建熙三年郡守陳峴建三淸殿。六年殿火。提刑趙伯驌重建。元至元元年。始改今名。至正末。兵燬。明洪武間重建。又建彌羅寶閣。萬曆三十年閣圮。淸順治間三淸殿圮。康熙初。道士施道淵重修之。雷尊殿、天王殿、東嶽殿。又先後告成。民國元年。彌羅寶閣燬。

（一）白鶴觀

在城東北隅。鶴舞橋東。相傳宋時其地爲安郡王孟忠厚藏春園。元平江路總管張世昌捨宅建。初名報恩道院。尋廢。道人張應元復建。有羣鶴自東南來。一鶴結巢樹上。因改今名。咸豐十年燬。同治十一年重建。

（一）福濟觀

在閶門皋橋東。俗稱神仙廟。宋淳熙間建。初爲嚴天道院。元至大間重建。賜今額。至正末。明成化間。嘉靖間。淸嘉慶間。咸豐間。均遭燬。同治十年重建。

（一）三茅觀

在高師巷西。宋淳熙間建。元至正末燬。明正統二年重建。增建玄天閣。淸康熙間。建玉皇閣。

（一）崇眞宮

在承天寺西。宋政和八年。郡人黃悟微捨宅建。賜額崇聖眞壽宮。宣和中改胥宮。建炎中。改崇眞廣福宮。

（一）軒轅宮

在祥符寺巷。一名先機道院。宋元豐初建。咸豐十年燬。同治中住持李滋基募建。

（一）淸微道院

在支家巷。宋端平間建。明初歸併福濟觀。永樂中里人成普元募建。

（一）眞悟道院

在齊門外。宋何蓑衣眞人退修之所。有墓在院東。淸康熙間。擴舊址募建眞淸殿、玉皇閣。

三 庵

（一）準提庵

在桃花塢廖家巷。卽唐解元寅桃花庵。明萬歷十年僧小旭構。時浚池得唐解元桃花庵猷碑。又得祝京兆允明庵額。因肖唐祝二公像。及文待詔像於庵中。

（一）潮音庵

在桃花塢。南宋時建。清嘉慶中堅持上人來卓錫。重建大殿。咸豐十年圮。僧鏡如重修。

（一）大雲庵

在南禪寺旁。一名結草庵。元至正間建。中有放生池。地廣十畝。明沈石田楊君謙嘗棲息於此。清嘉慶間。蜀僧達玲重建。

（一）青蓮庵

在石牛頭。即古圓覺庵。宋紹興三年。僧本立建。咸豐十年燬。同治間重建。

（一）雲泉庵

在天平山范文正公祖墓旁。宋慶歷間建。元末燬。永樂間再建。天順間又燬。萬歷初文正裔孫惟一惟丕等重建。寺有缽盂、泉仙人影諸勝。

（一）無隱庵

在天平山西南。明崇禎間建。咸豐十年圮。同治間僧鹿苑重建。

（一）積翠庵

在穹窿山北。即皇家寺。相傳建文帝曾稅駕於此。崇禎末。拓地重建。

（一）海雲庵

在穹窿山北麓。宋熙甯間建。明初歸併白雲寺。內有連理山茶。

（一）紫金庵

在洞庭東山西塢。相傳唐時胡僧建。貞元間廢。後復建。清乾隆十一年增建淨因堂。

己 湖溪

一 湖塘

（一）夏駕湖

在縣西城下。今爲民田。猶稱舊名。吳王避暑游於此。故名。

（一）女墳湖

在吳縣西北六里。吳王葬女處。

（一）蓮塘

在縣西十二里行春橋北。居民植荷芰爲業。夏季花開如雲錦。

（一）雉塘

在練瀆西一里。晉瑯琊王彪二女姊號聖姑。妹號素姑。聖姑兄治田。姑往餉之。爲雉所驚。因禁絕。自是西洞庭無雉。

（一）走狗塘

在城西。吳王游獵處也。

（一）華池

在華林橋。又石龍池在烏鵲橋東。皆闔閭所濬以泛舟者。

（一）放生池

在郡東城裏濠之陽。宋紹興中。以浮邱堂改創。歲久池湮。淳祐中始發見。

二　溪涇

(一)香水溪

在縣西吳故宮中。相傳西施浴處。一云吳王宮人濯粧於此。又呼爲脂粉塘。

(一)越來溪

在石湖畔。相傳越侵吳。自此入。故名。溪上有橋。曰越城。

(一采蓮涇)

在城西南運河之陽。相傳吳王使美人采蓮於此。

(一)錦帆涇

在大街西。貫南北市。直抵報恩寺。卽子城濠。吳王於此錦帆以游。

(一)明月灣

在洞庭西山。吳王玩月處。

(一)消夏灣

在洞西庭山縹緲峯之南灣。吳王避暑處。

(一)可盤灣

在洞庭山下。吳王遊太湖。瞻眺曰。此亦可盤桓也。故名。

(一)死亭灣

在閶門外七里。朱買臣妻恥而自縊處也。

(一)練瀆

在太湖。吳王闔以練兵。

庚　墓宅

一　墓

(一)闔閭墓

闔閭、春秋吳王也。用楚亡臣伍子胥之言。伐楚。大敗之。威振中國。後與越王勾踐戰。傷而卒。墓在虎邱劍池下。池廣六十步。水深丈五尺。桐槨三重。墳地六尺。魚腸之劍在焉。十萬人築治之。三日白虎據其上。因號虎邱。

(一)夫差墓

夫差、闔閭子。闔閭爲勾踐傷死。夫差敗越於夫椒以報之。遂霸中國。後會諸侯于黃池。勾踐乘虛入。遂爲所滅。自到死。墓在城西北四十里徐侯山。猶亭之西。勾踐以禮所葬也。

(一)吳王僚墓

僚、春秋吳王。闔閭隱使專諸刺死之。而卽其位。墓在岩寡山之西。思益寺旁。

(一)專諸墓

專諸藏匕首於魚腹。獻于王僚。突出匕首刺之。王立死。諸亦爲王左右所殺。其墓相傳在盤門裏伍大夫廟側。

(一)要離墓

闔閭既弒王僚。又使要離刺慶忌。要離詐負罪出奔。使吳戮其妻子。而見慶忌於衞。與之俱度江。至吳地。出不意。刺中其要害。其墓相傳在梵門橋西城下馬婆墩。舊有碑座。淸道光七年。在城脚水潭邊。得石碣。上刻古要離墓。

(一)慶忌墓

慶忌、吳王僚之子。墓在齊門外今十四都。有慶忌廟。

(一)孫武墓

武、春秋時齊人。以兵法見闔閭。用為將。西破楚。著孫子十三篇。為兵家所祖。墓在古平門西北二里。地名永昌。

(一)馮煖墓

煖、戰國時孟嘗君之食客。墓在彈鋏巷。卽煖所居。死葬其地。唐時墓碣猶存。

(一)眞孃墓

眞孃、胡姓。吳國人。與西施並有豔名。且富於才。家故貧。母父復相繼亡。遂陷入平康。顧守身如玉。不輕易見傖荒。客有欲强以非禮者。鴇許矣。眞孃若無事。期以翌日。是夜卽投繯死。客悲其志。為營葬於虎邱。

(一)孫堅墓

孫堅、吳夫人、暨子策墓。在古蛇門外。城中一水北接平橋。卽平江府治也。其地為吳宮故址。與孫墓隔城相向。堅、為吳主孫權父。漢獻帝時起兵討董卓。又受袁術命征荊州劉表。為表將黃祖所殺。權追尊武烈皇帝。策、權之兄。堅死。策收餘兵渡江再戰。所向皆捷。遂定江東之地。後出獵為仇所射。創甚而死。年祗二十六。權追謚長沙桓王。

(一)韓世忠墓

世忠以應募立功。破兀朮於黃天蕩。秦檜主和，收其兵柄。乃跨驢攜酒，游於西湖。墓在靈巖山西麓。宋孝宗御題神道云。中興佐命定國元勳之碑。碑高十餘丈。

(一)范成大墓

成大、號石湖居士。其詩與陸游、楊萬里齊名。墓在天平山南鄉。

(一)唐寅墓

寅、字伯虎，弘治中舉於鄉。文章丰采。照映江左。所畫無不臻妙。稱為神品。墓在橫塘王家村。

(一)金聖歎墓

聖歎、狂傲有奇氣，清初以抗糧哭廟案被誅。墓在五峯山下博士塢。

(一)五人墓

五人者。顏佩韋、楊念慈、馬杰、沈楊、周文元。明天啓七年。蘇府周順昌以不黨於閹魏忠賢。忠賢怒而捕之。蘇民數萬為周請命。緹騎呼斥。衆不能堪。遂擊殺之。乘勢逐魏之私人蘇撫毛一鷺。毛匿于溷藩得免。事後毛以蘇民造反誣于朝。五人遂挺身就逮。駢殺於市。死時猶談笑自若也。懷宗卽位。魏自縊。卽以山塘魏之生祠改葬五人。墓門立一碑。曰五人之墓，

(一)妙嚴墓

妙嚴公主、梁武帝女。下嫁郡人孫瑒。梁亡。陳高祖以先朝公主。賜宮人十以優禮之。年八十餘卒。葬於閶邱坊巷。今其地爲顧氏依園。

(一)太妃墓

太妃曹氏。張士誠母。墓在盤門外吳門橋南半里。俗稱娘娘墓。吳隆培詩云。淮張宮址無人問。坏土千秋識太妃。玉匣珠襦渺何處，吳門橋畔路依稀。

(一)鴛鴦塚

明崇禎十四年。長洲倪士義被誣冤死。妻楊氏不食七日死。事聞於朝。敕賜鴛鴦二字。合葬虎邱山門外路右。年久湮沒。近由吳隆培訪得封穴。重加修築。楊世偉復建亭其上。有聯云。身膏白刃風猶烈。骨葬青山土亦香。

二 宅

(一)伍子胥宅

子胥、春秋楚人。父兄爲平王所殺。乞食奔吳。卒佐吳滅楚。時平王已死。子胥出其尸鞭之三百。後吳敗越。越求和。夫差許之。子胥諫。不聽。太宰嚭讒之。夫差賜子胥屬鏤之劍。子胥會意。告其舍人曰。抉我眼。懸吳東門之上。以觀越寇之入滅吳也。自刎死。夫差聞之大怒。取其尸盛以鴟夷革。浮之江。後九年。越滅吳。其故宅在胥門傍。

(一)范蠡宅

蠡、春秋楚人。仕越。與越王勾踐共滅吳。遂浮海入齊。變姓名爲鴟夷子皮。其故宅在洞庭馬蹟山南北十里。其地多植桑苧菜果。

(一)孫武宅

在楓橋西南。孫武子橋側。

(一)澹臺滅明宅

滅明、字子羽。孔子弟子。貌甚陋。孔子以爲材薄。既受業。退而修行。孔子曰。以貌取人。失之子羽。宅陷爲湖。卽今澹臺湖。

(一)臯伯通宅

伯通、漢吳人。爲郡大家。梁鴻挈妻孟光。往依之。其宅在閶門內臯橋側。

(一)梅福宅

福、漢壽春人。官南昌尉。王莽專政。棄妻子去。傳以爲仙。其隱居之宅。在西市坊。

(一)周瑜宅

瑜、有文武籌略。年二十四。爲建威中郎將。敗曹操於赤壁。其宅卽今府城隍廟。寬三十三畝。故井猶存。其水清冽。題曰寒泉。

(一)陸龜蒙宅

龜蒙、唐長興人。性高潔。召仕不赴。自號甫里先生。以其宅在震澤旁甫里。遺址尙存。今爲白蓮寺。

(一)唐寅宅

在閶門內桃花塢後。僅存六如古閣。又有桃花庵。改爲準提庵。

(一)文徵明宅

徵明、明長洲人。號衡山居士。授翰林待詔。詩文書畫皆工。而畫尤勝。宅在閶門內寶林寺東。今爲七襄公所。其正廳卽當時公讀書處也。樓臺池沼。靡不畢備。亦公所構。

辛　雜類

一　地士

(一)滸墅

在郡西二十五里。秦始王求吳王劍。白虎踞於邱上。遂西走二十五里。而失劍不能得。地裂爲池。因名其地曰虎疁。唐諱虎。錢氏諱疁。故改云滸墅。

(一)蠡口

在齊門北。又有蠡塘。在婁門東。相傳范蠡乘舟出五湖。於此遣人馳書招文種。

(一)雞陂

在婁門外。吳王養雞城也。又名雞陂墟。其東二里。有豆園。亦闔閭置。

(一)干隧

在縣西北萬安山西南一里。越王以散卒三千。擒夫差於干隧。

(一)柳毅泉

在太湖之濱。雖大風撓之不濁。雖旱不耗。

(一)王府基

在護龍街東。卽王廢基。元末張士誠太尉府。今爲公共體育場。

二　樹木

(一)周將軍柏

在府城隍廟方丈前。孫吳時周瑜所植。高幾數尋。其本去地三尺許。拱圍僅三尺。其上木拱圍倍之。盤錯離奇。難以名狀。

(一)梁朝松

在洞庭西山福源寺。梁大同年植。大可二十圍。高難度。欔拏天際如虬龍。古樸挺拔氣象萬狀。

(一)晉朝柏

在陽山龍母祠前。大數圍。上下滑澤。不生苔蘚。

(一)偃松

在天平山獅子巖下。自地掘起。甚怪。正中一幹。聳拔如幢。延袤二畝。又號眠松。宋范文正公讀書處也。

(一)古柏

在光福司徒廟內。年代無可考。勢極蟠屈。最著者清奇古怪四株。爲清高宗御題。

第九編

蘇州之游戲

甲 游戲場所

一 書場

書場概況

蘇人好聽說書。書場之多。甲於全國。大概均附設於茶館內。場中分男女賓席。每人入席資約五六或七八銅元。茶水在內。說書分二種一爲大書。卽說三國志、水滸、英烈傳、岳傳等。皆爲英雄義俠事。一爲彈詞。卽說三笑緣、描金鳳、珍珠塔、雙珠鳳等。皆爲兒女情愛事。故老年人好聽大書。少年男女好聽彈詞。至慷慨激昂處。爲之色舞眉飛。至哀豔悱惻處。幾乎心碎腸斷。此時有人譚話。擾及聽覺者。必羣起呵斥。故場中殊肅靜。不若劇場中連聲喝采。不顧公德也。又有會書者。合十數名家於一堂。依資格之淺深。先後登臺說書一段。入席資較貴一倍。會場無不擁擠逾常。而街談巷議。一時稱盛。蘇人之聽書熱。於此可見。

名家一覽

王效松	水滸
王曉峯	金鎗傳
石秀峯	綠牡丹
朱秋田	三笑緣
朱耀庭	雙珠鳳
朱耀笙	雙珠鳳
何綬良	三國志
何駿飛	三笑緣
吳小石	白蛇傳
吳小松	白蛇傳
夏蓮生	三笑緣
黃永年	五義圖
黃兆麟	三國志
陳士林	毛家書
陳子祥	武香球
陳瑞卿	雙珠鳳
陳蓮卿	綉香囊
葉聲揚	英烈傳
張步蟾	描金鳳
楊月槎	珍珠塔
楊星槎	珍珠塔
謝品泉	三笑緣
鍾子亮	岳傳
鍾笑儂	珍珠塔
魏鈺卿	珍珠塔

二 劇社

新劇

新劇祇有閶門馬路一家。價目分六種。花樓

七角。月樓六角。正廳五角。包廂三角。邊廂二角。起碼一角半。一律大洋。小賬依次遞加。自三十文起。至八十文。茶每壺小洋一角。蘇地娛樂場所甚少。而婦女尤嗜新劇。故該社日夜開演。觀客常滿。至會館園林。間亦有演新劇者。皆游手好閒之徒。藉端生事。不但不堪寓目。亦別有用意也。

舊劇

舊劇亦祇閶門馬路一家。價目分五種。包廂三角。全包三元。正廳二角。邊廂一角半。二等一角。起碼一角。一律大洋。小賬自四十文至九十文。茶每壺小洋一角。以演員爲坤角。故得一部人之歡迎。而有周郎癖者。亦多往聆曲。聊以解渴。故生涯頗不惡。

三　妓院

長三

吳宮花草。素負盛名。阿黛橋畔之桃源坊、同春坊、同安坊。粉白黛綠。列屋而居。燈火上時。珠簾銀箔間。笙歌相聞。珠笑玉香。花團錦簇。依舊繁華景象。寂寂湖山。亦不可少此點綴也。客有問津者。多假菜館叫局。但初次局票。須注明何人所代。始克久坐。否則。語冷顏冰。一坐即去。叫局以後。即可造訪粧閣。稍坐片刻。名曰打茶圍。如欲且住爲佳。則事前須做花頭。做花頭者。碰和吃酒也。其酒菜多叫自菜館。價格照例十元。先付僕役賞。名曰下脚。其數五六元不等。又給車夫飯資。名曰轎飯賬。每人數角一二元無定。照例至多五人。啤酒荷蘭水有喝一二打者。至少加給十元。如但喫酒而不碰和。謂之赤脚酒。妓院素不歡迎。蓋喫酒往往蝕本。而碰和則可抽頭也。還就之妓。有一和一酒。即能住夜者。謂之三響頭。其自視甚高者。須喫雙檯。甚或四酒八和。方許留髡。如值開賬路頭。收賬路頭。本家生日。倌人生日等。嫖客例應報効和酒。此長三大概情形也。至於么二。實與野鷄無異。每日晚間。分往各旅社。闖入客室。效神女之自薦。價至賤。有二三元即可留宿。因此蹩脚大少。趨之如鶩。以旅社爲行樂地。二三年來。竟成風氣。其次有所謂烟妓者。閶胥馬路皆有。大概爲江北奶奶。塗脂抹粉。狀如羅刹。爲販夫走卒之銷魂地。而梅毒之傳染。較么二尤甚。殆無有倖免者。么二烟妓。本卑卑不足道。既述長三。聊備一格耳。

書寓

書寓在城內觀前附近一帶。門前懸掛某某彈詞之牌者皆是。亦妓女也。其不同者。妓女賣身。而書寓賣曲耳。有喜慶之事。可叫堂唱。其價約四五元。晚間七八點鐘來。十一二點鐘去。如欲留至天明。名曰包天亮。另須加價。僅能唱幾曲小調。或幾齣京戲者。名曰瞎子。

則僅二三元。亦可包天亮。此種書寓。雖名謂賣曲。然大都兼操皮肉生涯。問津者須有人介紹。手續較妓院簡省。亦須碰和。然所耗亦有甚於妓院者。至於不能唱曲而暗營淫業者。名曰私門頭。亦曰半開門。即私娼也。其夜度資不一。有賤至二三元者。有貴至十餘元者。亦有自高身價。須客做花頭。一如長三者。其香巢與尋常人家。能不辨別。故亦必有人引導介紹。否則。難作入幕之賓也。

乙 游戲物類

一 騎馬

騎馬可以强體魄。練膽力。爲運動之要道。亦游戲之勝舉也。春秋佳日。騁一騎於郊外。烟花滿眼。瞬息千變。賞心樂事。殆無以加。而故宮禾黍。荒壘松楸。馬上瀏覽。想見帝王霸業。志士壯圖。雄心爲之躍躍也。騎馬之姿勢。宜取自然。頭正直。肩卸於後。腰挺直。以保上身之柔韌。股必充分張開。膝蓋向前則坐骨與臀部。不致受傷。脛宜垂下。足須與馬體成平行。則腿部可以動作便利。姿勢穩當。尤須注意人馬之重心。成爲一致。始可縱轡騁馳矣。

二 乘驢

驢子到處皆有。行人多賃以代步。旅行者尤喜乘之。以其體小而性馴。深巷山徑。皆能通過。較馬輕便而穩當也。其騎法與馬相同。不必過費氣力。但求人驢相互間之重心。歸於一致。則騁馳自如矣。柳隄逐影。梅驛覓香。水光山色。盡入驢背。誠雅人深致也。

三 泛舟

各船依式樣大小。而有大雙開、小雙開之別。多泊於閶門渡僧橋畔。胥門萬年橋畔。船上所置之菜。名曰船菜。別樣風味。名馳他方。有一頓頭、兩頓頭之別。一頓頭連船十元。二頓頭連船二十元。不喫菜者六元。無論何之。均以一天計算。坐大雙開者。亦可叫局。或山塘緩渡。或楓橋暫泊。或放棹石湖。或扣舷胥江。一聲款乃。山光紛撲。憑窗縱目。胸襟灑然。而浮家泛宅中。與二三知己。淺酌低斟。遠眺近矚。賞心悅目。尤無復以加矣。

快活之門

快活之神道：『快活在那裏尋你，你可看見嗎？』

聽的人不信道：『天下只有人去尋快活，那裏有快活反而尋去人來呢？』

快活之神笑道：『你不信嗎？下面的兩部京調大觀，不是一座大大的「快活之門」嗎？他不是在那裏找你嗎？』

那人聽了，恍然大悟；立刻跑到書舖子裏去買了兩部世界書局出版的京調大觀，閒着的時候，就拿來看看；從此——他就天天快活，時時快活，恰似走進了那「快活之門」！

怡情悅性第一雋品

繪圖京調大觀

本書有極精美而酷肖的圖畫……閱之與身臨劇場無異

本書有極珍秘而名貴的曲本……閱之如萃名伶於一堂

戲劇界空前之出版物　顧曲家唯一之消遣品

◻娛樂——要行高尚的娛樂　要行有味的娛樂　要行永久的娛樂　要行節省的娛樂——閱京調大觀庶乎近之

要學京戲　要看京戲　要懂京戲　非看本書不可

【京調大觀一集二集各一厚册每集價洋四角】

上海世界書局發行

第十編 蘇州之禮俗

甲 禮儀

一 婚禮

舊式婚禮

（一）納采　兩姓結親。先由媒妁通言。女家或男家允許後。擇吉行納采禮。俗謂之拿盤。

（二）納幣　幣用綢緞釵釧羊肉之類。於迎娶前行之。俗謂之導日。

（三）親迎　迎娶之日。壻至女家導以儀仗。用彩輿迎女同。

（四）成禮　彩輿臨門。奏樂。喜娘扶新娘出。登堂。在右內向立。新郎自內室出登堂。在左內向立。男主婚人登堂。居中內向立。祭告祖宗畢。新郎新娘易位行結婚禮。男女主婚人居中外向立。新郎新娘內向行覲見禮。男族、尊屬、平輩、晚輩以次分左右立。新郎新娘行覲見禮。

（五）合巹　成禮後送入洞房。壻東婦西。就坐。從者取兩巹杯。斟酒交易進飲。謂之合巹。

（六）見舅姑　既娶次晨堂中設舅姑。坐南向。前置案。親屬序立。姆相引新婦詣案前。贊拜為禮。獻贄幣。（為棗栗之類）舅姑以其成婦亦禮答之。親屬長幼以次接見為禮。

（七）饋舅姑　是日。婦家具筵。送至壻家。舅姑出堂並坐。婦北面視位。姆相贊拜如禮。執事人舉饌案置舅姑前。婦詣位獻酒進饌。姆相引贊拜為禮。禮畢。侍立姑右。候撤饌案。

（八）舅姑饗婦　是日。設三饌案。婦席介兩間。布席既定。侍者奉盞至姑前斟酒。婦起立出席。拜跪。侍者以盞授婦。婦受酒。卒飲。興拜如禮。撤饌案。

（九）廟見　壻家擇日。以新婦見于祠堂。婦家擇日。以新壻見于祠堂。均謂廟見。近時每因旅居取諸易簡。均家中設祀以代之。

（十）壻見婦父母　即世俗所謂回門也。壻與婦同往婦家。婦父迎入升堂。壻四拜。婦父答兩拜。獻幣贄。入見婦母。亦四拜。獻幣贄。（一平戶、婦之父母或同在中堂見禮、）次見婦黨諸親。是日婦家禮壻如常儀。

新式婚禮

禮堂布置

（一）禮堂　結婚禮堂如左圖布置者。最為普通。無論家宅旅社及公共場所。均適用之。

（二）禮案　用半桌或兩方桌拼成。上鋪以彩色毯子。

（三）國旗　禮堂中間。禮案上面之牆壁上。懸一國旗。愈大愈佳。

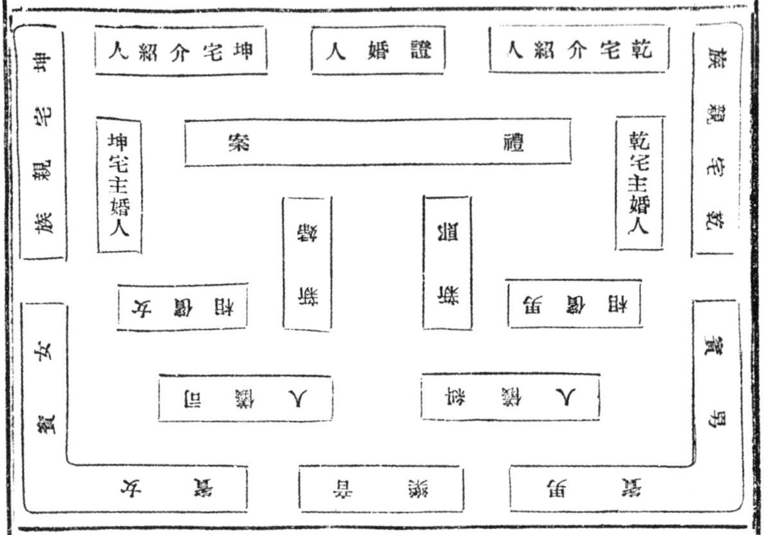

物品預備

(一)證書　事前將結婚證書填好。置于禮案上。

(二)圖章　新郎、新婦、證婚人、主婚人、介紹人。均須佩帶自已姓名之圖章一方。

(三)印泥　預將印泥置於禮案上。須色澤鮮豔者。

(四)戒指　新郎、新婦在行禮時須交換戒指者。事前各須佩帶。否則從略。

(五)鮮花　在禮案上預置一瓶。中插鮮花二大束。以便婚禮成後。分贈新郎、新婦。

(六)樂器　如有唱祝賀歌須用風琴、鋼琴等樂器者。可預將樂器及坐椅置于音樂席。

(七)椅子　禮堂上惟親族及男女賓可坐。須計算人數。預置若干椅子。

結婚職司

(一)證婚人　為證明兩姓結婚之人。無取

貴顯。德齒並尊者最宜。

(二)主婚人　爲主持婚事代表親族之人。以新郎新婦之尊長各一人充之。

(三)司儀人　爲朗誦禮節之人。以態度莊重而聲音宏亮者爲宜。

(四)糾儀人　爲指導婚禮之人。以熟悉婚禮者爲宜。

(五)儐相　爲新郎新婦之伴侶。各方二人或四人均可。以未婚者爲宜。其年齡容貌。最好與新郎或新婦相類似者。

(六)招待員　爲招待親友之人。男女各數人。以年少而善于交際者爲宜。

結婚服裝

(一)新郎　理宜穿大禮服。襯衫用白色。帽用大禮帽。靴用禮靴。帽及手套入室時須卸除。亦有用常禮服或華服者。均以新製爲宜。

(二)新婦　亦宜穿禮服。但普通多穿粉紅色衣裙。頭上披絳紗或白紗。足穿革履或繡履。左胸綴一鮮豔之花球。可以戴眼鏡。黑白均可。

(三)證婚人　宜穿大禮服或常禮服。以表莊重。主婚人亦然。亦有穿華服者。但不取綺麗。以素淨端整爲宜。

(四)司儀人　宜穿大禮服或常禮服。糾儀人亦然。如穿華服。須寓端莊之意。最忌浮麗。左胸須綴一司儀人或糾儀人字樣之標識。

(五)儐相　男儐相之服裝。宜與新郎一律。否則不妨華麗。女儐相不必與新婦一律。但在同伴中須取一致。

結婚禮節

(一)奏樂（用軍樂、否則請一女子奏鋼琴或風琴、唱祝賀歌、）

(二)司儀人糾儀人入席（以後各節禮目、均由司儀人朗誦。如有錯誤、由糾儀人隨時指導）

(三)男賓入席（乾宅坤宅合、）

(四)女賓入席（乾宅坤宅合、）

(五)乾宅親族入席（男女合、）

(六)坤宅親族入席（男女合、）

(七)乾宅介紹人入席

(八)坤宅介紹人入席

(九)證婚人入席

(十)新郎新婦入席（男女儐相相引、由左右入、）

(十一)奏樂（奏國樂、或唱國歌、）

(十二)全體向國旗行禮（坐者起立、全體北向、行三鞠躬禮、由司儀人唱一鞠躬二鞠躬三鞠躬、禮畢復原、）

(十三)奏樂（奏婚樂、或唱婚歌、）

(十四)新郎新婦行結婚禮（新郎新婦相向行三鞠躬禮、由司儀人唱一鞠躬二鞠躬

三鞠躬、禮畢復原、)

(十五)證婚人讀證書 (如新郎新婦須交換戒指、可在證書讀畢後、由證婚人代雙方交換、)

(十六)新郎新婦用印 (先新郎後新婦、須本人親蓋、以昭鄭重、)

(十七)證婚人用印

(十八)主婚人用印

(十九)介紹人用印

(二十)奏樂 (奏祝賀樂、或唱祝賀歌、)

(二十一)證婚人致詞(宣讀頌詞、或演說、)、

(二十二)介紹人致詞 (先乾宅後坤宅、就禮案宣讀頌詞或演說、)

(二十三)來賓致詞 (不論男女、相繼就禮案宣讀頌詞、或演說、)

(二十四)主婚人致謝詞 (就禮案宣讀或演說、一鞠躬退席、可以請代表、)

(二十五)新郎致謝詞 (就禮案宣讀或演說、一鞠躬退席、可以請代表、)

(二十六)新婦致謝詞 (就禮案宣讀或演說、一鞠躬退席、可以請女代表、)

(二十七)奏樂 (奏祝賀樂、或唱祝賀歌、)

(二十八)退席 (此時可以花束贈與新郎新婦、新婦由儐相伴同退出、)

二　喪禮

舊式喪禮

(一)初終　初終時。即將屍體遷居正寢。一面備辦衣衾棺木。一面訃告親友。在服者均衣冠。設靈座以備親友往吊。其時以銀錢贈送者曰賻儀。或曰祝儀。

(二)小斂　死之次日。整屍衣裝。以布掩首及足爲小斂。子媳或妻妾以麻綴髮。

(三)大斂　死後三日。舉屍納棺加蓋下釘。爲大斂。既斂之後。舉柩停堂中。如幼喪。男偏極東女偏極西。諸子伴宿柩旁。寢草苫。枕土塊。三月後方可復寢。

(四)成服　大斂之日。在服之人。各依服制。分別成服。

(五)朝夕奠　棺柩在家。朝奠盥櫛茶點。食時上食。

(六)開吊　喪家於七中。擇日訃聞親友開吊。凡親友以銀錢贈送者曰奠儀。或曰吊儀。

(七)治葬　古者三月而葬。近時或不拘定。將欲卜葬。先期擇吉地。開塋域穿壙穴。以期訃告親友。名曰告窆。凡親友以銀錢送贈者。名曰紼儀。

(八)遷柩　發引前一日。喪家就靈前奠告曰。今以吉辰遷柩於某山某穴。敢告。

(九)遣奠　臨出柩之時。在靈前奠祭。名曰遣奠。或曰辭靈。

(十)執紼　出柩之時。或導柩前行。或隨柩

相送。名曰執紼。

（十一）題主　題主之時。陳設香案。題主者就位。喪主俯匐於側。題主者行禮後。盥手呵筆臨神。執事人請主出櫝。先內後外。先硃後墨。題畢。請主入櫝。題主已畢。主人謝輿。復更吉服。奉主至神座。

（十二）虞祭　舊禮服中有三虞祭。虞祭之禮。初獻。主人主之。再獻。諸弟主之。三獻。長孫主之。初虞無定日。再虞用柔日。（乙丁己辛癸爲柔日）、三虞用剛日。（甲丙戊庚壬爲剛日）

（十三）卒哭　三虞之後。如遇剛日再設祭。謂之卒哭。

（十四）祔儀　卒哭之次日。奉新主於祠。父則祔於父之祖考。母則祔於父之祖妣。親友以禮贈送者曰祔儀。

（十五）大祥小祥　由初喪計算。不計閏。凡十三月爲小祥。二十五月爲大祥。是日必祭。

（十六）禫祭　由初喪計算。不計閏。凡二十七月爲禫。是日設祭爲禫祭。近時卽於是日除服。親友以禮贈送者曰吉分。

新式喪禮

（一）報喪　初喪時將屍體安置正寢。發報喪條報告親友。具名處可用某某堂賬房。居喪者不必具名。

（二）屍裝　或七件或九件或十三件不等。在職者外衣用本職之制服。無職者用袍掛。婦女其夫在職者用禮服。否則卽便衣。

（三）弔喪　親友弔喪。左臂繞黑紗。婦女左胸綴黑紗結。脫帽行三鞠躬禮。

（四）孝服　喪家孝服仍沿用舊制。子女妻媳。七日不修沐不飾粧。

（五）弔儀　輓聯輓幛等。送葬用花圈置於墓上。

（六）出殯　普通停柩二日或一星期卽出殯。導儀用軍樂輓聯照像等。或寄會館。或葬墓地。

三　交際

投謁

（一）投刺　投謁生疏或地位較高之人。須先投名刺。然後進謁。如訪人未遇。須留一名刺。如無要事。投刺卽可。以示問候之意。

（一）時間　訪客時間。概於下午三四時。早晨及餐時訪客。甚爲失禮。談話時間。至多十五分鐘。不可以無關重要之辭嘮叨勿已。虛費時間。

（一）入室　入室時宜立俟主人。待其出而讓坐。如穿西裝須將帽、外套、手套、手杖留置室外屋中。否則。入室時將以上各物抱持于左手。

（一）通問　如不相識之主客見面。則主人

先問姓名。問姓用尊姓或貴姓。問名用台甫或大名。答敝姓、小字或草字。此爲普通通問。凡初次見面者皆然。

(一)禁忌　投謁時最忌隨地吐痰。或挖鼻孔。或欠伸。或游目窺室中物件。除報紙外。非經主人允許。不可輕動。

相見

(一)脫帽　與友朋相見。除瓜皮小帽外。呢帽、草帽均須用右手除下。訪客進室時亦然。

(一)鞠躬　見親長、師長或相熟之長者。或私心傾佩者。脫帽外均一鞠躬。

(一)點頭　普通友朋相見時。除脫帽外。須點頭示招呼意。而點頭時須含笑意。

(一)握手　與親密之人見面。互相握手。但必用右手。握手各張手平伸行之。鬆且暫者爲禮疎。緊且久者爲情厚。女子與男子握手。撮其指示意。待男子握之。若男子先出手。即爲失禮。

(一)談話　相見談話。辭氣宜溫和。貴有條理。且必簡潔。對於尊長。不可妄問年齡。如多稱閣下、足下等辭。則爲不親密。如問人到何處去。用飯否。則有干涉之意。皆宜戒除。

宴會

中餐宴會

(一)席次　主人向內坐。主人對面之左爲首座。右爲次座。首座之左爲三座。次座之右爲四座。依次遞推。

(一)敬酒　主人敬酒。應起立承之。

(一)飲酒　一人舉杯歡酒。在座人均須舉杯同飲。不飲亦須舉杯。

(一)食飯　須待飲酒已畢。方可一同食飯。不應一人獨食。

(一)起立　用飯先畢。須舉箸向同座致辭曰慢用。須待同座齊畢。方可一同起立。如有事須先離席。則必致辭曰失陪。但主人不能先行離席。

(一)席終　席終時須向主人道謝。然後退出。

西餐宴會

(一)席次　男女主分坐長桌之兩端。客坐兩旁。男女雜坐。男專客坐女主左。女專客坐男主右。男賓次者坐女主右。女賓次者坐男女左。如無女主及女賓。則主人中坐外面。其右爲上座。左爲次座。餘則雜座。對面居中爲末坐。

(一)飲湯　左手按盆。右手取匙飲之。飲畢。匙仰向于皿之右。

(一)食物　食麵包。先以刀括牛油或梅醬塗其上食之。食魚肉。右手持刀切之。左手持叉。叉而食之。勿以刀入口。食畢。刀在右向內置。叉在左俯向皿右。

(一)食畢　食畢。可食水果。或飲咖啡。先以手巾拭手指。然後及唇面。拭畢摺好置原處。

(一)離席　離席勿先主人。在西人須佩主人所贈之花。然後出門。

(一)禁忌　食時不可口中作聲或譚話。勿橫肱妨礙旁人。勿起立無定。勿吸烟。座有女賓。尤宜屏絕。

乙　俗尙

一　正月

開門爆仗　歲朝。開門放爆仗三聲。謂可解除疫癘。

飛帖　賀年有不躬往者。遣僕役投賀帖于親友家。答拜亦如之。

歡喜團　圍爐中燒炭團。自歲朝迄元宵。謂一年中可遇歡喜事。

挂喜神　新年挂祖先畫像于廳堂。具香燭果品。率妻子以次拜。上元夜。始祭而收之。

上年墳　擺菜蔬果食展墓。肅衣冠拜。

黃連頭　獻歲。鄉民沿路喊賣黃連頭。絡繹不絕。黃連樹其苗可食。鄉民摘取其頭以甘草汁醃之。謂小兒食之。可解內熱。

看風雲　農人歲朝晨起。看風雨。以卜農事。諺云。歲朝東北風。禾熟大年豐。歲朝西北風。大水害農功。

秤水　自歲朝迄十二日。以瓶汲水。秤其輕重。重則其年多水。輕則旱。

燒十廟香　年初。男婦往城隍廟及土地諸祠燒香者。必歷十廟而止。謂之燒十廟香。

年節酒　元旦後。親友遞相邀宴。至元宵爲止。

接路頭　初五日爲路頭神誕辰。金鑼爆竹。牲醴畢陳。謂可得神助而利市也。

看參星　初八日昏時看參星。占歲中之水旱。諺云。參星參在月背上。鯉魚跳在鑊橶上。參星參在月臼裏。種出種在石臼裏。

齋天　初九日爲玉皇誕辰。各道院設壇祈祭。酬願者駢集。尤以元妙觀及穹窿上眞觀爲最盛。

點竈燈　十三夜懸竈燈於廚下。凡五夜。十三爲試燈日。十八爲收燈日。

走三橋　元夕。婦女相率宵行。以却疾病。必經三橋而止。

鬧元宵　元宵前後。比戶敲鑼鼓鐃鈸。有跑馬雨夾雪。七五止三。跳財神。下西風諸名。

三官素　上元中元下元日。爲三官誕辰。俗以正七十月。朔至望日。嗜素者。謂之三官素。

二　二月

元墓看梅花　鄧尉在光福。後曾青州刺史郁泰元葬此。又名元墓。山人種樹爲業。梅花尤繁。紅英綠萼。相間萬里。郡人買棹往游。盤桓數日。

撐腰糕　初二日。以隔年糕煎食、謂之撐腰糕。謂可筋骨強健。

凍狗肉　初八日。爲祠山張大帝誕、相傳大帝有風山雪山二女。前後數日。二女歸省。必有風雨。天氣亦驟寒。俗有大帝喫凍狗肉之諺、

百花生日　十二日。爲百花生日。閨女剪五色綵繒。繫花枝上。名曰賞紅。

觀音生日　十九日。爲觀音誕辰。士女駢集佛菴。或施點長明燈。以保康甯、或供長幡。以求得子。既生小兒。則皈依寄名。以冀長壽、婦女二月朔迄是日止。又六月九月朔迄十九日持齋、皆謂之觀音素。

觀音山香市　觀音誕日。婦女往支硎山進香者。成羣結隊。前後相望。馬鋪橋迤西。山路也。人多賃竹輿代步。不帷不蓋。兩人肩之而行。謂之觀音山轎子。

老和尚過江　二十八日。俗謂老和尚過江。必有風報。若吹南風。主旱。

神鬼天　清風前後。陰雨無定。俗呼神鬼天。

解天餉　春中、各鄉土地神廟。有解天餉之舉。司香火者董其事。收納居戶紙元寶。謂之天餉。又納費若干。謂之解費。

三　三月

田雞報　三日。農人聽蛙鳴于午前後。以卜歲事。諺云。田雞叫拉午時前。大年在高田。田雞叫拉午時後。低田弗要愁。

野菜花　薺菜花俗稱野菜花。因諺有三月三螞蟻上竈山之語。人家於初三日置野菜花於竈。謂可驅蟻。婦女又簪之髻上者。謂可清目。

插楊柳　清明日。滿街叫賣楊柳枝。人家買之插于門次。以爲點綴佳節。

戴楊柳球　婦女結楊柳球戴髻際。謂可姿色美麗。紅顏不老。

過節　清明七月半十月朔。皆爲鬼節。人家備麥麵、焚紙錠。祭其祖先。新喪終七。而未逾年者。多招釋氏諷經。以資冥福。

上墳　清明前一日。迄立夏節止。幼輩往祭祖先之墓。挑新土。燒楮紙。祭山神。奠墓鄰、皆向來之舊俗也。

四　四月

立夏見三新　立夏日。家設櫻桃青梅穉麥。供神享先。名曰立夏見三新、宴飲則有酒釀海螄燒酒鹹蛋等。

秤人　家戶以大秤權人輕重。至中秋日又秤之。以驗夏中之肥瘠。

賣時新　蔬果鮮魚之品。應候迭出。鄉人担賣。不絕於市。名曰賣時新。

浴佛　初八日、爲釋迦牟尼佛誕辰。僧尼香花燈燭。置銅佛於水盆。婦女爭捨錢財。名曰

浴佛。

七日八夜雨　農人以初八日夜雨。主傷小麥。諺云。小麥不怕神共鬼。只怕七日八夜雨。

神仙生日　十四日。爲呂純陽誕辰。食米粉五色糕。謂之神仙糕。城內神仙廟百物雜陳。游人擁擠。謂之軋神仙。

望晴雨　十六日望晴雨以占歲。晴則水。雨則旱。惟陰雲爲佳。諺云。有穀無穀。但看四月十六。

五　五月

修善月齋　釋氏羽流。先期印送文疏於檀越。塡注姓氏。至朔日。焚化殿庭。謂之修善月齋。是月。又稱毒月。百事禁忌。

貼天師符　朔日。人家以道院所貽天師符。貼廳事以鎭邪。受符者答以錢文。謂之符金。亦有貼姜太公在此百無禁忌之紙條。用意亦同。

端午　五日爲端午節。瓶供蜀葵石榴蒲蓬等物。婦女簪艾葉榴花。小兒穿虎斑衣。額書王字。合家飮雄黃酒。謂可以僻邪。

黃梅天　芒種後陰濕之物。俱生黴點。謂之黃梅天。又其時忽晴忽雨。諺云。黃梅天。十八變。又謂天寒主旱。黃梅寒。井底乾。

三時　夏至日爲交時。曰頭時二時末時。謂之三時。居人愼起居。禁詛咒。多所忌諱。

分龍雨　二十日爲分龍。俗以分龍之次日雨。謂之分龍雨。主歲豐。有二十分龍廿一雨。石頭縫裏都是米之諺。

六　六月

黃昏陣　俗以初三日晴。主旱。若是夜黃昏有雨。則日日有之。謂之黃昏陣。諺云。初一落雨井底枯。初二落雨井泉波。初三落雨夜夜陣。初四落雨通太湖。

山糊海幔　夏中日出時。雲霧遲開。主熱。謂之山糊海幔。諺云。山糊海幔。曬殺老鶴。

謝竈　初四十四廿四。比戶以米粉作團。素羞四簋祀竈神。諺云。三番謝竈。勝做一壇淸醮。

狗髖浴　諺云。六月六。狗髖浴。謂六月六日。牽貓犬浴於河。以免虱咬。

曬書　六日故事。人家曝書於庭。云蠹魚不生。

翻經　六日。諸叢林曝藏經日中。爲翻經會。村嫗往拈香。謂翻經十次。他生可轉男身。

三伏天　夏至日起。第三庚爲初伏。初四庚爲中伏。立秋後爲末伏。謂之三伏天。好施者於門前送茶送藥。以結善緣。

雷齋　二十四日爲雷尊誕。自朔日至誕日茹素者。謂之雷齋。愚夫愚婦。大都持齋。屠門爲之罷市。

七　七月

秋老虎　已交秋令。尙熱如炎夏者。謂之秋老虎。

巧果　七夕前。市上已賣巧果。有以麵和白糖。綰作苧結之形。油汆令脆者。呼爲苧結。至七夕同花果陳於庭。點香燭禮拜雙星。謂可乞巧。

擲巧　七夕前夕。以杯盛鴛鴦水。擲和露中庭。天明日出曬之。徐俟水膜生面。各拈小針。投之使浮。因視水底針影之所似。以驗智拙。謂之擲巧。

看天河　七夕後看天河顯晦。卜米價貴賤。顯則貴。晦則賤。

齋田頭　七月半爲中元節。農家祀田神。具粉糰雞黍瓜蔬之屬。於田間十字路口。再拜而祝。謂之齋田頭。

八　八月

天炙　朔日。早起取草頭露。磨墨。點小兒額腹。以爲可祛百病。謂之天炙。

竈君生日　初三日爲竈君生日。家戶具香燭素羞。以祀竈君。有持齋者。謂之竈君素。

八月半　中秋。俗稱八月半。是夕人家各有宴會，以酬佳節。又以此夜之晴雨。占次年元宵陰晴。諺云。八月十五雲遮月。來歲元宵雨打燈。

走月亮　中秋夜。士女結伴出遊。互相往還。至有雞聲喔喔。猶徘徊月下。謂之走月亮。

稻生日　二十四日。農人以爲稻生日。雨則蒿多腐。諺云。燒乾柴。吃白米。

木犀蒸　俗呼桂爲木犀。將花之候。天氣必熱如溽暑。謂之木犀蒸。

九　九月

重陽信　重陽將至。風雨滿城。人以是爲立秋後第一寒信。謂之重陽信。

重陽糕　重陽日。居人食米粉五色糕。謂之重陽糕。

登高　重陽日。士女結伴出游。虎阜山上。游蹤尤多。謂之登高。

做夜作　自重陽日起。年市漸迫。百工皆操夜作。謂之做夜作。

十　十月

十月朝　月朔。俗稱十月朝。人家皆祭祖先。多燒冥衣之屬。故又稱燒衣節。

看楓葉　郡西天平山。爲諸山楓林最勝處。冒霜葉赤。顏色鮮明。登高一望。紅霞滿眼。洋洋大觀也。郡人往覽者。相望於道。

五風信　西風頻吹。氣候漸寒。若使人預備寒衣者。謂之五風信。又土俗以月旦之雨晴。占一冬之寒暖。

煠蟹　湖蟹乘潮上簖。漁者捕之。擔入城市。人購之相餽贈。湯煠而食。故謂之煠蟹。

鹽菜　比戶。鹽藏菘菜於甕。爲御冬之旨蓄。

謂之鹽菜。

十一　十一月

冬至大如年　冬至前數日親友以食品相餽遺。名曰冬至盤。節前一夕。俗稱冬至夜。人家皆讌飲。謂之節酒。家無貧富。必市食物享祖先。其重視冬至。無殊於新年。故有冬至大如年之諺。

冬至糰　比戶。磨粉爲糰。以糖肉菜豆等爲餡。以相餽貽。并享祖先。謂之冬至糰。

連冬起九　俗以從冬至日數起。至九九八十一而寒盡。名曰連冬起九。又頭九暖主寒。諺云。頭九暖。九九寒。又以冬至前宜寒。諺云。冬前弗結冰。冬後凍殺人。

乾淨冬至擸𢶍年　俗以冬至前後逢雨雪。主年夜晴。若冬至晴。則主年夜雨雪。道塗泥濘。諺云。乾淨冬至擸𢶍年。

三朝迷路發西風　土俗。以寒夜連朝。久霧不開。主西風大作。諺云。三朝迷路發西風。

臘雪　臘月雪。謂之臘雪。亦曰瑞雪。殺蝗蟲子。主來歲豐稔。諺云。臘天一寸雪。蝗蟲入地深一尺。又以臘中得雪三次宜麥。諺云。若要麥。見三白。

十二　十二月

跳竈王　月朔。乞兒扮竈公竈婆。各執竹杖。噪於門庭以乞錢。至二十四日爲止。謂之跳竈王。

跳鍾馗　乞兒作鍾馗裝。沿門跳躍以逐鬼。朔日至除夕止。謂之跳鍾馗。餘如飾牛飾龜。種種不一。無名目之可言。

臘八粥　八日爲臘八。比戶以菜果入米燒粥。謂之臘八粥。

年餻　黍粉和糖爲餻。名年餻。有黃白二種。製成元寶形者。名餻元寶。爲歲朝供先。及餽親友之需。

叫火燭　殘年永夕。有沿街擊柝。高喊火燭小心者。名曰叫火燭。

打埃塵　臘將殘。擇憲書宜掃舍宇日。除庭戶塵穢。名曰打埃塵。

過年　擇日。懸神軸。供佛馬。具牲醴餻果之屬。以祭百神。神前置炭爐。俗呼圍爐炭。綮絲敲鑼鼓。街巷相聞。送神之時。多放爆竹。云答一歲之平安。謂之過年。亦謂謝年。

念四夜　俗呼二十四日爲念四夜。是夜家家送竈。謂之送竈界。以膠牙餳祀之。俗稱糖元寶。佐以米粉糰。名曰謝竈糰。篝燈載竈馬。穿竹筋作槓。爲竈神之轎。焚諸門外。謂昇神昇天。檢未燼之篝盤。納還竈中。謂之接元寶。更以稻草寸斷。和黃豆。俗呼馬料豆。撒屋上。謂爲神馬之秣。

冬青柏枝　摘松柏之枝。副以石楠冬青。殘年鄉人札成小把。沿路叫買。供居人插年飯中。或藉地送神馬之需。名冬青柏枝。又名送竈柴。

口數粥　臘月二十五日。以赤豆雜米作粥。少長徧餐。至及於貓犬。名曰口數粥。謂可辟瘟氣。

祭牀神　薦茶酒糕果於寢室。以祀牀神。云祈終歲安寢。又謂牀神有牀公牀婆之別。

年飯　煮飯盛新籮中。置紅橘烏菱荸薺諸果及餻元寶。並插松柏於其上。陳列中堂。至新年蒸食之。名曰年飯。取有餘糧之意。又預淘數日之米。供案頭。名曰萬年米糧。

年夜飯　除夜。家家舉宴。長幼畢集。名曰年夜飯。又曰合家歡。

節賬　俗以端午中秋除夕爲三節。按節索欠。謂之節賬。除夕尤視爲重要。自昏達旦。提燈絡繹於道者。皆索欠者也。

大年小夜　俗呼除夕爲大年夜。除夕前一夕爲小年夜。總呼爲大年小夜。是夜忌聞犬吠。諺云。年夜狗弗叫。來年疾病少。

丙　方言

一　稱謂語

大姐（使女。）

大爺（祖父。亦稱阿爹。）

大老婆（妻室。對妾而言。）

小姐（閨女。）

小叔（夫弟。）

小姑（夫妹。）

小老婆（姬妾。對妻而言。）

小官人（年輕之夫。）

小先生（又名清倌人。妓而處女者。）

小大姐（年幼之使女。）

丈人（妻父。）

丈母（妻母。）

公公（祖父輩。）

公婆（舅姑）

太太（婢僕稱其主婦。）

少爺（婢僕稱其少好。）

少奶奶（婢僕稱其少主婦。）

老爺（婢僕稱其主人。）

老婆（妻室。）

老師父（工徒稱其師。）

老頭子（青紅幫稱其師。）

尖先生（妓而非處女者。）

主婆（祖母。）

姆嬭（母。）

阿舅（妻之兄弟。）

阿姨（妻之姊妹。）

姐姐（女兄。）

妹妹（女弟。）

弟弟（弟。）

阿伯（伯父。亦以稱夫兄。）

姑娘（夫姊。）
姑母（父之姊妹。）
姑爺（女婿。）
姨太太（婢僕稱主人之妾。）
家主公（夫。）
家主婆（妻。）
哥哥（兄。）
娘娘（婦人。）
娘舅（母之兄弟。）
娘姨（僕婦。）
親眷（戚屬。）

二 比喻語

三脚貓（事皆能而不精。）
小洋雞（婦女身段輕小者。）
大阿福（婦女癡肥者。）
孔方兄（錢。）
水老鼠（善竊輪舟上貨物者。）
白地蟲（到處害人者。）
白螞蟻（販賣婦女者。）
田皺狗（富有之農民。）
瓦老爺（傻子。）
老蟹（老婦而猶風騷者。）
老百脚（老於世故而心計刻毒者。）
老麻雀（閱歷深而奸滑者。）
老脚魚（年老好色者。）
老素菜（年老好色者。）
米蛀蟲（米店夥計。）
死蟹（婦女之冥頑不靈者。）
曲鱗子（鄉愚。）
赤練蛇（兇惡之徒。）
阿土生（鄉曲。）
阿木林（鄉曲。）
狗猪精（行爲卑汚者。）
青殼蚌蜞（家道淸貧者。）
橄欖頭（頭尖者又善鑽營者。）
長脚鷺鷥（脚長之人。）
烏龜（其妻妾有外遇者。）
活泥鰍（舉動油滑者。）
馬棚裏猢猻（坐立不定者。）
洞裏老虎（在家兇橫者。）
笑面老虎（貌似和悅而心計險惡者。）
徐老太爺（冥頑不靈者。）
破老鴉（多言之人。）
紙老虎（外强中乾之徒。）
清朝孔夫子（僞道學。）
猪玀（無知無識。）
野雞（下等之妓又爲不入行之事。）
黑漆皮燈籠（心地糊塗之人。）
飯桶（無用之人。）
無頭蒼蠅（作事紊亂者。）
無脚蟹徒（拘謹而畏遠行者。）

猪頭三（土頭土腦之人。）
𥾟牙肥皂（吝澀之人。）
楊柳樹（兩面叨好之人。）
煨灶貓（頹喪之人。）
雌雞（男子音如女子者。）
雌老虎（潑悍之婦女。）
錢㹀猻（錢莊夥計。）
徽駱駝（徽州人。）
鵝頭（作事呆笨者。）
鵝蛋臉（女子之臉長圓形者。）
蠟燭（不當然而然之人。）
蠻牛（粗笨而兇狠者。）

三　俗語

小開（謂有錢之少年可以敲詐者。）
小房子（男女幽會所賃定之房屋。）
大老官（衆人之首領。或能幹或富有者。）
大姑娘（鄉村之少女。）
大排場（鋪張之場面也。）
王伯伯（作事靠不住也。）
白相（遊玩也。）
出風頭（以己之長而炫於人也。）
出後門（自己不能之事。暗中託他人代替也。）
打棚（無意識之談話或嬉戲也。）
弗識頭（猶言晦氣。）
老槍（有烟癖之人。或年老而富閱歷者。）
老面皮（不知羞恥也。）
老門檻（精熟事情者也。）
台基（供男女野合之房屋。）
曲死（指土頭土腦者。罵人之辭。）
赤老（鬼也。罵人之辭。）
走油（郎弄糟之意。）
坍臺（出醜之意。猶言丟臉。）
扳面孔（初甚交好。忽然怒形於色而執爭也。）
拆稍（藉端恐嚇。索詐錢財也。）
拆爛污（事無良好結果。或至不可收拾也。）
拆空老壽星（謂事已無望。）
拉馬（爲男女或雙方牽拉使成相識也。）
拉皮條（意同拉馬。）
拔短梯（謂中途失信。貽害於人也。）
板板六十四（謂一副正經面孔。）
面子（猶言體面。）
流氓（無業遊民。專事敲詐者。）
挖腰包（自己出錢。有破吝囊意。）
陰陽怪氣（態度冷靜也。）
神氣活現（自尊自大之意。）
剪稻頭（偷取便宜。猶言湊現成。）
猪頭肉三弗精（凡事皆不能精熟也。）
兜圈子（並無正經事。步行或坐車出外遊玩也。）

掉槍花（或言語或作事遮掩眞實。欺人耳目也。）
假癡假呆（姑裝糊塗。以知爲不知也。）
連襠碼子（二人或數人串通一氣也。）
搭架子（麗然自大也。）
搭趟頭（向毫無關係之人談笑。猶言胡調。）
喝西風（謂兩手空空。毫無財產事業也。）
混天糊塗（不計利害。任意肆放也。）
喫醋（喩妒。）
喫生活（受人毆打也。）
牽絲扳籐（不爽快也。）
過橋扳橋（一同作事而中途失信。使人爲難也。）
尋開心（調笑或愚弄他人也。）
塞狗洞（常以金錢暗下貼人也。）
裝腔（姑作悲苦使人憫憐也。）
揩油（從中取利也。）

照排頭（謂靠一人。或借一事。可以得利也。）
窩心（適意也。）
壽頭（或言壽頭碼子。不當然而然。時常吃虧者也。）
敲竹槓（藉端索詐。卽拆梢意。）
敲釘轉脚（作事着實也。）
像煞有介事（妄自尊大。而裝出正經面孔者。）
撞木鐘（凡事請求。徒勞無益也。）
寫意（舒服也。或形容愉快之事。）
瞎三話四（胡亂之言。）
熱昏（胡亂之言。）
鴨矢臭（猶言出醜。不名譽不光榮之事也。）
嘴硬骨頭酥（猶言外强中乾。）
騎兩頭馬（兩面討好或兩面作事也。）
蹩脚（窮困也事物之下等也。）
蹙眉頭（敗興也亦倒黴之意。）

蹺辮子（人死也。）
露馬脚（無意中敗露也。）

四　諺語

一不做二不休（再接再厲。）
一夜夫妻百夜恩（緣短恩長。）
一錢逼死英雄漢（小事大累。）
一個半斤一個八兩（相等。）
一隻盌勿響兩隻盌叮噹（人多生事。）
一家自有一家事神仙勿知瓜裏事（家事外人不知。）
人熟禮不熟（送禮不限親疏。）
人無千日好花無百日紅（事有變遷。）
千年難得虎磕睡（機會難逢。）
三十六着走爲上着（一走了事。）
三個縫皮匠抵個諸葛亮（人多智足。）
不到黃河心不死（此志不懈。）
不是冤家不聚頭（狹路相逢。）

人人必備

日用快覽

實用要書

這是一部立身處世一刻難離的要書！

助君知識經驗　助君治理家庭　助君事業發展
助君交涉勝利　助君文墨自通　助君經濟減省
助君時刻快樂　助君萬事成功

□特色一般□

凡日常智識　經驗才能有所不及者閲本書即可暢曉一切
凡學問淺薄　文墨方面處處請人代筆者閲本書無須請托他人
凡經營事務　見識才幹有所不及者閲本書便可措施裕如
凡與人涉訟　不知法律不明訴訟手續者閲本書即可層次不亂
凡出外旅行　水陸路程及各地勝景不熟者閲本書可節省川資
凡創辦實業　註册專利等條例不熟悉者本書俱有確切之指示

全書三十萬言一百六十餘頁插圖一千餘幅共二十大類精裝一厚册價洋七角

上海世界書局出版

中華民國十四年九月初版
中華民國　年　月　版

蘇州快覽（全一册）
（每部價洋二角五分）
（外埠酌加郵費匯費）

編輯者　吳縣陶鳳子
印刷者　世界書局
發行者　世界書局　上海閘北香山路
印刷所　世界書局　上海四馬路中市
總發行所　世界書局
分發行所　世界書局
北京　天津　奉天　吉林　太原
濟南　烟台　武昌　漢口　宜昌
長沙　常德　衡州　重慶　南昌
蕪湖　杭州　温州　徐州　廣州
汕頭　寧波　蘭谿　安慶　福州
綏遠　嘉興　合肥　順德　南遂

怎樣可以『足不出門能知天下事』

查閱本局出版的下列諸書

——就可以熟悉名都巨埠的詳細情形——

「中國的名都巨埠一究竟」

風俗怎樣繁華⋯地方怎樣名勝
商業怎樣發達⋯社會怎樣複雜？

是人人欲知而不能悉知的事

則雖久居名都巨埠的人
亦難知其究竟

本局特廣聘人員分赴各埠實地調查
編成下列諸書⋯⋯⋯⋯⋯⋯⋯
關於⋯各埠住居應知的常識
各埠旅游應知的常識
各埠社會的詳細情形
各　風俗的實在狀況
莫不仔細搜羅按實紀載

人手一編　包歛諸君意想不到的勝
境悉在目前⋯⋯⋯⋯⋯⋯⋯⋯
可謂⋯⋯『足不出門能知天下事』矣

旅滬必備	上海寶鑑	全書一册　價洋八角
居游必攜	上海快覽	全書一册　價洋四角
居游必攜	蘇州快覽	全書一册　三角五分
居游必攜	漢口快覽	不日出版
居游必攜	廣州快覽	不日出版
居游必攜	北京快覽	不日出版
居游必攜	天津快覽	不日出版
居游必攜	杭州快覽	不日出版

最新蘇州遊覽指南

鄭逸梅　編著

據大東書局一九三〇年三月初版影印。

出版説明

鄭逸梅（一八九五—一九九二），本姓鞠，名願宗。後依外家，改姓鄭，原名際雲。號逸梅，别署冷香、一涓、拙鳩、陶拙庵、紙帳銅瓶室主等。江蘇吳縣人。曾先後加入星社、南社，參與多種報紙、雜志及多家書局的編務，執教於多所大中院校。擅長文史掌故，有『補白大王』『舊聞記者』之稱。著有《梅瓣集》《游藝集》《孤芳集》《清娛漫筆》《南社叢談》等。

《最新蘇州遊覽指南》爲大東書局出版的八種導游圖書之一。書前列城内外景點照片十二幅及地圖一張，其後依次是凡例、目録與正文。主體共分七部分：一、蘇州概説；二、城内名勝；三、城外名勝；四、交通；五、食宿遊覽；六、各業機關；七、清遊小誌。本書的編撰旨意，在實用性强、涵蓋面大的基本要求外，注重文學性與藝術性。第一、二、三部分較簡略，第四、五、六部分則注重實用性。如記載了星社等社團、各書畫家一覽表、書坊、印刷所信息等，側重點與常規的導游手册有所不同。第七部分《清遊小誌》是本書的獨創，占全書篇幅約三分之一，所收文章三十六篇皆作者一人所寫，『舉凡勝蹟風俗，悉可於此中得之，以補第二章城内名勝第三章城外名勝之不足』，以游記形式介紹蘇州名勝，用詞精煉唯美。

本次出版的《最新蘇州遊覽指南》，以大東書局一九三〇年三月初版爲底本影印。

最新蘇州遊覽指南

最新

蘇州遊覽指南

編著者 鄭逸梅

1930

上海
大東書局
印行

靈巖塔

西施洞

點頭石

劍池

木瀆敵樓

司徒廟古柏

西園

寶帶橋

玄妙觀

無量殿

孔廟

鄧尉山麓

蘇州城廂圖

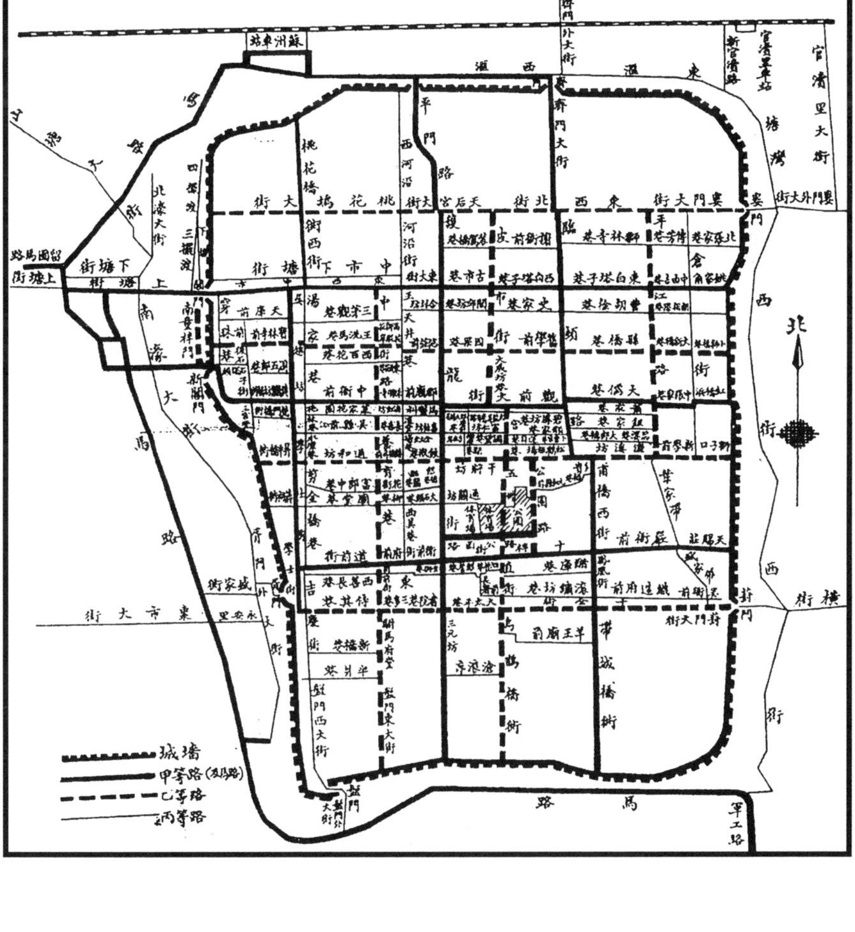

凡例

一 蘇州爲文物之邦。多名勝古蹟。本書廣訪博采。應有盡有。且畫分區域。以便順序游覽。

一 本書分爲七章。凡關於沿革、交通、物產、教育、行政、工商、娛樂等。無不詳備。以便來游者之査檢參攷。

一 本書篇末爲淸游小誌。舉凡勝蹟風俗。悉可於此中得之。以補第二章城內名勝。第三章城外名勝之不足。

一 社會情形。朝更夕變。間有不符者。容再版時再行訂正。

最新蘇州遊覽指南目錄

第二　城內名勝

第三　城外名勝

第七 清遊小誌

目錄

C

最新蘇州遊覽指南

第一　蘇州概說

一　沿革

吳本荊蠻。未通上國。自泰伯奔吳。以周禮化民。俗乃不變。吳王闔閭。始築都城。故有闔閭城之號。秦漢置會稽郡。後漢置吳郡。隋開皇置蘇州。蘇州之名自此始。元改平江路。明爲蘇州府。淸因之。爲江蘇省治。分吳縣長洲元和三縣。光緒間。馬關條約。闢城南靑陽地爲租界。東爲各國租界。中爲日本租界。西爲商務公司地界。乃吾國自闢之商埠也。民國建立。省會移寧。併長洲元和二縣。暨太湖靖湖二廳。統稱吳縣。實則西南臨太湖界浙江者。爲吳縣舊境。今吳縣境地。東西廣二百有六里。南北長二百四十四里。

二　城門

（今）

閶門（在城西）

胥門（在城西南）

盤門（在城南）

葑門（在城東南）

婁門（在城東北）

齊門（在城北）

本爲以上六門。後因利便交通。又特闢二門。爲八門。一曰平門。一曰新閶門。新閶門初名金門。闢後。適甲子江浙戰禍。蘇人迷信。因謂金、兵也。遂歸咎於命名之不祥。且將城門方向稍變。爲新閶門。周三十六里。

平門（在閶門齊門之間）

新閶門（在閶門胥門之間）

（昔）

闔閭城。周敬王六年伍子胥築。大城週四十二里三十步。小城八里二百六十步。陸門八。以象天之八風。水門八。以象地之八卦。吳都賦云。通門二八。水道陸衢是也。

西閶胥二門。南盤蛇二門。東婁匠二門。北齊平二門。不開東門。爲絕越故也。閶門亦號破楚門。吳伐楚。大軍從此門出。陸機詩曰。閶門勢嵯峨。飛閣跨通波。又孔子登山。望東吳閶門歎曰。吳門有白氣如練。今置曳練坊、望館坊因此。胥門。本伍子胥宅。因名。石碑見存。出太湖等道。水陸二路。今陸廢。門南三里。有儲城。越王貯糧處。十五里有魚城。吳王養魚處。門西南五里有越來溪。

盤門。古作蟠門。嘗刻木作蟠龍。鎮此厭越。又云。水陸相半。沿洄屈曲。故名盤門。又云。吳大帝蟠龍故名。門內有武烈大帝廟。東南二里。有後漢破虜將軍孫堅墳。又有討逆將軍孫策墳。

蛇門。南面有陸無水。春申君造以禦越軍。象地形。因號蛇門。

匠門。又名干將門。東南水陸二路。今陸路廢。出海道。通大萊。沿松江。下滬瀆。闔閭使干將於此鑄劍。門南三里。有葑門、赤門。赤欄將軍墳其東。故名赤門。赤門東南角。又有魴鱮門。吳曾魴鱮見因號。並非八門之數也。

婁門本號疁門。秦時有古疁縣。至漢王莽改爲婁縣。東南二里。有漢吳郡太守朱梁墳。今吳郡朱氏。皆梁之後。

齊門。北通毗陵。昔齊景公女聘吳太子。齊女喪夫。每思家國。因號齊門。

平門北面。有水陸通毗陵。子胥平齊。大軍從此門出。故號平門。東北三里。有殷賢臣申公巫咸墳。亦號巫門。西北三里有醬醋城。漢劉濞築。

三 街道

城內東西幹路
（一）桃花塢北街婁門大街
（二）閶門內西中市東中市都亭橋接駕橋古市巷東西白塔子巷
（三）道前街府前街衛前街十梓街嚴衙前天賜莊
（四）侍其巷三多巷書院巷大太平巷十全街葑門大街

城內南北幹路
（一）臯橋起吳趨坊學士街
（二）崇眞宮橋起中街路養育巷司前街駙馬府堂前
（三）河沿街道堂巷王天井巷西美巷
（四）北寺塔起護龍街三元坊
（五）齊門大街臨頓路
（六）倉街
（七）平江路

城內各幹路。現已動工拆屋。放寬道路。以通行汽車。

城外馬路幹路
（一）火車站至閶門石路口
（二）石路口至胥門由斯街口
（三）由斯街口至盤門
（四）盤門至覓渡橋

城外街道幹路
（一）閶門南濠街北濠街山塘街上塘街下塘街
（二）胥門棗市
（三）齊門外大街
（四）婁門外大街

第二 城內名勝

一 閶門內

遂園

前門在慕家花園。後門在申衙前。自閶門進城。人力車約一角。時間約廿分。內設游藝場。園資暫收兩角。茶資每壺一角。

遂園。在閶門內。本清巡撫慕天顏所築。俗稱慕家花園。既而歸汴人席椿所有。其後畢尙書沅割其半。餘屬滇人劉氏。名曰遂園。臨池有映紅軒、綠天深處、容閒堂、琴舫、逍遙、容與諸室。池頗廣。植荷多名種。春夏間。往往附設說書戲劇等雜藝。游客絡繹也。

環秀山莊

在申衙前。卽遂園斜對面。俗稱汪義莊。不售門劵。給閽者以名刺。便可納入。

環秀山莊。在黃鸝坊橋之東。卽汪氏耕蔭義莊也。本爲清相國孫補山舊宅。道光中。始歸汪氏。疊石曲折。不亞獅林。有問泉、補秋舫等築。又有飛雪泉。雨時急溜直瀉。有似瀑布。尤爲奇景。庭植婪尾一。春時花發。殊爛熳云。

七襄公所 在寶林寺東文衙里。自閶門進城。人力車約二百文。不納游資。由閽者引入。略給酒錢。

七襄公所。爲文徵明舊宅。池多芙蕖。來自瀟湘七澤間。珍貴殊常。他如愛蓮窩、紅鵝館、乳魚亭、博雅堂、荷花廳、聽雨雙聲室。皆可駐閒蹤也。

神仙廟 在桃花塢。自閶門進城。人力車約一角。每年惟四月十四日最熱鬧。平日無甚可觀。

神仙廟。即福濟觀。宋淳熙間建。初名巖天道院。元至大間重建。賜額福濟。屢遭災燬。同治十年復建。每歲陰曆四月十四日呂祖誕。香火頗盛。稱之爲軋神仙。沿途多賣小龜者。曰金錢龜。

北寺塔

在護龍街北。香花橋堍。自閶門進城。人力車約一角半。時間約半小時。近闢平門。從平門來更便。每人納一角售籤。憑籤登塔。開放時刻。上午八時起。下午五時止。黑暗處由寺僧點燭。

北寺塔在報恩寺內。寺爲吳赤烏中孫權母吳夫人捨宅建。或云孫權乳母陳氏捨第爲寺。其地故有塔十一成。再建再燬。宋紹興末。行者大圓重建。始去其二級爲九成。明隆慶中不戒於火。僧如金重建。塔後門額署曰三吳首剎。大殿之左爲觀音殿。右聖母殿。後庭兩旁。曰五觀堂。迎賓堂。中曰古銅佛殿。再後曰梵香堂。額曰發海潮音。登塔眺望。近則全城市街。遠則西南山巒。悉在眼簾矣。

★　★　★　★　★　★　★

二　盤門內

滄浪亭　在城內三元坊。從閶門去。人力車約三角。時間約三刻鐘。胥門去。人力車約一角半。任客游覽。無須門票。

滄浪亭。在盤門內。爲廣陵王元璙別圃。或云其近戚吳軍節度使孫承祐所作。宋蘇舜欽得之。傍水作亭曰滄浪。紹興時。爲韓蘄王所有。由元至明。廢爲僧舍。明嘉靖間。因其址建韓蘄王祠。釋文瑛於大雲庵旁復爲滄浪亭。清康熙間又建蘇公祠。商邱宋犖尋訪遺跡。復構亭於山巔。得文徵明隸書滄浪亭三字額。咸豐間燬。同治十二年。巡撫張樹聲重建。近由吳子深修葺。煥然一新矣。右爲美術專門學校。前有石坊。額曰滄浪勝蹟。一池頗廣。植荷殆徧。跨以石橋。門面北。額曰五百名賢祠。祠之東偏爲面水軒。又東爲靜吟亭。屏門上勒方錡書宋蘇舜欽滄浪亭記。積石當其前。東西亙數丈。巔有亭。卽滄浪亭也。額爲俞曲園書。由亭南下。爲明道堂。堂之東北。爲瑤華境界。見心書屋。與靜吟亭通。堂之西南。有小樓一座。曰看山樓。中祀二程夫子。下爲印心石屋。西爲翠玲瓏館。又西爲宋蘇長史祠。北卽五百名賢祠。壁間刻五百名賢像。餘若清香館、聞妙香室。在西偏。皆臨水而築。其中石刻。有康熙賜吳存禮詩及楹聯。乾隆十二年御書江南潮災歎。御題文徵明小像。宋蘇舜欽留別王原叔詩。道光中陶澍滄浪亭五老圖詠。朱珔七友圖記。楊鑄論詩圖題詠。歐陽修歸有光記。及康熙重修各記。有滄浪新志一書。詳述滄浪之勝。書乃蔣吟秋繼宋牧仲而葺。都若干萬言。任客購閱。

可園 在滄浪亭對門。不售門券。

可園。以梅著名。有博約堂、浩歌亭諸築。中央大學區立蘇州圖書館附設其中。藏書二十三萬餘卷。陶小沚主其事。設備殊完美也。

三 婁門內

獅子林 在城之東北隅神道街。後門在潘儒巷。自閶門去。人力車三角。時間約一小時。惟須有熟人名刺。始得納入。

獅子林。爲天如禪師倡道之地。中多奇石。狀若狻猊。石洞螺旋。入游其中。迷於往復。倪雲林曾繪爲圖。清時黃氏購之爲涉園。今爲貝氏有。重加修葺。煥然一新矣。中有修竹谷、玉鑑池、指柏軒、問梅室、臥雲室、獅子峯、含暉峯、吐月峯、冰壺井、小飛虹、大石屋立雪堂等皆稱勝景。山上有大松五。故又名五松園。

拙政園

在婁門大街。從閶門去人力車約三角。離獅子林不遠。園資半角。茶資酌給。夏日盛行早茶。

拙政園。在婁門內。明嘉靖時王御史獻臣因元代大宏寺基。治爲別墅。文徵明曾爲圖記。後歸里中徐氏。清初海寧陳相國之遴得之。中有連理寶珠山茶。花時絙紅可喜。吳梅村有長歌以詠之。後沒入官。旋爲吳三桂壻王永寧所獲。清咸豐間。爲太平天國忠王府。同治八年。始改爲八旗奉直會館。入門有巨藤。乃文衡山手植。內有遠香堂、南軒、香洲諸勝。香洲懸有吳梅村山茶歌。遠香堂北。池中築屋一。署曰雪香雲蔚。最高處。有勸耕亭、荷風四面亭。園西北沿邊皆廊。循廊可至擁翠亭、藕香榭、瀟湘一角。後面臨水多竹。東部曰梧竹幽居。曰繡綺亭。曰半窗梅影。枇杷園在園之東南。湖石巧疊。有屋曰玲瓏館。其西。即遠香堂矣。

惠蔭園 在臨頓路南石子街。距觀前不遠。從閶門去。人力車約二角餘。時間一小時。園資半角。茶資酌給。

惠蔭園。在南石子街。中有桂苑、叢桂山莊。因繞屋俱桂樹也。巖洞中瀦水。架以石橋。稱小林屋。洞上有虹隱樓。登之。全境悉在目前。

四城中

玄妙觀 在城之中心。爲最繁盛之區。從閶門去。人力車約一角半。時間約三刻鐘。

玄妙觀。創建於晉咸寧名眞慶道院。唐曰開元宮。宋曰天慶觀。元至元間始改今稱。明洪武間修和希夷兩觀皆併入。且建彌羅寶閣。淸初修葺。民國元年。彌羅寶閣燬。今所存者爲三淸殿、天王殿、東嶽殿、壽星殿、蓑衣眞人殿、祖師殿等。甬道兩旁。百戲雜陳。又多小販之攤。與首都之夫子廟。上海之城隍廟相似。觀之西。曰觀西大街。觀之東。曰觀東大街。以醬鴨著名之陸稿薦。以瓜子著名之稻香村。以脆松糖著名之采芝齋皆在焉。脆松糖。乃大詩人蘇玄瑛所稱許。尤爲名貴。

怡園　在護龍街尚書里內。爲顧氏私產。然門禁不嚴。給閽者以名刺。便可納入。茶資酌給。從閶門去。人力車約一角半。時間三刻鐘。

怡園。爲方伯顧紫珊所建。入園有一軒。署瓊島飛來四字。蓋庭前植有牡丹也。軒東有船室。署曰舫齋賴有小溪山。其前松林中。有閣曰松籟。南有碧梧棲鳳精舍。東則梅花廳在焉。廳西爲遯窟。窟中有室。額曰舊時月色。東爲歲寒草廬。石筍卓立。披薜綴苔。絕有致。北有拜石軒、及坡仙琴館。因藏東坡琴故名。旁有石。狀如老人聽琴然。遂築室曰石聽琴室。西北多芍藥、修竹、木樨之屬。一亭署曰雲外築婆娑。亭前爲荷池。循池而西。曲折登山。窈然一洞。有石似觀音。曰慈雲洞。洞外植桃。曰絳霞洞。皆擅勝。園內壁間石刻。多米書。楹聯集前人詞句。天衣無縫。蓋出主人手筆也。

公園　在王廢基。從閶門去。人力車約二角。園資不納。東齋西亭茶資一百八十文。

公園乃近年新闢者。有圖書館。每日上午九時起。下午四時止。公開閱覽。西偏有公園電影院。每日開映二次。且因宋代東齋舊址。唐白居易西亭詩。遂築東齋西亭。爲游憩飲茗之所。每當暑天。游客尤多。眞絕妙之消夏灣也。其西更有公共體育場。爲靑年學子運動之所。南爲民醒社。專演新劇。社鄰須鬴。可以買醉。

第三　城外名勝

一　閶門外

留園　在閶門外五福路。俗稱留園馬路。距火車站約四五里。馬車資四角。人力車資一角半。距閶門馬路里許。馬車資三角。人力車資一角。園資二角。

茶每壺一角。

留園。在閶門外。爲明徐冏卿太僕東園故址。昔稱花步里。清嘉慶初。劉蓉峰觀察建寒碧山莊。俗稱劉園。光緒二年。歸毗陵盛旭人所有。易名留園、謂可以留游蹤也。入門左向。爲涵碧山房。署曰胸次廣博天所開。左舍曰恰杭。蓋杭與航通。取少陵野航恰受兩三人句義也。庭西有石卓立。形似濟顛。曰濟顛石。前臨巨池。植以芙蕖。并蓄錦鱗鴛鴦於其中。池之西北。積石成邱。多桂樹。聞木樨香軒。立於叢桂間。邱巔有可亭。其陰有半野草堂。東有軒。署曰清風起兮池館涼。南有綠蔭軒。池之中有亭。署曰濠濮想。東爲楠木廳。額曰藏修息游。庭前壘石。極峌峴有致。廳旁有亭。署曰佳晴喜雨快雪。中有靈碧石臺。叩之有聲。北有屋。署曰花好月圓人壽。左有揖峯軒。石林小院。對面之屋。署曰洞天一碧。揖峰軒可通東園。巍然立三湖石。中曰冠雲峯。最高左曰岫雲峯。右曰瑞雲峰。次之。下爲冠雲沼。四面廳在其南。額曰奇石壽太古。廳前有冠雲臺。署曰安知我不知魚之樂。左有冠雲亭。皆以冠雲峰而擅勝者也。北有樓。署曰仙苑停雲。壁間嵌雲石。俱含畫意。偏東一屋。爲園主人參禪處。曲折至又一村。旁有屋。署曰少風波處、便爲家。西行至小蓬萊。此處有花房。有蔬圃。過小蓬萊。卽爲園之西部別有天也。臨溪有閣。署曰活潑潑地。面南處。署月梅花月上楊柳風來。西部之佳勝。在有溪有邱。邱上有亭二。曰至樂。曰月榭星臺。又署其額曰。其西南諸峯林壑尤美。因一登斯邱。獅嶺、靈巖、支硎、天平諸山。無不在望。茲政府以留園爲盛氏逆產查封。禁止游人入覽。俟解決後。再行開放。

西園　在留園西。相距不遠。故游留園者可順道一游。自閶門去。馬車資五角。人力車資二角。若自留園往西園。馬車二角。人力車銅元十餘枚。園資一角。茶每壺一角。

西園。在留園西。戒幢律寺之放生池在焉。門首署曰西園一角。池爲園之最勝處。通以曲橋。池心有亭。額曰月照潭心。池內蓄巨黿。游人輒以餅餌投之。浮波爭食。頗有可觀。西有軒。絕暢爽。池東爲四面廳。寬敞容人憩坐。他如藝圃奇石。亦饒雅致。戒幢律寺。在園之右鄰。爲明徐太僕故址。子工部溶捨爲復古歸原寺。崇禎八年。改爲戒幢律院。清咸豐間。燬於火。茲由僧廣慧重建。名曰西園戒幢律寺。因貼鄰西園也。寺中有羅漢像。鏤木髹金。大逾常人。或羸瘠。或豐碩。或低眉。或睚眥。或蹙頞。或軒渠。有槃膝者。箕踞者。托缽者。拈珠者。厥數凡五百尊。尊尊各一態。絕不相同。可貴也。寺中除羅漢堂外。尚有方丈室、藏經樓、齋堂、大雄寶殿備極莊嚴允推吳中第一大叢林。

寒山寺　在楓橋。距城七里餘。從閶門起。馬車資六角。人力車資三角。茶資酌給。游留園西園者。可順道往游。相去祇四五里。

寒山寺。在楓橋。梁建。名妙利普明禪院。唐後始稱寒山寺。以高僧寒山拾得結茅於此也。宋紹興中重建。明清屢修屢圮。咸豐間被燬。內有唐寅、文徵明詩碑。及俞曲園補書張繼詩石刻。光緒丙午。陳夔龍撫吳。謀興復。鑄鐘建屋。以存古蹟。宣統庚戌。蘇撫程德全續修。落成於辛亥六月。並刻唐韋應物、張祜以下諸人詩。日本人喜讀張繼月落烏啼絕句。因慕寒山寺名。來吳必一游以爲快云。寺有搨本拾得像、張繼詩等墨蹟出賣。每份約小銀元三四枚。

虎丘　距城七里。從閶門渡僧橋北山塘街去。人力車來回約六角。馬車不通。小快船全日約四元，膳另給。

虎丘避唐太祖諱。改爲武丘。又名海湧山。高一百三十尺。在吳縣西北。闔閭葬此山中。以十萬人治塚。取土臨湖。葬經三日。白虎踞其上。故名。吳越春秋云。秦始皇東巡至虎丘。求吳王寶劍。其虎當墳而踞。始皇以劍擊之。不及。悞中於石。其虎西走二十五里忽失。劍無復獲。乃陷成池。故號劍池。池傍巨石。可坐千人。號千人石。其山本晉司徒王珣與弟司空王珉別墅。咸和二年。舍山宅爲東西二寺。立祠於山寺。劍池兩崖劃劈。中涵石泉。深不可測。李秀卿品爲天下第五。唐顏魯公書虎丘劍池四大字。石刻尚在。陸羽石井在其右。石井古名鐵花巖。口方丈餘。四旁石壁。泉甘洌。石壁上刻第三泉三字。爲陸羽所品定。清乾隆所題書。千人石畔。爲生公講臺。李陽冰篆有四字。臺下有白蓮池。池旁有點頭石。相傳生公說法時。池苗生千葉蓮花。頑石點頭。若悟理然。右有二仙亭。中立二碑。刻陳摶、呂純陽二人像。石井之前。爲石觀音殿。兩傍百刻大字經典。計四十餘行。爲宋人所書。人書一行。並有顏眞卿、申元宰二人碑記。惟遭兵燹。字多殘缺。非全璧矣。陟殿必經石級五十有三。名曰五十三參。入門而左。爲清聖祖、高宗駐蹕處。東南隅築屋石壁之上。曰望蘇臺。今曰小吳軒。仍其舊也。更有平遠堂、仰蘇樓、梅花樓、月駕軒、雪浪軒、玉蘭房、海晏亭等處。均爲名勝。後有塔七層。隋仁壽九年建。建塔時。掘得古匣。藏舍利一粒。落成時。置諸塔中。洪楊劫後。半已圮毀。迄未修復。徑旁有眞娘墓。眞娘爲吳之佳麗。埋香處峙立一亭。來游者無不留戀憑弔。試劍石。吳王取干將莫耶劍。試斫巨石。石中分爲二。憨憨泉。一泓清水。能醫目疾。相傳爲梁時憨憨尊者遺跡。茲築亭以護之。又古鴛鴦壙。

爲明倪士義與其妻楊烈婦合葬之所。史金奎墓。乃前歲城中遭祝融災。史氏奮身撲火以致喪生。士大夫爲之表揚者也。石觀音殿之南。爲近年新建之樓。凡五楹。曰冷香閣。閣下植赭綠梅三百株。藉以點綴。又南有擁翠山莊。爲淸洪文卿、朱修庭、鄭叔問所建立。有抱甕軒、問泉亭、不波小艇、靈瀾精舍。舍額爲俞曲園書。殊超逸可喜也。門口四石碑。刻龍虎豹熊四大字。亦雄渾。搨本碑文。可任客選購。又有麥柴扇。輕便異常。鄉人往往多挾以求售。右鄰爲靖園。水木明瑟。亦爲佳勝。游憩啜茗。約給資二角。

五人之墓　在山塘街虎丘附近。游虎丘時。順道往觀。由花樹店內出入。

墓在虎丘山塘。墓中爲顏佩韋、楊念如、馬杰、沈揚、周文元五人。事在明天啓七年。周忠介公順昌觸怒魏閹。被逮時。士民數萬。爲周公請命。緹騎厲聲以叱。

衆逐之。巡撫毛一鷺爲魏私人。以吳民亂請於朝。誅此五人。

龍壽山房　在半塘橋。離五人之墓不遠。游虎丘者。可順道一游。酌給茶資。即由寺僧出經相示。

龍壽山房在閶門外半塘橋堍。藏有元僧繼善血書華嚴經八十餘卷。明宋濂有贊。

天平山　在城西二十里。舟行四小時。價四五元。膳另議。抵麓雇山轎。來回一元。惟有索酒錢之陋習。雇時必須預先講明。不致半途要挾。秋時看紅葉。游人尤多。

天平山。在縣西二十里。山多奇石。釣魚、蟾蜍、鸚鵡、靈龜、龍頭等。皆奇特可喜。尤以卓筆峰爲最著。峰高數丈。巍然立雙石上。飛來峰前臨崖谷。高二丈許。龍門。俗稱一線天。兩崖夾峙。狹磴可通。上有石屋二。大者容十人。小者可容六七人。覆有廣石。儼然屋舍也。又小巖有蓋。斜蔽其頂。俗名頭陀崖。他如臥龍峰、巾子峰、五丈石。皆山中奇勝。山巔平正。曰望湖臺。巨石面湖而圓者爲照湖鏡。山半有白雲泉。水味淸洌。爲吳中第一水。白居易題以絕句。范文正繼以篇什。名遂大著。石壁中別有一泉。注出如線。曰一線泉。宋僧壽老始發之。南麓白雲寺。卽范文正公功德院。淸乾隆間。高宗六次臨幸。賜名高義園。前有御書樓。文正手書伯夷頌。舊藏於此。園左爲咒鉢庵。有來燕榭、二松軒。山之隝。范公祖墓在焉。園西有忠烈廟。文正公及四子。各有遺像。更有三太師祠。其後羣石林立。名萬笏朝天。明萬歷末參議范允臨構爲別業。游人益多。康熙間檢討范必英卽其地建參議祠。乾隆初。范瑤等更修葺之。而寤言室、繙經臺、魚樂國、聽鶯閣、宛轉橋。悉復舊觀。山多楓樹。秋時染霜。華赭如醉。有萬丈紅霞之號。東出童子門。爲牛頭塢。東南爲金山。西爲秦臺山。北爲支硎山。高景山。有松花糖菌出賣。

支硎山

在天平山北。有御道可通。由童子門口循道而行。可陟山之勝境。

支硎山。在城西廿五里。俗稱觀音山。晉高僧支遁道林嘗憩隱其上。山石如硎。故有支硎之名。梁武帝置報恩寺。一名報恩山。上有石室寒泉。支遁詩石室可蔽身。寒泉濯温手。宋虞廷文因書寒泉二字於泉上。相傳遁遺故物。有鐵柱杖、鐵燈籠之屬。又有放鶴亭、馬蹟石、及白馬澗。皆以遁得名。昔有南峰寺。及中峰北峰二院。中峰在寒泉畔。北峰宣德間移於他山。待月嶺下。有新泉、馬坡、南池、碧琳泉。更有化成、盤院、空谷、法螺諸庵。悉爲名勝。清高宗六次南巡。皆臨幸其地。山東麓本有吾與來鶴二庵。今已廢矣。

二 胥門外

上方山 在城西南十四里。船行約三小時。價四元。膳另議。有糖切糕。頗著名。

上方山。一名楞伽山。東南麓有普陀巖、石池、石梁諸勝。爲清高宗南巡臨幸地。山上有楞伽寺。浮屠七級。供五通神像。香火極盛。清湯斌曾毀像。斥爲淫祀。後愚氓復塑虔奉如初。去歲。王引才宰吳。沈像於石湖中。幷立碑永禁。妖氛始絕。附近有丁家山。爲唐丁公著父喪。負土作冢。故名。

石湖 在上方山下。游山者往往便游石湖。

石湖、周二十里。爲太湖支流。相傳范蠡由此入五湖。東有越來溪。越侵吳自此來。故名。昔有越城。宋范成大因其故址爲亭榭。植梅甚夥。別築農圃堂。下臨石湖。孝宗書石湖二大字賜之。中有北山堂、天鏡閣、玉雪坡、錦繡坡、千巖觀、夢魚軒、說虎軒、盟鷗室、綺川亭諸勝。今已圮廢矣。陰曆八月十七日之晚。士女往往買舫來此。觀玩串月。亦韻事也。

靈巖山

在城西卅里木瀆鎮。舟行四五小時。價約四五元。膳另議。並有輪船開往。上下午兩次。價二角。碼頭在胥門棗市。

靈巖山。在城西卅里。山連崨村。產石可爲硯。故一名硯石山。高三百六十丈。山西北絕高處爲琴臺。王鏊題二大字在焉。相傳西子曾鼓琴於此。范成大謂下瞰太湖及洞庭兩山。滴翠叢碧。如在白銀世界中。蓋登眺之勝地也。東有池。

曰硯池。曰玩花池。曰玩月池。池水汀瀅。雖旱不涸。產蓴甚美。夏食之則去熱。有井二。圓者曰吳王井。八角者曰智積禪師井。平坦處爲崇寶寺。卽古館娃宮址、涵空閣在其後。寺有靈巖塔。凡九層。宋孫承祐所建。塔前石壁矗峙。爲靈芝石。靈巖因是得名。塔南西上。有小斜廊。爲響屧廊。按圖經云。吳王以楩梓藉地而虛其下。西子輦行則有聲。東爲百步街。有石馬。望之如有入策御然。石鼉石幢。幢之藏經處。俗曰梳妝臺。更有石射堋。亦名石鼓。大者三十圍。吳志云。其鼓有兵則鳴。晉隆安二年。賊孫恩作亂。鼓鳴山上。其西南石壁特起。曰佛日巖。下有披雲臺、望月臺。披雲有東坡題字。街南石室爲西施洞。舊稱吳王囚范蠡處。洞側有牛眠石。前爲出洞龍、貓兒石。東西爲二划船塢。乃吳王渚水以戲龍船之所。下爲妙湛泉。明萬歷初太倉士人曹允浚得之。山前十里有采香涇。斜橫如臥箭。山之東岡有醉僧石。東麓盡處。又有槎頭石。皆巖石之有名者。自明嘉靖後。屢經搆采。遂多殘毀。江都王醇有采石謠諷之。萬歷末。黃習遠請於當道。捐金贖山。勒石永禁。清康熙乾隆二帝南巡。皆駐蹕其地。行宮在山巔。木瀆鎮上有棗泥餅。爲著名產品。來游者無不爭購之。

穹窿山　在城西南三十六里。舟至善人橋。約五小時。至橋。雇山轎上山。價一元餘、

穹窿山。在城西南。古仙人赤松子采取赤石脂處也。山頂方廣可百畝。有煉丹臺、昇仙臺。皆赤松子遺跡。舊產自然銅。又曰銅嶺。半山有石膝痕。相傳茅君禮斗處。故亦名三茅峰。峰頭如笠。俗呼箬帽峰。穹窿之絕頂也。膝印中注水不涸。名雙膝泉。產石蟹如錢大。又有拄杖泉、法雨泉、百丈泉。皆大旱不竭。三茅峰

累石爲龕。名國師龕。或謂子房從赤松子游處。漢末始建道院。宋天禧間重建。淸初鐵竹道人施亮生。卽茅君故宮。廣葺殿堂今之上眞觀是也。高宗南巡。臨幸賜額。佛寺則茅蓬最古。梁天監中建。積翠次之。爲明建文帝税駕處。拈花又次之。東嶺下有磐石。高廣丈許。爲朱買臣讀書處。今號讀書臺。西有紫藤塢。東南有竹塢、皇駕塢、及白馬嶺。北有寧邦塢。據云宋紹興中。韓世忠部將曾薙髮隱此。

鄧尉山

在光福鎭。距城五十里。舟行由胥江過木瀆善人橋。游靈巖穹窿兩山者。可順道往游。民船巡行。朝發夕至。翌晨登山。雇山轎每頂給資二元左右。鎭有尋梅旅社。山上有蜂蜜出售。

鄧尉山。在吳縣西五十里光福鎭。漢鄧尉隱此。故名。山巔有妙高峰。下有七寶泉。迤北踰寺嶺。曰鳳岡。光福鎮在焉。右費家河。有徐大司寇墓。迤西南與銅井、青芝、玄墓諸山相連。故統稱爲鄧尉。自宋淳祐間。高士查莘居山塢。植梅。士人效之。至今山中皆以圃爲業。梅花開時。一望如雪。行數十里。香風不絕。爲吳中名勝。其西南六里爲玄墓山。相連不斷。實一山也。相傳晉刺史郁泰玄葬此。故名。明初。萬峰和尙居之。又名萬峯山。袁袠游記云。吳之山。惟玄墓最僻亦最奇。面湖而險陝。丹霞翠閣。望之如屏。背鄧尉而來。法華障其前。銅井、青芝迤邐其右。游龍界其左。妙在絕頂。一登則洞庭諸山。悉陷伏於湖。而湖波遂混茫盪爲一色。山有聖恩寺。卽萬峯道場。寺有喝石。相傳穿井有巨石下墜。萬峯喝止之。故名。西南有八德泉。水如沸珠。又名沸珠泉。今鄉人取以繅絲。色更光潔。寺後奇石。俗謂之眞假山。天順間。於土中露見稜鍔。扣之錚錚。遂加剔濯。巉巖洞越。巧若天成。後漸湮沒。清康熙十七年仲夏積雨。山泉衝激。復有石露於大悲壇東。寺僧因而搜之。得盧雍題神獅出岫、海湧門、汲硯泉、涵輝洞、峭壁巖、螺髻峰、流雲洞、凌空橋八景。清聖祖、高宗皆巡幸。近康長素題壽洞二字於石上。寺中以還元閣爲最勝。可遙望太湖全景。藏有郝經鐘及其墨搨。與覺阿和尚一蒲團外萬梅花畫册。又有四宜堂。康熙巡幸時。賜以松風水月四字。殿右有洪武九年所鑄之巨鐘。鏤法華經六萬字。後爲嚴嵩攫去。斯乃萬歷間重鑄者。

東洞庭山 在城西南八十餘里。有輪船開往。自蘇抵山。六小時。輪船在胥門外棗市泰讓橋。過橫涇、浦莊、木林等處。下午三時到。

東洞庭山。一名胥母。相傳伍子胥嘗迎母於此。故名。又稱莫釐。則莫釐將軍曾居之也。岡巒起伏。與西洞庭相似。惟較小耳。自東山市後上陟。四五里至茅峯禪院。及棲雲亭。附近有老屋。卽法海寺之故址也。莫釐峯。俗呼大夫頂。登之全湖在望。七十餘峯。歷歷可數。由棲雲亭東下。至雨花臺。旁有新建之樓。結構一如虎丘冷香閣。閣爲葉姓產。亦爲勝地。越山而北。三里至古雪禪院。爲翠峯寺故址。院前爲枕流閣。佔地尤深幽。出禪院過紫泉洞。南上里許有一亭。額曰印心石屋。乃飲日亭改建者。下亭而東。出翠峯亭之山門。訪王文恪故宅。則已蕩然無存。山多枇杷。白沙者爲最佳。

西洞庭山

由東洞庭雇舟擺渡湖西約十里。另有義渡船。渡資祇數銅元。

西洞庭山。在太湖中。離東洞庭山約十里。最高者。曰縹緲峯。邃者曰包山。一作苞山。自東洞庭之渡水橋登船。經諸港汊。左右皆大約三四畝之魚池。沿池栽桑。村人賴以爲業。池中多蘆葦及芙蕖。行十里許。遂入湖中。至石公山。登陸南行。經石門。石崖下陷爲洞。曰歸雲洞。洞深二丈。供白衣大士象。出洞過印月廊。至石公禪院。東爲翠屏軒。軒右一巨石曰礪巖。上有斷山亭。來鶴亭。一再轉折。出翠屏之頂。林木蒙密。疑無途徑。一洞穴藏雜樹間。廣可容人。深約二丈。其外向東下斜。爲一線天。石壁之縫。長十丈許。附壁側身而漸降。上睇雲霄。如拖一線。故名。洞口北側。一石刊石公二字。其南爲雲梯。西轉。石壁皺若魚鱗。下有夕光洞。高廣秖數尺而已。再登舟北行十餘里。至鎭夏市。陸行抵林屋洞。題有林屋洞天。天下第九洞天等字。更有靈威丈人得大禹素書處篆文。則俞樾所書也。按越絕書。吳王命靈巖丈人入此洞七十日而返。其深邃不可限量。洞口之高僅容人。內積水不可入。水深可及膝。寒冷澈骨。洞門之內。大約十餘丈。皆在水中。無從可通。南隅一罅。前行窄狹。須匍匐而入。其內冥黯。莫知底蘊。多蝙蝠。舊傳洞中。有石室、銀房、金庭、玉柱、石鐘、石鼓。或稱洞中有白芝、隱泉、盆魚、乳泉、石燕、金沙龍等。不可究詰。洞外曰齊物觀。亂石累積。若犀若象若牛羊。起伏蹲臥絕肖。東北高起千尺。蒼然壁立者。曰曲巖洞。洞庭西山。遍植楊梅桃李橘類亦夥。而碧螺峯之茶。名碧螺春。尤爲雋品。淸時入貢者也。

三　葑門外

寶帶橋　在葑門外東南六里。自閶門去。人力車約六角。

寶帶橋。跨澹臺湖與運河上。乃唐王仲舒御史捐所束寶帶而成者也。臥波凡一千二百二十五尺。環洞五十三。俗謂順計之則五十三。逆計之則五十二。

故為神話。實則洞多易亂目耳。

荷花宕　在葑門外覓渡橋之東南。可順便游寶帶橋。凡雇舟往游。宜於先日預備一切。拂曉登舟。則尤得清趣。舟資約四元。

荷花宕。在葑門外獨野湖旁村氓種荷為業。夏時田田翠蓋。連衍數里。花以素色者為多。每當七八月間。畫舫如雲。管絃沸耳。蓋妓家出廠船也。斯時村童往往擷花及蓮蓬。累負於背。泅水而就舫求售。自遠而來。祇見花葉浮動。不睹人影。亦奇景也。

第四　交通

一　滬寧鐵路行車時刻表

○上行車

▲上海北站開

上午六點　（滬安客車）
上午七點〇五分　（快　車）
上午七點二十五分　滬常三四等車
上午九點五分　（特別快車）
上午九點三十分　（三四等車）
上午十一點二十五分　（滬蘇客車）
下午十二點三十分　（快　車）
下午三點　杭寧特快車
下午四點二十五分　（滬常客車）
下午五點五十分　（滬錫客車）
下午十一點　夜特別快車

○下行車

▲南京江邊開

上午八點三十五分　（快　車）
接連平津浦通車
下午四點二十分　（特別快車）
接連平津浦通車

▲南京開

上午七點十分　寧杭特快車
上午八點五十五分　（快　車）
上午九點四十分　（三四等車）
下午十二點五十分　（快　車）
下午四點四十分　（特別快車）
下午五點二十五分　（寧錫客車）

▲南翔開

上午六點三十五分 (滬安客車)
上午七點三十四分 (快　車)
上午八點二分 滬常三四等車
上午十點九分 (三四等車)
上午十一點五十九分 (滬蘇客車)
下午十二點五十九分 (快　車)
下午五點七分 (滬常客車)
下午六點二十六分 (滬錫客車)
下午十一點三十二分 夜特別快車

▲安亭開

上午七點 (滬安客車)
上午七點五十五分 (快　車)
下午十一點 夜特別快車

▲鎮江開

上午八點五十三分 寧杭特快車
上午十點五十七分 (快　車)
下午十二點〇六分 (三四等車)
下午三點〇二分 (快　車)
下午六點二十二分 (特別快車)
下午七點四十分 (寧錫客車)
上午〇點四十九分 夜特別快車

▲丹陽開

上午九點三十三分 寧杭特快車
上午十一點四十三分 (快　車)
下午一點十一分 (三四等車)

上午八點三十一分　滬常三四等車
上午十點四十一分　（三四等車）
下午十二點三十二分　（滬蘇客車）
下午一點二十分　（快　車）
下午五點三十五分　（滬常客車）
下午六點五十八分　（滬錫客車）

▲崑山開

上午八點二十五分　（快　車）
上午九點七分　滬常三四等車
上午十點十七分　（特別快車）
上午十一點二十五分　（三四等車）
下午一點二十四分　（滬蘇客車）
下午一點五十九分　（快　車）

下午三點五十八分　（快　車）
下午七點〇二分　（特別快車）
下午八點四十三分　（寧錫客車）
上午一點三十四分　夜特別快車

▲常州開

上午六點五十五分　（常滬客車）
上午十點四十分　寧杭特快車
下午一點〇六分　（快　車）
下午一點三十五分　常滬三四等車
下午二點四十六分　（三四等車）
下午五點十七分　（快　車）
下午八點十四分　（特別快車）
下午十點十六分　（寧錫客車）

下午四點十五分　杭寧特快車
下午六點二十八分　(滬常客車)
下午七點五十二分　(滬錫客車)
▲蘇州開
上午九點二十三分　(快　車)
上午十點二十三分　滬常三四等車
上午十一點十一分　(特別快車)
下午十二點四十五分　(三四等車)
下午二點十九分　(滬蘇客車)
下午三點十四分　(快　車)
下午五點〇九分　杭寧特快車
下午七點三十八分　(滬常客車)
下午九點〇五分　(滬錫客車)

上午二點四十一分　夜特別快車
▲無錫開
上午六點三十分　(錫滬客車)
上午八點十一分　(常滬客車)
上午十一點三十五分　寧杭特快車
下午二點十七分　(快　車)
下午二點五十九分　常滬三四等車
下午四點二十一分　(三四等車)
下午六點二十四分　(快　車)
下午九點十五分　(特別快車)
下午十一點二十二分　(寧錫客車)
上午三點四十七分　夜特別快車
▲蘇州開

上午一點二十四分　夜特別快車

▲無錫開

上午七點二十五分　（錫寧客車）
上午十點二十八分　（快　車）
上午十一點四十分　滬常三四等車
下午十二點十三分　（特別快車）
下午二點十五分　（三四等車）
下午四點十九分　（快　車）
下午六點十七分　杭寧特快車
下午九點〇八分　（滬常客車）
下午十點十三分　（滬錫客車）
上午二點三十三分　夜特別快車

▲常州開

上午七點四十七分　（錫滬客車）
上午九點三十分　（常滬客車）
下午十二點三十八分　寧杭特快車
下午一點四十分　（蘇滬客車）
下午三點二十一分　（快　車）
下午四點二十五分　常滬三四等車
下午五點五十二分　（三四等車）
下午七點三十分　（快　車）
下午十點十七分　（特別快車）
上午四點五十六分　夜特別快車

▲崑山開

上午九點十一分　（滬錫客車）
上午十一點二十三分　（常滬客車）

上午八點四十八分（錫寧客車）
上午十一點三十七分（快　車）
下午十二點四十五分　滬常三四等車
下午一點十二分（特別快車）
下午三點三十九分（三四等車）
下午五點二十五分（快　車）
下午七點十六分　杭寧特快車
下午十點十四分（滬常客車）
上午三點三十七分　夜特別快車

▲丹陽開

上午十點〇五分（錫寧客車）
下午十二點四十二分（快　車）
下午二點〇八分（特別快車）

下午一點二十二分　寧杭特快車
下午二點五十七分（蘇滬客車）
下午四點十二分（快　車）
下午五點四十一分　常滬三四等車
下午七點十分（三四等車）
下午八點二十三分（快　車）
下午十一點〇三分（特別快車）

▲安亭開

上午七點三十分（安滬客車）
上午九點五十四分（錫滬客車）
下午十二點〇一分（常滬客車）
下午三點五十分（蘇滬客車）
下午四點四十三分（快　車）

下午五點〇三分　（三四等車）
下午六點三十三分　（快　車）
下午八點十三分　杭寧特快車
上午四點三十八分　夜特別快車
▲鎮江開
上午十一點十五分　（錫寧客車）
下午一點三十九分　（快　車）
下午二點五十五分　（特別快車）
下午六點十五分　（三四等車）
下午七點三十四分　（快　車）
下午九點　杭寧特快車
上午五點二十八分　夜特別快車
▲南京到

下午六點二十二分　常滬三四等車
下午七點五十四分　（三四等車）
▲南翔開
上午八點〇一分　（安滬客車）
上午十點四十一分　（錫滬客車）
下午十二點二十九分　（常滬客車）
下午四點二十五分　（蘇滬客車）
下午五點〇四分　（快　車）
下午六點五十六分　常滬三四等車
下午八點二十四分　（三四等車）
下午九點十二分　（快　車）
上午六點三十三分　夜特別快車
▲上海北站到

下午一點十五分　（錫寧客車）
下午三點二十六分　（快　車）
下午四點十七分　（特別快車）
下午八點二十一分　（三四等慢車）
下午九點十分　（快　車）
下午十點十七分　杭寧特快車
上午七點五分　夜特別快車
接連平津浦通車

▲南京江邊到

下午四點十六分　（特別快車）
接連平津浦通車

上午八點二十八分　（安滬客車）
上午十一點〇八分　（錫滬客車）
下午十二點五十八分　（常滬客車）
下午二點二十八分　寧杭特快車
下午五點〇七分　（蘇滬客車）
下午五點三十一分　（快　車）
下午七點二十六分　常滬三四等車
下午八點五十五分　（三四等車）
下午九點三十八分　（快　車）
上午〇點十八分　（特別快車）
上午七點　夜特別快車

二　滬寧鐵路公里及車價表

特別快車加價表

每一百公里或不滿一百公里

頭等…………六　角

二等…………三　角

三等…………一角五分

外加通行税
約每元加五分

公里數	車等	上海	崑山	蘇州	無錫	常州	丹陽	鎮江	
52	(1)	2.20							崑山
	(2)	1.10							
	(3)	.55							
87	(1)	3.60	1.40						蘇州
	(2)	1.80	.70						
	(3)	.90	.35						
129	(1)	4.80	3.00	1.80					無錫
	(2)	2.40	1.50	.90					
	(3)	1.20	.75	.45					
168	(1)	6.00	4.20	3.20	1.80				常州
	(2)	3.00	2.10	1.60	.90				
	(3)	1.50	1.05	.80	.45				
213	(1)	7.20	5.80	4.60	3.40	2.00			丹陽
	(2)	3.60	2.90	2.30	1.70	1.00			
	(3)	1.80	1.45	1.15	.85	.50			
243	(1)	8.00	6.60	5.80	4.20	3.20	1.20		鎮江
	(2)	4.00	3.30	2.90	2.10	1.60	.60		
	(3)	2.00	1.65	1.45	1.05	.80	.30		
312	(1)	10.40	8.60	7.60	6.60	5.40	4.00	3.00	南京
	(2)	5.20	4.30	3.80	3.30	2.70	2.00	1.50	
	(3)	2.60	2.15	1·90	1.65	1.35	1.00	.75	

附鐵路客車運輸通則摘要

團體減價〇如遇團體旅行可按其人數之多寡及單程或來回照尋常車票價目減收九折至對折惟至少須滿二十人（演劇團體至少須滿六人學生團體至少須滿十人）但此項團體減價不適用於特別快車及滬寧路之星期六星期日各車

發售客票〇旅客須於未離開票房窗口時自行查閱所購車票及找還錢洋如有錯誤立即更換過後概不承認

退還客票〇所有已購未用之單程票或來回票以及過期或未過期之回程票概不退還票價其有特別情事者不在此限持用上列本路或聯運車票之旅客其係中途停止旅行者欲退回未用地段之票價應在停行之站親自告

知站長簽字爲憑惟退款之請求書須卽速送交車務總管至遲不得過車票日期失效後之十日以內否則無效

旅客票價○凡孩童未滿四歲者免收票價其已滿四歲至十二歲以下者減半核收已滿十二歲及十二歲以上者照付全價但免收票價之孩童不得佔用座位

旅客行李○所有行李交鐵路運送時必須綑紮堅固其掛號辦法分爲（一）尋常行李（二）保險行李凡交由鐵路管理之尋常掛號行李如有遺失鐵路所負賠償責任最大之限額如左

（甲）無論何等旅客衣箱或皮包或皮箱每隻最多以一百元爲限

（乙）無論何等旅客鋪蓋每捆最多以三十元爲限

（丙）網籃全件遺失每件最多以十元為限但籃中所裝物件如有遺失鐵路不負責任

凡行李內有貴重物品者必須保險其保險費依照旅客所聲明之價值每一百元每一百五十公里或不及此里數應收洋二角五分所收之數至少以一元起碼鐵路對於保險行李所負賠償責任普通最大限額無論何等旅客衣箱或皮包或皮箱每隻均以二百元為限凡保險數目超過二百元者須先得車務總管核准

附旅客必須注意之要點

（一）旅客須切實以穩妥二字為要義切勿輕視甘蹈危機

（二）旅客交滬寧或滬杭甬鐵路各車站搬運行李等件自站門口至車上

或由車上搬下送至站門口定價每次每件概付銅元四枚
（三）所有每件行李貼票對號等事乃站員及脚夫應盡之責概不准向客索費倘有脚夫故意索詐請即報告站務巡察員或站長
（四）旅客登車以前務須將行李逐件標明並加標籤以便識別
（五）旅客須愼防竊賊切不可將貴重或細小物件置近車窗車門
（六）團體旅行須先函知本路以便預備座位
（七）旅客遣人代購車票及代交行李須交本路詳單一紙書明所需何等車票若干張數如有小孩須書明年歲若干及交運某種行李之件數並須帶足銀錢以便照付票價及行李運費
（八）凡交運之行李如內中裝有銀錢或貴重品如金銀顧繡花邊皮裘等

等必須於報裝時當面詳細聲明並付保險費否則本路不能負責

（九）免費行李○每客准帶免費行李額

頭等　八十公斤（一百三十四斤）　二等　（六十公斤一百斤半）

三等　四十公斤（六十七斤）　孩童購買半票者免費行李額減半

（十）滬寧鐵路客車上備有專為尋常三等車女客及小孩乘坐之隔別車座

（十一）滬寧特別夜快車挂有頭等臥車滬杭甬特別夜快車在莫干山避暑期內每逢星期五亦挂有頭等臥車自上海北站至拱宸橋需用臥車牀位者須預先知照上海北站問訊處電話北三一九九號在南京則須知照南京站站務巡察處定留

（十二）倘蒙惠示各種改良辦法無任歡迎至陳訴有關車務處一切情事則請逕送上海北站車務總管

（十三）函件必須由寫信人具名並註明詳細地址門牌號數爲要凡匿名信概不處理

三　水程

（以閶門爲起點）

滸墅關	三〇里	無錫	八五里
吳江	四〇里	北垳	六〇里
平望	八〇里	震澤	一一八里

湖州 一九〇里　杭州 三五〇里

同里 四〇里　南潯 一三〇里

（以婁門爲起點）

太倉 一一〇里　正義 四〇里

唯亭 三〇里

（以齊門爲起點）

常熟 七五里　蠡口 二五里

吳塔 五〇里

（以盤門爲起點）

嘉興 一四〇里

四輪船

局名	開往地點	經過地點	碼頭	開行時刻
戴生昌	上海		閶門萬人碼頭	下午四時
同上	嘉興	吳江北坼王江涇	同上	上午七時
同上	杭州	吳江北坼平望震澤南潯湖州菱湖	同上	下午三時
同上	陳墓	斜塘角直	同上	上午十二時
招商	常熟	齊門陸墓蠡口吳塔張家殿	閶門太子碼頭	上午七時
同上	杭州	吳江北坼平望震澤南潯湖州菱湖	吳門橋堍	下午三時
同上	蕩口	吳塔南橋北橋甘露	火車站西	下午一時

同上	蘆墟	吳江同里莘塔	同上	上午十二時
老公茂	常熟	齊門陸墓蠡口吳塔張家殿	閶門太子碼頭	上午十時
同上	木瀆	橫塘	胥門泰讓橋堍	上午十時 下午二時
同上	東山	橫涇浦莊採蓮橋前山後山	同上	上午九時
同上	無錫	滸墅關望亭	萬人碼頭	同上
慶記	上海		吳門橋堍	下午四時
同上	湖州	吳江北坼平望梅堰震澤南潯	萬人碼頭	上午八時
新記	盛澤	吳江北坼黎里平望	同上	下午一時
保興	橫涇	溪上	泰讓橋堍	上午十一時 下午三時半
蘇同	周莊	吳江同里	南濠中泗弄口	上午十一時

寧字蘆墟	吳江同里莘塔	南濠	同上

五航船

開往地點	碼頭	開行時刻
木瀆	萬年橋堍	上午八點十二點
光福	同上	上午九點
香山	同上	上午八點
黎里	同上	上午十點
同里	同上	上午九點
同里	閶門外姚家衖	同上

湘城	臨頓路跨塘橋	同上
湘城	婁門外塘坊灣	下午三點
唯亭	下撻埠頭	下午二點
蕭涇	同上	同上
顧巷	同上	同上
外跨塘	同上	同上
沺涇	旗杆場	上午八點
陸巷	北街奉直會館場	同上
崑山	婁門外跨塘	上午八點
正儀	同上	同上

五潒涇	婁門外官瀆橋	下午二點
沈店橋	同上	同上
太平橋	婁門外弔橋	下午三點
懸珠	婁門外擺渡口	下午三點
常州	閶門弔橋堍	下午九點
松江	同上	上午五點
常熟	同上	下午五點
望亭	山塘新民橋堍	上午九點
梅里	豬行埠頭	下午五點
石牌	同上	同上

塘市	同上	同上
硤石	同上	上午十點
西倉	閶門下塘	下午五點
莫城	齊門內賭帶橋堍	同上
太倉	閶門內觀音閣	同上
瀏河	閶門太子碼頭	同上
嘉定	同上	上午八點
沙頭	胭脂河頭	上午五點
橫涇太倉	同上	同上
震澤	中水弄口	下午二點

盛澤	水關橋	下午五點
南潯	萬八碼頭	下午二點
張涇橋	半塘	下午五點
湖州	橫馬路	上午十點
新市	中水衖口	同上
屠鎮	同上	同上
平湖	同上	同上
汙涇塘	齊門外北馬路橋	下午一點
洞港涇	同上	上午九點
木家店	同上	下午一點

治長涇	同上	同上
周家浜	同上	同上
黃埭	齊門外南馬路橋	上午九點
塘口	同上	同上
西方橋	齊門下塘	同上
吏庫	同上	同上
毛竹橋	同上	同上
蠡口	齊門外	下午二點
甘露	同上	上午九點

六　長途電話章程

長途電話。分普通加急二種。普通電話。照規定章程收費。加急電話。得隨時提前接通。費照普通三倍計算。

長途電話。由接通起。至話畢撤線時止。每五分鐘或不滿五分鐘。統作一次計算。費由傳話人繳付。凡裝有電話用戶。欲在其話機上通長途電話者。得預向該地電話局掛號。並繳通話費十元。通話可按次記賬。月底結算。凡未裝電話或未掛號者。可至電話局先交一次通話費。亦得通話。

蘇州至上海	四角
蘇州至南翔	四角半

蘇州至吳淞　五角
蘇州至無錫　三角
蘇州至鎮江　八角
蘇州至南京　九角半

長途電話各局每日通話時刻表

（上午通話時刻與下午同）

（蘇寧）二點至二點半　五點至五點半　八點至八點半
十一點至十一點半
（蘇滬）十二點半至一點　一點半至三點　三點半至四點
四點半至六點　六點半至七點　七點半至九點

九點半至十點　十點半至十二點

（蘇錫）半點至一點　一點半至二點　二點三刻至三點

三點半至四點　四點半至五點　五點三刻至六點

六點半至七點　七點半至八點　八點三刻至九點

九點半至十點　十點半至十一點　十一點三刻至十二點

（蘇鎮）二點半至二點三刻　五點半至五點三刻　八點半至八點三刻

十一點半至十一點三刻

七　郵局

總局　閶門外廣濟橋南

支局

（一）護龍街合村坊口
（二）養育巷廟堂巷口
（三）葑門外覓渡橋
（四）葑門內專橋
（五）婁門內北街跨塘橋堍
（六）閶門內西中市大街

全邑通郵處

木瀆　周莊　橫涇　唯亭　甪直　光福　北橋　湘城
黃埭　渡村　浦莊　蠡口　陸墓　陸巷　西山　陳墓
蠡市　車坊　橫塘　楓橋　外跨塘　滸墅關　西津橋　善人橋
通安橋　西華鎮　東洞庭山

八信局

（均在閶門外吊橋堍）

專走上海長江等處

老正大
合盛合記
協源
鴻源
通裕
寶順

全盛義記
正和
福潤

協興、協大、永利、正大、順成　專走杭嘉湖等處

九　轉運公司

名稱	地點	電話	經過路線
中華捷運	錢萬里橋	一〇九九	滬寧　滬杭　津浦　京奉　隴海
運輸	同上		同上
悅來	同上	六六九	滬寧　津浦　膠濟

瑞大	同上	一四八二	同上
同益	同上	六七七	滬寧　滬杭甬
鼎通	同上	八五九	同上
華盛義	同上	四七二	同上
永泰隆	同上		同上
瑞泰恆	同上	八六四	滬寧　津浦
茂新恆	同上	六六三	滬寧　滬杭　津浦　滬杭甬
通商	太子碼頭	一六〇八	滬寧　津浦
匯通	火車站		滬寧　滬杭　津浦　京奉　隴海　膠濟
大通	同上		滬寧（專運銀洋）

中興　寶林寺前　一三二八（郵包轉運）
聚盛　古市寺　九一七　蘇滬（綢緞零物）
交通　祥符寺巷　同上

第五　食宿遊覽

一　旅館

名稱	地點	電話
蘇州飯店	廣濟橋堍	六二九
花園飯店	新民橋堍	

鐵路飯店	阿黛橋北丁家巷	八二〇
鐵路飯店花園	同上	八八六
大陸飯店	城內觀西大街	一五三二
城中飯店	城內太監弄口	一六五（樓上一六六 菜部一四六七）
中央飯店	城內察院場	一五三六（賬房一五三五 菜部一五三七）
蘇城飯店	城內司前街	一二三九
大東旅社	廣濟橋南	一四六一（前樓一四六二 後樓一四六三）
東吳旅社	同上	一二六四（賬房一三一二）
三新旅社	同上	九九二（賬房九三七）
惠中旅社	阿黛橋堍	三五五

老蘇臺旅社	同上	三五六
新蘇臺旅社	同上	八一三(二樓八一四)(三樓八一五)
第一旅社	同上	九六四(二樓一七〇七)
中華旅社	同上	三四二
利昌旅社	同上	九一六
大中旅社	城內西善長巷	一三四二
共和旅社	城內宮巷	四七
大通旅社	同上	一五一九
園東旅館	中衙前	七四八
惟盈旅館	錢萬里橋堍	

新聞旅館	横馬路	二二三
吳臺旅館	同上	六六一
吳郡旅館	大馬路	八六九
名利旅館	同上	三六三
大新旅館	丁家巷	一三三四
新新旅館	阿黛橋浜	一〇八一
瀛洲旅館	外馬路	八八〇
大行臺旅館	姚家衖	八八九
餘豐旅館	胥門外	五五九
榮華旅館	城内西中市下塘	一三〇四

同義公 城內西中市 九〇二
老椿記 城內東中市 一〇六九
繁迺家（日本料理） 盤門二馬路 一〇二九
靈巖大旅舍 木瀆
尋梅旅社 光福

二 飲食店

（菜館）

名稱	地點	電話
宴月樓	閶門外馬路	六四三

久華樓	同上	三七七

以上京館

義昌福	閶門外馬路	四三六
大慶樓	同上	四六四
新太和	同上	四六一
新雅仙	同上	一六四一
天來福	護龍街	一二九
大雅園	養育巷	一二〇六
天興園	同上	七七二
松鶴樓	觀西大街	八六

聚豐園	祥符寺巷	五七六
西德福	中市街	三五四
金和祥	同上	四八九
新和祥	接駕橋	八二七
義昌福東號	宮巷	五〇六
復興園	南倉橋	一六四
德元館	張廣橋堍	三三三
鴻運樓	臨頓路	一一八二
榮福樓	同上	九二〇
福新園	同上	四八

三雅園	道前街	二一五
福和祥	東白塔子巷	八二一
德和祥	白塔子巷口	一二一
南樂園	南壕	四三〇
以上蘇館		
太白園	閶門外馬路	八四六
添新樓	同上	六八六
同新館	石路	四四七
尙樂園	閶門弔橋西	四三〇
老丹鳳	觀西大街	八九

易和園 觀東大街 七〇九
萬福樓 府前街 五〇九
添和館 中市街 四二〇
萬源館 同上 四一六
六宜樓 同上 四六〇
聚福樓 渡僧橋 六八六
以上徽館
桃李園 橫馬路
以上津館
中源樓 橫馬路

以上教門館

功德林	阿黛橋堍	一六九九

以上素菜館

廣南居	觀西大街	一四五七
廣興居	養育巷	

以上宵夜館

樂意	觀西大街	一二五三
自由農場	同上	五〇四

以上新式菜館

〔酒　店〕

名稱	地點	電話
金瑞興	閶門石路	四〇八
其昌	同上	
元大昌	同上	三七三
全美	閶門馬路	六六七
寶裕康記	同上	
寶裕	渡僧橋堍	六〇三
東升	中市街	八二九
章東明	同上	
金瑞興	同上	九九〇

譚萬泰	同上	八二三
福興	山塘街	八一八
益大	平橋頭	七〇五
王濟美	察院場	七四四
老萬全	觀前	
同福和	同上	一二七六
全盛	觀橋	七〇八

（茶館）

名稱	地點	電話
福安	閶門馬路	六九八

怡苑	同上	四九九
長安	同上	六三七
嘯雲天	同上	八〇一
吳苑深處	城內太監街	一二二
茂苑	城內湯家巷	八三九
一樂天	城內衞前街	
桂芳閣	城內宮巷	
鳳翔春	城內道前街	
錦谷	城內臨頓路	
彩雲樓	城內護龍街	

錦帆榭	城內衛前街
胥苑	城內養育巷
中和樓	城內東中市
品芳居	城內玄妙觀
三萬昌	同上
如意閣	城內接駕橋
齊賢居	齊門外
天福	閶門馬路
藝賢居	城內臨頓路
東齋	城內公園

西亭	同上
廣南居	城內觀前街
九如	城內懸橋巷口

三浴堂

名稱	地點	電話
雙龍池	阿黛橋堍	三〇一
新新園	同上	
天一池	閶門馬路楊樹里	一六七六
洞馥泉	閶門樂榮坊	一一〇四

新清池　南童子門
彙金泉　城內觀西大街
蓬瀛　城內太監衖
聚興園　同上
昇園　城內來遠橋
龍復泉　城內丁家巷
日新園　城內養育巷
雙鳳園　城內崇眞宮橋堍
瀛園　城內吳殿直巷口
普益社附設　閶門馬路

青年會附設　城內觀西大街

樂羣社附設　城內蓮目巷

（普益樂羣兼設女子浴所）

四　劇場

東吳乾坤大劇場　在觀前北局。爲蘇地最大之京戲館。日戲。下午一時開幕。夜戲下午六時開幕。

新舞臺　在閶門外大馬路。男女合演京劇。日夜戲開幕時刻同上。

大舞臺　在新閶門外橫馬路。男女合演新劇。

民醒社　在公園斜對面。亦演新劇。

中央大戲院　在閶門外大馬路。演映電影。

大世界　在留園馬路。有新劇影劇。及各種雜戲。

亦樂園　在閶門外南陽里。有大鼓雙簧等雜耍。下等社會中人爭趨之。

公園電影院　爲蘇州唯一影戲院。在王廢基公園。座位舒適。光線亦佳。每日開演二次。價目小洋三角。

青年會　附設影戲部。演映六合公司所出新片。會員劵洋四角。非會員洋六角。

樂羣社　專映外國影片。售價較廉。

普益社　間或開映電影。

★ ★ ★ ★ ★ ★ ★

五　書場

書場大都設於各茶肆中。城內外皆有之。說書者均為光裕社社員（公所在宮巷第一天門）分大小書。大書為評話。如三國、水滸、英烈、濟公傳等。小書為彈詞。如三笑、珍珠塔、雙珠鳳、西廂記等。小書往往有雙擋者。每屆年底。例有說會書之舉。說會書合若干名家於一堂。先後登臺。以妙語博人發笑。平常聽書。連茶二百文。會書倍之。茲將書場列諸於左。

吳苑　太監弄　　錦谷　醋坊橋　　九如　懸橋巷

鳳翔春　道前街　　彩雲樓　護龍街　　茂苑　湯家巷

胥苑　養育巷

說書名家

張蓮甫　文武香球
黃兆麟　三國
夏蓮生　三笑
尤少臺　封神榜
吳小石　白蛇傳
朱秋田　三笑
張步蟾　描金鳳
朱耀庭　雙珠鳳
陳子祥　文武香球

陳瑞卿　雙珠鳳
潘蓮艇　三笑
石秀峯　綠牡丹
朱蘭庵　西廂
王曉峰　金臺傳
何綬良　三國
陳蓮卿　繡香囊
朱耀笙　雙珠鳳
楊月槎　珍珠塔

魏鈺卿　珍珠塔
鍾笑儂　珍珠塔
葉聲揚　英烈
吳小松　白蛇傳
何可人　西廂
鍾子亮　岳傳
陳士林　毛家書
何駿飛　三笑
楊星槎　珍珠塔

楊蓮青　貍貓換太子　范玉山　濟公傳　王畹香　三笑

錢雲峯　楊家將　章雲飛　英烈　莫天鴻　金臺傳

史祝亭　三笑　許繼祥　英烈　金筱棣　金臺傳

徐玉庠　楊家將

六妓院

吳苑鶯花。素著豔譽。金閶阿黛橋畔。女閭櫛比。約計八九十家。絲竹曼衍之樂。鄭衞幼眇之聲。一片嗷嘈。蕩人心魄。茲政府已有禁娼令下。花飛鶯散有鳳去巢空之概況。姑將冶游舊例。略述如左。

叫局　客假菜館叫局。初次必須於局票上寫明何人所代。庶不冷漠。或一坐便去。

打茶圍　叫局進一步。便可造訪妝閣。藉稍坐談。謂之打茶圍。

做花頭　碰和吃酒。稱之爲做花頭。酒菜照例十六元。龜奴娘姨費五六元。謂之下脚。由妓院付車夫飯資。曰轎飯賬。每人一票。計八百文。有一和一酒。即能留髡者。或須吃雙檯、四酒八和。始得眞個銷魂者。蓋視妓女之聲價如何耳。

他如么二。情形彷彿野雞。每晚至各旅社。兜攬生意。價絕廉。三四元即可留宿。惟恐沾染梅毒。不宜問鼎也。

城內有賣曲之書寓。叫堂唱約四五元。留至天明。須另行加價。曰包天亮。

私娼曰私門頭。夜度資不一。須由熟人介紹。否則無從問津也。

附　冶游竹枝詞

禁娼令下。花事闌珊。往日風流。已成陳蹟。然此中掌故習俗。可於詞中窺其一斑。故錄之如左。

滿路香風播轍塵。鞭絲斜拂馬蹄勻。金昌馳道飄然過。妬煞洋橋堍下人。

（薄暮多駕馬車挾妓兜風•而一般山梁中人•每嘖嘖稱羨•）

慣餌癡兒上釣鉤。阿儂假意弄溫柔。笑他灌得迷湯飽。正好明朝下斧頭。

（蘇地淌白充斥•風氣大壞•）

閟境仙源長綠苔。青陽隄畔小蓬萊。櫻花謝盡櫻桃落。剩有香魂薦夢來。

（青陽隄多島妓•皆老醜不堪•）

蘭湯試浴復低徊。盆盎青瓷淨不埃。輕展芙蓉屏九疊。東風莫放過簾來。

（蘇州飯店特別房間多設浴池●青樓中人皆樂就之●）

碧楊樹下繫銀驄。花底嬋娟淺淡紅。縹緲酒魂禁不住。細評眉眼問梳櫳。

（游倦歸來●多至坊里間作狹邪游●）

綠漲三篙沒舊痕。留園游客夠銷魂。從來多少風流話。付與陰沈又一村。

（留園爲幽會密約之集中地●而又一村尤多●）

冠雲峰下有茅亭。席地松針養翠翎。欲與阿儂爭姽嫿。園丁來報雀開屏。

（冠雲峯下茅亭內●蓄一孔雀●見粲者來●則舒尾開屏●）

五銖衫薄逞風流。一路斜陽送畫輈。賞識新來名旦角。展眉微笑坐花樓。

（一般閨秀及青樓中人最愛觀劇●而於旦角更爲注意●）

手點轉篙刺素波。黃天蕩水鏡新磨。蓮花那比儂嬌豔。底事檀郎愛賞荷。

（葑門外黃天蕩多荷花。初秋。妓家有出廠船之舉。）

桂楫蘭橈酒市開。綠波心裏萬花陪。湖風過處聞絃管。知有詞人挾妓來。

（酒面邀歡花間挾豔。其樂更甚。）

蓮心細剝滕香檳。妙劑清涼上絳唇。醉睨檀郎先一笑。笑他湖上採蓮人。

（鄉人多駕艇賣花。而購其蓮子下酒。更稱雋絕。）

弄潮生活水中緣。無數村童狎畫船。忽地拍波齊鼓噪。湖心去拾美人錢。

（村童終中游泳水中。遇船即攀沿索錢。一般妓女好以銅圓遠擲湖中。彼輩即騖趣往攫。亦絕技也。）

畫橋燈火送歸橈。已過葑谿入近郊。此意分明賞花罷。故將荷葉掛船梢。

（出廠船歸。多以蓮花葉繫諸船梢。）

七香車子載嬋娟。閃電明燈百寶攢。更有心頭饒韻事。斜飛媚眼幾回看。

（妓家包車最精究．有美聿載．幾疑天上雲軿．）

珠簾齊捲晚妝新。太白樓頭蕩麴塵。正是樓臺燈火候。憑闌細看應儳人。

（金閶太白園在橫馬路口．黃昏時憑闌以看出堂唱．別有興味．）

青樓情味本無涯。娘剝蓮心女剝瓜。莫怪癡兒渾不管。妝臺日日侍簪花。

（夏日青樓中多設蓮子羹冰西瓜．以之敬客．）

朱樓酒罷夜何如。送客留髠悄悄呼。最是宵涼人未睡。去邀膩伴試摴蒱。

（夜深散客．一般狎客多在亭子間碰小麻雀．）

巷底烏衣結綺巢。路燈影下女妖嬈。蛾眉不惜橫波眼。賣盡温柔撒盡嬌。

（么鳳多在弄口路燈下．媚態餌客．）

轍影鞭絲碾大隄。前車過處播香泥。絲韁輕抖追蹤去。更有芳塵送馬蹄。

（兜風時數車馳逐。或有載佳麗者。則羣釘其梢。）

樓開宴月晚風涼。侑酒飛觴共寫將。幾輩風流老名士。酒邊猶自憶吟香。

（名妓吟香既謝世。而猶多憶及之者。）

番菜洋樓拾級登。白蘭地酒怯難勝。阿儂體貼檀郎意。頻勸今宵莫飲冰。

（入夏各番菜館多有冰其濂。）

聆到皮簧敢自誇。琴絃故索亂琵琶。小梅歌調儂聽慣。祇此清聲是韮花。

（青樓中人亦多能唱梅調。）

小姑微笑問梔子。弱妹牽衣談鳳仙。恨煞一般癡公子。愛花亂擲美人錢。

（賣花女子。有兼賣身者。）

七　食貨名產

白沙枇杷（洞庭東山）
水晶楊梅（同　上）
南蕩嫩藕（黄天蕩）
南蕩芡實（同　上）
碧螺春茶（洞庭東山）
三白西瓜（雪　溝）
陽澄湖蟹（陽澄湖）
黄埭香瓜（黄　埭）

蔣園蜜桃　（婁門蔣園）
虎丘玫瑰　（虎丘）
太湖蘿蔔　（太湖）
太湖蒓菜　（同上）
松花糖菌　（山寺）
龍腦薄荷　（府學龍門）
橫涇燒酒　（橫涇）
滸關草蓆　（滸墅關）
五色羊毯　（唯亭）
船菜　（夏桂林花船）

梅醬糖（一枝香）
脆松糖（采芝齋）
月餅（稻香村）
水炒瓜子（同上）
香糟鰣魚（同上）
雞肉餃（東祿）
方糕（葉受和）
醬鴨（陸稿薦）
梨膏糖（文魁齋）
滷鴨麵（松鶴樓）

蹄子麵（觀振興）
小羊麵（老丹鳳）
米風糕（周萬興）
六神丸（雷允上）
鼻煙（西興盛）
扇（毛愜風）
黑虎丹（良利堂）
戈製半夏（臨頓路戈氏）
宋製陳皮（山塘宋公祠）
祕製肺露（平江路張三和堂）

象牙玩具（張萬源）
皮箱（戎鎰昌）
剪刀（張小全）
痞積藥餅（普濟堂）
蝙蝠糞（入痧藥）（府學大成殿）

第六 各業機關

一 行政機關

名稱 地址 電話

蘇州市一區　天后宮　一五九六

（委員　施筠清　汪稼倉）

蘇州市二區　紅板橋　九九六

（委員　顏亞偉　顧容川）

蘇州市三區　宋仙洲巷　六一〇

（委員　許厚基　程寅生）

蘇州市四區　清微道院　五八七

（委員　馬伯龍　沈東璋）

蘇州市五區　佑聖觀　四六三

（委員　王鴻賓　顧翔麟）

蘇州市六區	三山會館	七六九
（委員 陳君玉 金冰志）		
蘇州市七區	齊門外路頭堂	三一三
（委員 楊則庭 潘萃青）		

二 公署

名稱	地點	電話
吳縣政府	吳縣橫街	四九
縣公安局	南壕	一四一三
市公安局	府前街	一一一三

水上公安局	舊撫署前	二一八
蘇州市政府	府前街	
高等法院	道前街	二五六 一〇九
地方法院	挑花塢	八八八
蘇州關監督	舊撫署	六六〇
交涉員公署	同上	五三六
蘇州關	覓渡橋	三〇
稅務公所	馬大籙巷	四四九
日本領事署	盤門外二馬路	一五

★ ★ ★ ★ ★ ★ ★

三　公衆機關

名稱	地點	電話
火車站	平門外	三一九
車站貨棧房	同上	五九九
郵政總局	阿黛橋	三〇八
電報局	天庫前	四四二
電話局	閭丘坊巷	八
電話局問訊處	同上	五〇〇
總商會	西百花巷	六五一

市黨部	洛水倉橋	一三八六
商民協會	舊長洲署前	一〇九五
鹽公堂	吳衙場	八一
江南水利局	蒹葭巷	一六七八
太湖流域水利工程處	大郎橋巷	七六四
報界協會	東中市	
律師公會	海紅坊	六三〇
紅十字會	舊元和署前	一四四四
人力車公會	富仁坊巷	一五八一
全省典業公所	清嘉坊巷	五〇五

華洋布業職工會	中街路	一五四四
吳縣農民協會	胡書記橋	一七二一
公共體育場	王廢基	七三〇
古物保管委員會江蘇分會	朱家園	一四二
吳縣公款公產經理處	舊元和署	四一
吳縣市鄉公會	鵝頸灣	一四五六
蘇州國民拒毒同志會	宮巷	一六二
蘇州市政研究會	北局	一七三
吳縣婦女協會整理委員會	倉米巷	
蘇州總工會整理委員會	塔倪巷	一二五二

四 教育機關

（一）省教育機關

中央大學區立蘇州圖書館	滄浪亭
蘇州中學高中部	三元坊
蘇州中學初中部	草橋
蘇州女子中學	新橋巷
蘇州中學實驗小學	三元坊
蘇州女子中學實驗小學	小倉口
蘇州農業學校	上新橋

醫學專門學校　留園馬路
中央大學工學院蘇州職業學校　三元坊
（二）縣教育機關
吳縣公立圖書館　公園路
吳縣公共體育場　五卅路
吳縣通俗教育館　舊學前
吳縣縣立師範學校　滄浪亭
吳縣縣立初級中學校　同上
（三）市教育機關
蘇州市民衆教育館　元妙觀

市立著名學校

城東小學	大儒巷
城西小學	剪金橋巷
城南小學	駙馬府堂前
城北小學	謝衙前
城中小學	草橋
平江小學	平江路
平直小學	平橋直街
新閶小學	新閶門
春申小學	包衙前

泰伯小學　申衙前
城西幼稚園　剪金橋巷
城中幼稚園　草　橋
平江幼稚園　平江路

（四）行政機關

吳縣教育局　公園路
蘇州市政府社會科教育股　舊學前

（五）著名私立學校

東吳大學　天賜莊
蘇州美術專門學校　滄浪亭

中山體育專門學校	舊長署前
成烈體育專門學校	閶門外朱家莊
蘇州中醫專門學校	護龍街裝家橋
江蘇女子職業中學校	學士街
樂益女子中學校	王廢基
伯樂初級中學校	舊長署前
純一學校	吳縣前
樹德學校	桃花塢
紗緞學校	皮市街
康濟學校	南採蓮巷

胥江小學	胥門內金獅河沿
東吳第一中學	天賜莊
萃英中學	義慈巷
晏成中學	謝衙前
桃塢中學	桃花塢
振聲中學	馬醫科
樂羣中學	司長巷
振華女學	織造府場
澄華女學	顏家巷
景海女學	天賜莊

慧靈女學	謝衙前
英華女學	慕家花園
尚德女學	顏家巷
愼修女學	馬大籙巷
務初小學第一校	桃花塢
務初小學第二校	洙泗巷
潘松鱗小學	懸橋巷
彭氏小學	葑門內
日本小學	三馬路

（六）研究機關

吳縣縣教育會　公園路
蘇州市教育會　五卅路
中央大學區圖書館聯合會　滄浪亭
中央大學區地方教育第四分區　三元坊
大學院古物保管委員會江蘇分會　滄浪亭
大學院古物保管委員會吳縣支會　同上
東大南高蘇州同學會　三元坊
蘇州市小學校長聯合會　大儒巷
蘇州市小學教職員聯合會　公園路

（七）其他教育機關

蘇州美術館	滄浪亭
蘇州青年會	青年路
蘇州樂羣社	宮巷
蘇州普益社	閶門外
醫學研究會	宮巷
生物學研究會	同上
志華園園藝俱樂部	五卅路
振蘇農場	葑門南園

五　藝術團體

（一）冷紅畫會　十梓街

冷紅畫會。爲國粹畫家組織而成。每歲春秋二季。例必陳列會員作品於青年會。以供人欣賞。間或有西洋畫。惟少數耳。會員如陳伽盦、樊少雲、陳子清、蔣吟秋、顧墨彝、蔡震淵、徐康民、汪君碩、樊穎初、管一得等。其尤著者也。

（二）美術會　鐵瓶巷

美術會。爲西洋畫家組織而成。歲首亦必舉行畫會。間或有國粹畫。會員如朱士傑、黃覺寺、胡粹中、顏文樑等。而以顏文樑主其事。茲顏君游歷法國。畫會因之暫擱矣。

（三）星社　溫家岸 棗市街

星社。創立於壬戌年。爲文藝小說團體。每歲舉行雅集若干次。會發行星報、星光、星宿海、羅星集諸刊物。并有星社叢書在計畫中。年來社員大半供職海上。文酒之會。不及曩時之盛矣。社員姓名。列諸於左。

程瞻廬	朱楓隱	范烟橋	江紅蕉	程小青
趙眠雲	金季鶴	屠守拙	蔣吟秋	尢半狂
姚賡夔	顧明道	范佩萸	徐碧波	黃轉陶
顧醉萸	鄭逸梅	陳蓮痕	范君博	范菊高
吳聞天	尢卓厂	陶冷月	黃若玄	楊劍花
周克讓	尢次範	趙芝岩	孫紀于	

（四）西亭謎社　公園西亭

西亭謎社。爲程瞻廬、朱楓隱等所組織。歲首輒張燈製謎。一般有謎癖者。紛紛往射。頗極一時之盛。

附書畫家一覽表

姓名	住址
汪君碩	古市巷
張仲仁	吳殿直巷
費韋齋	桃花塢
蔣吟秋	十全街王衙里
蘇宙忱	河沿街
俞粟廬	宜多賓巷
吳蔭培	乘馬坡巷

趙眠雲	胥門外棗市
陳子彝	護龍街
范君博	碧鳳坊巷
俞蘊蘭	船舫巷
吳子深	桃花塢
顧鶴逸	朱家園
陳伽盦	護龍街
吳子鼎	閶邱坊巷
樊少雲	顏家巷
顧墨彝	朱家園

蔡震淵	飲馬橋
吳湖帆	南倉橋
陳子清	迎楓橋堍
黃藥巖	河沿街
顏純生	干將坊
蔣宜安	富仁坊巷
顧彥平	鐵瓶巷
袁培基	木瀆下沙
劉臨川	因果巷
管一得	護龍街

六 商業

（金融）

中國銀行	觀前街（地址）	一〇二一（電話）
中國銀行	西中市德馨里	三六六
交通銀行	西中市	三八九
上海商業儲蓄銀行	同上	六七〇
江蘇銀行	西中市德馨里	二六九
信孚銀行	觀前街	
吳縣田業銀行	同上	七七九

國華銀行	察院場	六一二
保大錢莊	觀前	一八六
久豐錢莊	同上	一三〇〇
義大錢莊	同上	七二八
義康錢莊	同上	六一
恆大錢莊	同上	
久源錢莊	中市街	三八三
仁昌裕錢莊	同上	三四〇
順康錢莊	同上	三四八
鴻源錢莊	同上	三四四

永豐錢莊	同上	三三七
義成裕錢莊	同上	四一九
協豐錢莊	同上	四九二
生大錢莊	同上	
萃生錢莊	同上	六一七
慶泰錢莊	同上	一五三
永生錢莊	同上	三三三
晉生錢莊	同上	六三二
恆利錢莊	同上	三八四
恆餘錢莊	同上	九二二

復豫錢莊	同上	三四七
義源錢莊	同上	六四九
福大錢莊	同上	四四一
瑞元錢莊	德馨里	九〇三
豐泰錢莊	同上	三四一
茂生錢莊	皋橋	八四八
慎餘錢莊	胥門大街	

（報　館）

吳縣日報（原名吳語）	高師巷（地址）	一四三（電話）
吳縣市鄉公報	宮巷	七二

新蘇劇報	閶門外	
蘇州明報	橫馬路	一四四
世界日報	五福街	
中報	東中市	一五六一
大公報	蔡匯河頭	
蘇州日報	同上	一六三二
大蘇報	平門新馬路	

以上均日出一大張售銅元四枚大蘇報計一張半售銅元五枚

新聞報分館	東中市	三七八
申報分館	同上	一四四九

時報分館　同上

時事新報分館　同上

民國日報分館　同上

晶報分館　同上

上海畫報分館　同上

金鋼鑽報分館　同上

福爾摩斯報分館　同上

以上均代派上海報紙

（書　坊）

商務印書館　觀前街（地址）　二九〇（電話）

平江書局　同上　五六八
振新書社　同上　五六二
小說林　同上　二九二
文怡書局　同上
交通圖書館　同上　八七六
瑪瑙經房　同上　五三九
掃葉山房　西中市
綠蔭堂　同上

〔印刷局〕

文新印刷公司　西中市（地址）　八九一（電話）

大蘇印刷所	觀西大街	一四一四
利蘇印書社	同上	二二一
高義泰印刷所	東中市	
華商印刷所	西中市	一四〇一
新華印刷所	養育巷	七九〇
毛上珍印刷所	臨頓路	一六一二

〔衣食雜類〕

介綸綢莊	西中市（地址）	四一五（電話）
老人和綢莊	同上	六三九
乾泰祥綢莊	觀前街	二三八

天祥洋貨綢莊	同上	三二
大綸衣莊	舊學前	二六六
復泰祥皮貨莊	觀前街	一一〇八
大同顧繡莊	同上	七四〇
倪源源珠寶號	同上	七五九
餘昌鐘錶號	同上	七九九
愼昌鐘錶號	同上	
恆孚銀樓	同上	七七
稻香村糖果舖	同上	一三四六
葉受和糖果舖	同上	八五

采芝齋糖果舖	同上	三四八
文魁齋糖果舖	元妙觀	
汪瑞裕茶葉舖	覲前街	
生春陽火腿號	同上	一〇六四
陸稿薦醬肉舖	同上	
華英大藥房	同上	一三四
東來華牋紙號	同上	一二七三
二林堂筆墨號	同上	
戎鎰昌皮革號	東中市	八八四
月中桂香粉號	觀前街	

西天寶鞋號	同上	二一七
柳村照相館	同上	
中華理髮店	宮巷	
大同理髮店	閶門外	

七 公司

名稱	地點	電話
美孚煤油公司	閶門外	四〇二
英美煙公司	同上	四五九
華商煙公司	同上	一四九七

南洋煙草公司	同上	六〇一
亞細亞煤油公司	同上	九七〇　三五七
泰和建築公司	同上	一二六二
恆豐麪粉公司	新民橋	一四八四
茂新麪粉公司	同上	六二四
德士古煤油公司	橫馬路	三九七
中興煤礦公司	火車站	一二一一
福中公司	同上	一〇七三
恆源煤礦公司	四擺渡	一二一九
太湖石灰公司	南濠街	一四五七

潤源煤礦公司	同上	一一八九
德餘煤油公司	同上	三九七
永年人壽保險公司	南陽里	一四九
永明人壽保險公司	太平坊	四六三
華安人壽保險公司	養育巷	二二七
大同麪粉公司	下塘街	一〇五一
九豐麪粉公司	山塘街	一〇五一
泰隆麪粉公司	同上	一四九九
馬鎔興牛肉公司	渡僧橋	一三八七
榮昌興煤公司	南碼頭	九二四

祥興洽煤油公司	齊門外	一〇八〇
泰豐五金公司	觀前街	七七一
廣生行有限公司	西中市	八〇八
德華蘇繡實業公司	同上	六四八
貽成麪粉公司	山塘橋堍	一六四八
合興煤油公司	葑門外	七六二
政新水門汀公司	南濠	一六九五
華新電料公司	東中市	一〇四九

八　工廠

名稱	地點	電話
武林鐵工廠	南顯子巷	一〇六七
公民布廠	二門口	九四四
震豐布廠	十全街	五四九
興業布廠	桃花塢	三四六
益亞布廠	十全街	一九二
振亞公司手織部	倉街	九七
振亞公司力織部	同上	八三
天孫廠	齊門石皮衖	六九四
東吳廠	閶丘坊巷	一〇二七

美綸廠	同上	七九五
延齡廠	皮市街打線街	八一六
開源廠	西北街大營門	一〇八五
三吳廠	胡相思巷	一三四四
宏大廠	護龍街	四七六
蘇新廠	北寺前	一二四六
德豐和	古寺巷	
亞東廠	西白塔子巷	七九一
王義豐	皮市街	一五六二
程裕源	同上	三六一

宏興慶	花駁岸	五九七
協成廠	齊門內蕭王街	一四五〇
大緯廠	唐家衖	
源盛絲廠	盤門外	六七
源盛東廠	覓渡橋	一五一
省立絲織模範工場	盤門外梅家橋	七六七
蘇綸絲廠	盤門外	六八
蘇經紡織廠	齊門大街	九五六
鴻生火柴廠	胥門外	二五九
燮昌火柴廠	同上	七〇七

華盛造紙廠	閶門外鳳皇橋	九八三
華章造紙廠	滸墅關	
蘇州電氣廠	棗市	二一四
蘇邁爾磚瓦廠	覓渡橋	
橋本鈕扣廠	日租界	一〇三四
省立第二工場	棗市	五二九
瑞記水廠	胥門外	五三二
華安水廠	大日暉橋	五二四
大中華紋工廠	舊學前	一一八
公興金冰廠	胥門外	一一九〇

天沍冰廠	同上	五七
中興礦灰廠	婁門外下塘	一〇六一
公餘襪廠	戈登橋	一二一三
華豐織布廠	蔣廟後巷	一五七四

第七 清遊小誌

滄浪撫碣記

滄浪亭。吳中勝地也。但僻處城南。終年封鐍。荒煙闃寂。罕有游蹤。今夏亢旱。民牧迺迎香雪海之銅觀音臨茲以祈雨。於是鈿車繡幰。士女連翩。或稽首慈雲。或低徊遺蹟。余亦於屈原沈江前一日。偶往覽勝焉。入門右折。循曲廊行。雀糞蛛絲。泥堊剝蝕。額有步碕二字。過斯則爲明道堂。銅觀音卽供奉於此。象高二三尺。御白繒文績之圍衣。端坐波黎龕中。兩側有瑞光普照沛澤流慈諸御賜牌。而盈盈紅粉。列拜滿前。蓋若輩尤喜與白衣大士結一重香火緣也。柱多聯語。余出袖珍册子錄其一云。漁笛好同聽。羨諸君判牘餘閒。淸興南樓追庾亮。塵纓聊一濯。擬明日刺船徑去。遙情滄海契成連。堂左有月窟門。進則爲五百名賢祠。壁嵌碑碣。都百有餘方。悉圖先彥狀貌。恰符五百之數。涉足至此。自動人景仰之忱也。階前隙地。漠泊多竹。然來此結香火緣者。輒剡一二莖葉以歸。謂可療治宿疾。不旬日間。賢祠之竹。遂如牛山之木矣。逡巡出祠。穿石洞而上陟埊敦。蔦蘿薜繚中。有白皮松若干株。高尋丈。亦與竹同遭災阨。幹皮旣盡。萎偃欲死。余不禁深爲君子大夫喟惋也。時天忽霢霂。亟走入靜吟水榭避之。

陂塘中扶渠方舒翠蓋。雨珠激濺。其聲瑟瑟然。頗足發人清機。移頃。雲陰解駁。余乃於斜暉中賦歸去云。

寒山春雨記

寒食前二日。買櫂作天池山之游。予與諸學友偕焉。於上津橋登舟。俄而解維舟發。時天忽暝然有雨意。始而廉纖。繼而滂沱。偶推篷牕外望。遠岫空濛。幾似倪迂畫幅。而雨珠激水。千萬浮漚。頗饒奇趣。榜人因謂往天池山。須在白馬澗上岸。陟坡循麓。尚有一十許里。與其溼屐齒而謁山靈。毋寧折至楓橋。撫古碑而聆鐘韻。不得已從之。然興爲之大減。馬君迺戲言曰。天時（時諧爲池）不如地利。前彥早有明訓。吾儕緩日當作地利山游。且得於人和館中一謀醉飽。合座爲之嗢噱。既而抵橋畔。相率擎蓋。趨寒山寺小憩。寺以寒山拾得而名。

當門爲一亭。植以御碑。詩不及錄。正中爲殿宇。佛像莊嚴。槃膝蓮座。有戲摩其足者。王子因出照影機曰。是可攝之爲圖。蓋急來抱佛脚也。鐘樓在殿后。雖經圮廢。然猶拾級可登。鐘絕巨。色黝黯。聞已匪故物。曩日之鐘。早被扶桑侏儒攫之去矣。偶以莛叩之。鍠然作響。且嫋嫋有餘韻。殿之耳廡。數椽小築。壁間多拓印之聯屏。庭院中杏方著花。爛熳滿樹。雨絲飄襲。紅暈欲流。姹豔不可名狀。廊間有唐張繼詩碑。碑本爲文待詔書。年久漫漶。玆由曲園老人重寫之。斯外更有康長素碑一。亦有詩云。鐘聲已渡海雲東。冷盡寒山古寺風。勿使豐干又饒舌。化人再到不空空。聖人到處留題。勝蹟之幸耶。抑不幸耶。予不得而知之矣。緇流出拾得像求售。某購其一幀。計小銀幣三枚。臨購向人曰。如是代價值得否。王子答之曰。拾得當然值得。某爲粲齒。時吾儕咸有枵腹憂。遂歸舟理膳政。

旣已。重又放棹。至西園小泊。池畔有桃。諸女侶見之大懌。倚柯留影。大有李謫仙嬌女字平陽。折花倚桃邊之詩意云。

天平參笏記

孟冬之中澣八日。昒爽方盥漱。聞剝啄聲。啓扉則程子小青也。卽驅車同赴金昌阿黛橋之鐵路飯店。以覯諸海上儔侶。蓋先期函約者。儔侶爲天虛我生、瘦鵑、小蝶、慕琴、常覺、筱巢、道鄰、春、及嫻君、翠娜、紫綃諸女史。盍簪既。僉謀天平之游。論舟値定。囑榜人爲市肴蔬。相偕先詣涵碧莊游焉。紅鱗瀺灂。小鳥聒碎。頓覺心神爲曠。縈紆亭榭。悤遽歷之。至冠雲峯。道鄰出機以留眞。諸子傑僾立。慕琴獨尻坐。衆目爲猴。蓋慕琴躁佻趯趯。攀石援木。爲狀絕肖也。入又一村。籠鶴振翮。有不羣之概。瘦鵑戲以獨鶴呼之。而鶴振翮如故。迺曰。獨鶴跂訾哉。呼之而竟不𪇪也。皆啞然笑。領略徧。乃趣阿黛橋下舟。填咽盈船腹。紫梨津潤。𡢃栗罅發。慕琴更出其行坐不離視爲第二生命之百代話匣。轉片發聲。鏗戛爲歐樂。繼則生旦雜作。小蝶厭聞。強止之。而瘦鵑清譚嬋嫣。不覺已達楓橋。小蝶坐鷁首。與翠娜商量畫稿。小汀雲樹。茀舍兩三。著筆不多。而已悠然有遠意。午抵栖星橋。榜人謂河渠堙塞。不能再進。遂停橈而繫焉。燔炙芬烈。飯以果腹。或乘輕輿。或控蹇衛。駢坒循田塍行。曼曼可五里。陂陀起伏。遂舍輿衛而步磴。奈無屮蹻。躓跲難前。然不肯示弱。仡仡以上。望支硎蹕路。廢址巋然。咸羨十全老人棄廟堂而棲山林。善乎其游哉。旋至童子門。少憩。惜秋盡。諸楓櫹槮。葉早辭柯。委地而黃。否則停車可賞。霜醉似花。不讓瀛洲三島之紅櫻也。約半里許。長松森萃。則范文正公墓矣。欽遲久之。偶昂首上矚。巃嵸巊㟼。棧巉巉崄。立者。欹者。騁者。駐者。偃者。仰者。忽磔裂。忽攢蹙。忽纚連。如狻猊髼鬆。如青龍蚴蟉。如鬼物攫人。如鸞鶴之騰擧翺翔。如怒濤之激蕩濆涌。不可盡擧其狀態。而磐石多聳矗。髣髴手笏以朝丹霄。故有萬笏朝天之號。是天平之絕勝也。更相與披榛莽而上陟。足踐黃葉。屑窣有聲。轉折過石鐘鸚鵡石。而抵鉢盂泉。小坐山樓。茗解渴吻。味甘洌可口。凭窗遙眺。靈巖獅嶺。微籠薄靄。而瀰迤壙埌。空廓若無人蹤。斯時超然塵壒。辟易俗慮。有終老煙雲之想。樓后石隙中。涓涓水溜。洞竹通之。入鉢多羅。不溢亦不涸。歲以爲常。鉢盂泉之得名在此。出而右向。峭壁中斷。成羊腸徑。躡蹶僅容側身。石以級之。曰一綫梯。慕琴爲導。滑不受趾。幾傾墮。瘦鵑因曰。不若是不足以見名山之勝。猶行文然。尙險而病平衍也。接踵勃窣上。翠娜御高跟鞵。亦冶步而登。卉木駢蔓。别爲清境。道鄰叉機以收攝之。時促且疲茶。不克躋望湖臺。遂聯袂相扶而下。蹙踖更甚。皆涊然汗出。既而悉下舟。欸乃一聲。綠波畫破。各肆譚笑。閭嫻君開匳掠鬢。小蝶攫粉紙以自拭面。強嫺君爲之執鏡。旖旎風光。有非筆墨所能形狀。俄船娘謂紫蟹熟。蓋小蝶購於市中者。乃持螯而酌酴醾。餔餟畢。盡撤去。出撲克牌爲捉烏龜之游戲。嗢噱不止。時已曬靈西匿。漸覺昏黃而金昌亦至矣。還鐵路飯店。眠雲留札在。擬宴諸子於眉史林月娥處。晨困小極。未隨屐齒。茲以盡地主誼耳。於是笙歌迭侑。流斝飛觴。若玄轉陶亦來會。一一紹介。微醺而散。諸子即長車歸扈瀆。夫雋游若此。能有幾囘。恐後惝然如夢。不可追憶也。亟於鐙下奮筆以記之。

網師園聽雨記

吳中諸園林。徧印予之屐齒矣。獨葑溪網師園。初未窺其勝。因門禁嚴。匪熟諗者。不得問津於桃花源焉。蔣子吟秋居遹園。承折柬以相招。並邀眠雲與俱。素心相晤。嘯傲林泉。其樂也奚似。是日余先至吟秋廬。正懽譚間。而眠雲至。卽同蒞網師園。園在闊家頭巷。爲張氏產。昔爲網師庵。瞿氏治之。庵廢而園興。及瞿氏式微。李香巖代爲主人。更名爲蘧園。且園居蘇子美之滄浪亭東。亦稱之爲蘇鄰小築。及香巖死。子孫不能有。又易姓而爲張。又易名而爲逸園。此中蓋小有滄桑矣。園之勝有殿春簃。簃栽芍藥。有琳琅館。館蓄錦鱗。他如濯纓水閣之可挹爽。髯僊詩舫之堪容膝。咸極宛奧迴折之妙。而石之攢蹙累積。木之糾錯蒼蘢。更盎然有古意。皆非一朝夕之所能致也。吾儕循廊窮徑。憩坐東震谿堂。進餌充飢。殊可口。時天暝然有雨意。既而淅瀝作響。衆卉沐之。葉作新翠。而雨勢挾風。紅薇紫藤。繽紛而落。飄著襟袂。有墮於茗琖中者。眠雲因大樂曰。偸半日閒。領同棋趣。藉茲盤桓。不其仙乎。蓋同棋者。眠雲素所癖嗜者也。雨稍殺。又復徜徉肆恣。壁柱多聯語。遂濡筆以錄之。大澂云。小園新展西南角。斗酒屢暝雲霧牕。石菴云。一片雲山摩頡畫。四時花鳥杜陵詩。錫鬯云。庭前大樹老於我。天外斜陽紅上樓。俱足爲亭榭點綴。池水之南。有石巍然。刻槃阿二字。乃南宋史相國萬卷堂前故物。是尋古遺事者之所流連者也。垂暮。迺驅車冒雨而還。時梅子新嘗。櫻桃初熟。正立夏之后一日也。

挹藻小記

雙星渡河前五日。眠雲吟秋。約敍小蒼別墅。別墅在金獅巷。花木扶疏。別有清趣。盧子茶經。劉伶酒頌。蓋膾炙人口久矣。懽譚正洽。聞天忽來。此公詼諧。更添興趣。眠雲更出示新購湘妃竹扇。斑斑紅淚。痕跡宛然。値六十金。的是珍物。

頃眠雲家人遣僮來。云瘦鵑賁臨吳門。有電來招。予卽與眠雲驅車至金昌。握晤於蘇州飯店。與瘦鵑同來者。爲其夫人鳳君。暨張雲龕伉儷。雲龕擅攝影術。造化精微。收羅鏡底。亦海上俊流也。時已掌鐙。遂理膳政。笑談雜作。足抒胸臆。十一時許。予偕眠雲返棗墅。因來朝相約。作荷花宕之游也。

一昨稍憊。晨起殊晏。略進點心。卽赴金昌。雇一汽油艇子。在南新橋下船。機聲軋軋。駛行甚速。而清譚嬋嫣。佐以瓜仁梅脯。較諸接席啣杯。更覺逌然有趣。沿青陽地。穿寶帶橋。橋爲唐刺史王仲舒出帶佽助而成。故以爲名。長虹臥波。環洞計五十有三。亦吾吳勝景也。過此則蟹舍魚罾。水雲杳靄。頓令吾儕塵囂中人。爲之一清心腑。蓋已抵葑門外矣。今夏亢旱。襏襫之父。瘁於桔槔。雲龕忽指左岸曰。孥稚老叟。健婦壯夫。合力工作。煞是好看。予因觀之曰。如是數輩。大約園第光臨矣。相與大笑。抵荷花宕。時適亭午。幸有微飂拂袂。未爲汗淋學士。兩岸多白蓮。羽衣瑟瑟。翠蓋田田。偶憶盧照鄰浮香繞曲岸圓影覆華池句。爲之低吟久之。奈水淺渟涔。不能通入。否則小舟畫槳。容於綠波。四壁俱花。清芬欲醉。則此身離世而上仙矣。泊岸多畫舫。金樽白穀。迭侑笙歌。眉史小雙、珠、富春樓。瓌艷翩鴻。傾城睒藐。尤爲此中翹楚。常來此間。抱月飄煙。幾似淩波仙子也。村氓以蓮爲生涯。擷花求售。兼賣蓮蓬。瘦鵑戲購若干枚。分貽吾儕。而鳳君及雲龕夫人各擘蓮菂以餉檀郎。啖旣。又通梗爲斗。試吸淡巴菰以爲笑樂。僉擬再游黃天蕩。不料機具稍損。櫱停難前。司機者斡旋之扳制之。遲久无效。心中悶瞀。不可言狀。瘦鵑忽合十向雲龕膜拜曰。是當叩求彌勒佛矣。蓋雲龕豐碩。略具佛體也。移時機忽動。衆咸狂喜。幾欲作距躍三百。延時旣多。遂罷止黃天蕩游。而亟作返櫂計。於胥門登岸。趨小蒼別墅。剖瓜解渴。蒸餌充飢。旋又至護龍街怡園。古樹虬蟠。假山鬼疊。廊榭錯繆。池水汀瀅。園不大而紆曲有致。匪胸具邱壑者。曷克位置如此。題聯盈壁柱。大都集夢牕詞。天衣無縫。瘦鵑走鉛以錄之。然怱促難遍也。俄而雲龕夫人坐池畔。作微睇緜藐態。雲龕鏡以攝留之。鳳君繼攝一片。鬢沾花香。裙溼石露。亦殊嫺雅可人。領略一周。雇車至新太和酒敍。饜飫既。諸子即理行篋還滬瀆。予於燈下援筆記之。亦雪泥鴻爪之意云爾。

弔櫻記

櫻。蓬萊之名種也。每屆花時。舉國士女。擕榼郊坰。往往飲而醉。醉而婆娑作舞。狂懽竟日。洵韻事也。予亦嗜花若命者。但以雲水遐阻。未能一睹其盛爲憾。

一昨星社會讌於鶴巢。（詩人金季鶴居）烟橋轉陶兩子。謂青陽地畔。亦栽有異域之櫻。又以曾觀其花爲傲。予聞之忻然生羨。迺於越日午後驅車往賞焉。車循盤門大衢行。觸目皆廢墟頹垣。曩日之珠樓玉榭。粉窟脂窩。尠有存者。夫一轉瞬間耳。而滄桑之變如此。不覺感慨係之。經三馬路。而抵日領事館。櫻花夾道。繽紛映麗。遂停車而徘徊其間。花計數十百株。色白而五出。瓣緣暈輕絳。狀殊肖梅。然有梅之妍而無梅之氣韻也。初蓓蕾時。亦不著葉。今則花半辭萼。嫩葉微舒。與兩子所觀一白似雪者。已稍有不同矣。烏虖。春來花事。容易闌珊。予固知花之命之不長也。故迫不及待而來此。猶得一弔夫將悴之花容。臨銷之香魄。其殆與花有緣歟。歸途便訪宋蚱蜢墓、及漢破虜將軍孫堅吳夫人子討逆將軍策墓。斜陽荒艸。亦有令人惏悷憯悽而不能自已云。

賞牡丹記

白蓮涇之牡丹。夙有聲於吳邑。穀雨後二日。余與二三素侶。掎裳連襼往賞焉。由朱家莊行。繡塍埜陌。透迤修迥。已而流水一灣。粼粼微皺。卽白蓮涇是。涇涘有培德堂。趨而入。宇舍杳篠。小有園林之勝。而庭園中累石嶙峋。牡丹叢植其中。繞以曲闌。覆以幄幙。蓋皆所以護花者也。時花方怒坼。其大盈椀。都數十本。有作魏家紫者。有丹豔赩雞冠者。有淺絳比美人之飛霞妝者。而以淺絳者爲夥。飀來拂之。傾側不定。宿雨滴瀉。石苔爲潤。對面一廳事。額有四字曰香國花天。再進爲微波榭。別有牡丹數十本。亦以闌幙護之。而淺絳紛披中。雜以嬌黃之杜鵑。益覺絢爛炫目。榭側停槽。縱橫儲積。嚮者桐鄉嚴獨鶴屑茲。曾有牡丹花下死之雅謔。今日思之。猶爲失笑。境旣偏歷。迺相率出門。積善寺在其左。

門前有一聯云。水抱蓮涇。一路楓橋人喚渡。寺藏竹院。三吳梅社客尋詩。視其款識。蔭培老人之手筆也。惜嚴扃不得游。吾儕遂改道緣白蓮涇。經上津橋而東。俄至永善堂。入而稍憩。是堂亦以牡丹名。有素色含苞似兒拳者。尤稱佳種。廡後藤蘿蓊薈奇石竦列。有螺谷者。深窅幽旋。谷口屹立一幢。髣髴螺之具掩蓋然。殊有趣致也。時天已垂暮。而余躊躇花前。不忍遽去。昔李義山有暮烟情態之詩。不意適於斯際領略之。且牡丹花期綦促。而俗又有榖雨三朝翦牡丹之例。蠟蒂筠籃。用餉紳衿。吾儕之來也。卻先一日。否則跋涉徒勞。有僅弔空枝之悵惘矣。故爲之文以志喜。

酒痕屐齒記

宣父誕之前一日。爲星社雅集期。主值者爲小青、明道。午后五時。會於吳苑深處愛竹居。晼晚。同莅大成坊巷之常熟酒樓。計瞻廬、明道、小靑、眠雲、菊高、佩萸、賡夔、轉陶、若玄、逸梅十人。候吟秋不來。折柬招之。烟橋赴梁谿主蘇民報政。碧波走崇明。半狂執教鞭於南宿州。未與會。旣列座。菊高以其長兄之烟絲集分貽星友。集多雋語。而說海尙友錄更饒趣味。洵絕妙下酒物。勝於漢書也。旣而行請西施、捉曹操令。席間以賡夔、轉陶有女兒氣。咸誤猜之。笑謔備至。酒酣。小靑、賡夔欲赴樂羣社之音樂會。先去。未幾。諸星亦散。是夜。徐子卓呆、趙子茗狂、施子濟羣。自海上來。寓金閶門外之蘇州飯店。蓋先期函約於二十七日之晨。與諸星會者。

二十七日晨。余至温家岸范宅。小靑、瞻廬、賡夔、轉陶已先至。憩坐鴟夷室。湘簾低亞。樹影篩窗。絕宜之著作地也。俄頃。卓呆、茗狂、濟羣自金閶驅車至。晤譚甚懽。濟羣游蘇頻遇雨。獨鶴謂爲雨星照命。民哀贈以蘇車站鎭守使之尊號。蓋其新歲之二日來蘇。至站。大雨滂沱。不能出。待一小時。雨不止。懊喪遄返。故有是謔也。是日天晴。濟羣乃大樂。温家岸邇惠蔭園。遂先游焉。既入。園門嚴扃。小青作勢欲開之。吾儕相笑語曰。小青欲一試其偵探手段矣。然手段雖高。終無奈鐵將軍何。囑司閽者以鑰啓之。複壁曲院。窱窈邃深。而朱桂黝篠。香襲衣袂。有小林屋。壘石嶇嶔。晻曖闇暝。森森有寒氣。下水澶湉。架窄石於其上。纔可容人行。小青躡蹀爲導。衆攀援從之。惟若狂、瞻廬目近視。悽遽不敢進。一再轉折。黴如地裂。豁若天開。則出洞矣。時眠雲與其堂兄震初及張子定一至。迺同至北街拙政園。園爲明嘉靖御史王獻臣大弘寺遺址。文徵明有拙政園圖記。吳梅村有拙政園山茶歌。名聞東南久矣。以清暢開曠勝。令人有超然塵俗之表想。循曲橋迴廊。游行旣遍。迺就座啜茗。卓呆爲吳産。園爲其舊游地。因述兒時頑劣狀。語時滑稽作態。引人發噱。而濟羣遽起就池唾。卓呆遂笑謂濟羣曰。尊用痰盂得毋太大乎。更哄堂大笑。時巳近午。出園。雇車至阿黛橋畔之久華樓。觥斝交錯。談興更豪。茗狂喜勃蘭地。眠雲命侍者以進。於是且飲且述其醉史。十分有趣。諸餚旣陳。悤促進飯。因尙擬一探虎丘也。卓呆曰。窺虎者。例須向山神叩首。蓋故設辭以詒茗狂濟羣。濟羣亦黠者。曰是當請卓呆代表。飯后。眠雲有市民公社事。不克同行。特爲假某公司之汽艇一。俾迅抵虎丘。小青因隔宿食蟹。體例不適。辭歸蔚寓。餘皆相率至廣濟橋下艇。機聲軋軋。循城河駛行。兩岸野花。淡豔有秋意。亦殊悅目焉。須臾抵麓。舍艇登岸。穿擁翠山莊。逕上冷香閣。酌憨憨泉。讀名人題聯。又指點獅嶺靈巖而觀賞之。坐久下閣。徧領其勝。

歐劍池。登千人石。瞻說法臺。謁眞娘墓。逸興遄飛。留戀忘返。然塔影斜陽。鴉聲嘐戛。游客漸冉冉散。頓覺一片沉寥。不可久留。仍下艇返金閶。時已電火齊明。而管絃爆熀。盈耳欲醉。夜范氏昆仲。尙宴諸子於溫家岸。余爲俗事累。亟欲歸舍。未克奉陪末座。深覺歉仄也。翠日。卓呆、苕狂、濟羣乘車還。蓋各主海上雜志報章筆政。不能曠日多游耳。

觀瑞雲峯記

吳中多奇石。若獅林之攢蹙。涵碧莊之嶙嶒。凡四方裙屐之來游者。莫不以一瞻其勝爲快。然罕有訪舊織造署之瑞雲峰者。署僻處城南。而又久經圮廢。人踵尠及。故其名湮沒而不彰。社友蔣子吟秋居近是地。喜徜徉泉石。遂爲具道瑞雲峯之狀。某日。予始偕醉石生往游焉。入署左折而爲園。蕪榛蔓艸。培塿累然。而諸石錯立。環拱一池。池中垤堄孤亭。有似中流砥柱者。卽瑞雲峰也。池荒水涸。可得逼而摩撫之。峯高一丈五六尺。橫約四尺餘。色殊黝古。而嵌空玲瓏。岈然突出。自遠望之。髣髴雲氣氤氳。縹緲濛漠。此瑞雲峰之所以名歟。夫峯之玲瓏。固無遜於獅林之攢蹙。涵碧莊之嶙峋也。然或則彰傳遐邇。或則湮沒不聞。殆亦有幸不幸耶。

探梅兩日記

吳中之園林。往往以花著。如拙政園之山茶。網師園之紫薇。而滄浪亭畔之可園。尤以梅聞。余固好梅成癖者。乃於仲春之朔日往游焉。入門右折。經博約堂而登浩歌亭。時梅開方酣。色綦絢爛。有白者。有紅者。有淺綠者。咸爲重瓣。暗香襲人。心脾爲醉。昔人詩云。冷香疑到骨。瓊豔幾堪餐。不啻爲今日詠矣。而池邊有老幹作偃臥狀者。厥名透骨紅。梅之異種也。著花三兩朵。其花穠絳。幾似荼火。而柯幹亦表裏俱赭。斯透骨紅之名之所由來也。不覺裴回久之。時園無俗客。塵囂不到。爲境殊寥寂云。

翌日。課餘之暇。乃偕王子蔚成作虎丘之游。謁眞娘墓。登生公臺。瞰憨泉劍池。卽趨冷香閣。冷香閣之梅樹三百株。花絕茂美。素則烟籠玉暖。絳則雨浴脂凝。而吾儕巡檐索笑。茗椀都香。令人如置身於當年之玉照堂紅羅亭間也。俄一美人珊珊來。於花叢中小竚作態。而微風乍起。落英幡纚。於是雲鬢也。粉靨也。錦袂也。文裳也。悉沾花瓣。美人出翠帕以拂之。一笑嫣然。爲狀殊韻。濡筆記此。似尚留於眼底心頭焉。

秋山紅樹記

余游天平。一而再矣。游輒有記。今秋重九後八日。又偕諸學友買櫂以探其勝。山靈無恙。似覩故人。且登峰窮跡。賞葉留蹤。更爲前次所未領略。余遂不能不有所記述矣。是日晨八時。坙集廣濟橋下船。船行甚疾。須臾過西園。及寒山古刹。十時半許。經栖星橋。榜人爲理炊饌。有酒有餚。足以醉飽。飯已。船亦停泊。吾儕相率登岸。阡陌相轄。循之施施行。兩旁雜樹扶疏。大有漸入佳境之概。約四五里。達山麓。石級坱圠。傴僂汗喘。至童子門小憩。右望支硎。丘陵駊騀。御道曼曼。令人想像當年輦蹕之盛不置。過童子門。則巨楓櫹槮。霜葉紅酣。有如美人醉靨。吾儕各拾一二插諸襟扣。一再轉折。而抵范文正公祠。松老似龍。參天挺拔。子有落地而茁生者。高一二尺。宛宛伍卉艸中。殊覺可愛。穿曲橋。入高義園。延眺石笏。岭巆嶙峋。滃滃蔚薈。爲狀之奇。有匪丹青手所能寫其萬一。園側有小門。囑寺僧啓之。峰迴路轉。黝嵐巍巍。各以其形態而劚以題名。如鸚鵡石鐘之類。既而入兼山閣。瀹鉢盂泉以解渴。閣有聯語。錄其二云。萬笏皆從平地起。一峰常插白雲中。又云。盡把好峰藏寺裏。不教幽景落人間。讀之幾疑吾身不在塵壒也。後又於白雲亭畔。或披艸坐。或撫碑立。機以留眞。又趨一線天而上陟。愈上而境愈詭怪。路愈嶮峻。縣崖若墜。巉嶭砉然。垂條嬋媛。攀之而升。有裾著荆棘不能脫者。相與大笑。斯時各告奮勇。而余尤稱捷足。奈入歧途。嶂巖阻絕。乃亟於石佛龕旁。別尋蹊徑。然諸子已先余而造極矣。語云。欲速則不達。於此益信。據巔四矚。膴膴坰野。盡在烟雲杳靄中。太湖帆影。猶點點可辨。而天風撼樹。發作清響。高處不勝寒。遂搶攘而下。幾頻躓跲。及船解維。天已黯晦。雲氣四合。愔愔微雨。回首邱巒。盡失所在矣。

游龍壽山房記

自昌亭至虎阜。計七里而強。中有半塘橋焉。橋畔爲龍壽山房。藏元僧善繼血經。曩與君博曾作一度之游。今年孟夏上浣之三日。復偕雲倉往訪之。至則雙扉嚴扃。叩款良久。始有一僮豎出而應納。庭院間略有池石之勝。但蕪艸不治。難以駐足。左折而爲寶經堂。堂對石室。顏以元僧繼公血書華嚴經龕十字。旁有一聯云。綠字赤文。爛然千古。金匱石室。藏之名山。蓋吳穎芝老人所題也。住持爲啓石室門。則赫然一櫥。櫥中累累。卽華嚴血經是。出櫝而展經。每卷輒冠以佛像二三幀。經文悉爲正楷。無點畫之苟。聞係繼公血指謹書。都八十一卷。洵禪林之寶笈也。但字作淡褐色。諒年代久遠使然。題識者甚多。如陸鳳石、陳夔龍、康長素、吳老缶、朱彊村。咸有詠志。然亦有俗傖妄作解人。而加以惡劣之字若印者。是眞所謂佛頭著糞者矣。相與惋歎久之。

雙浮圖記

余曩居甫橋西街。去舍百數十武。有雙浮圖焉。考諸府志。爲宋雍熙中王文罕所建。對峙戞雲。東西相距祇尋丈地耳。浮圖俱七級。無階梯可登。而赭堊剝蝕。甓瓴崩圮。隙罅中茁生雜樹。禽羽棲止。嚶呦不絕。幾似仙樂嗷誂。發於九天也。每當斜陽西墮。逍遙相羊乎其間。聊以忘世。亦有足樂者。浮圖之南。爲唐般若寺。以失葺久。榱朽甍折。殿上蛛絲塵網。矮几冷鐙。尤覺蕪穢不堪。蓋緇流盡去。遂爲窶者所居云。

植園追勝記

吳中園林。大都以縝密杳窱爲尙。欲求空豁曠朗。涉之噓翕淸爽者。則舍植園外罕覯也。園在盤門孔廟之側。有淸末季。爲中丞程雪樓所闢治。甃土疏泉。疲極人力。逮落成。傾城士女。錯踊集止。而於夏日尤宜。品茗弈以當風。揮冰紈而臨水。不敏亦常隨先王父錦庭公。杖履盤桓。往往留戀不忍遽去。淸鼎旣革。斯園日就荒廢。游者遂絕跡。並齒及而寡儔矣。今夏小暑前五日。浴罷。初試袷衣。散步城南。偶憶舊游。往訪故址。至則園已易名爲苗圃。而門扃不得入。詢諸人。始知由耳舍通之。舍留一媼。凡入園者。媼必索一名刺。蓋司閽之職也。出舍爲一陂塘。芙蕖方著華。色妍而素。有薄暈輕絳者。彌可愛。出水一二尺。亭亭似凌波仙子焉。左爲長隄。柯葉駢織。不漏日光。彳亍其間。翛然意適。兩旁皆水田。秀秧怒茁。蜻蜓款款而飛。絕妙一幅田邨夏景圖也。隄盡則蕪草支蔓。難辨蹊徑。野花一白如雪。接葉亭頹然立於其中。而斜陽影裏。三五帆縠玄裳之女學生。展畫具以寫生。意態閒靚。衣袂飄舉。更南行。修篁一叢。窈然沈碧。前有重樓。嚴閉不可登。景象蕭槭。緬懷疇昔之盛。有不覺令人惝怳者。趨而出。便瞻瑞光佛寺浮圖。浮圖傍城堙。計級七。陊陒堊蝕。相輪亦歲久而隳。然連一索鐵。倘牽掛未下。時鴉羣噫啞。蒼烟勃勃。不敏迺徐步而歸。明日記之如此。

怡園流罣記

金粟如來生日。吾草橋諸學侶。設宴於怡園之可自怡齋。蓋袁君纘之。方自美利堅費城歸。茲特為之洗塵也。是日與宴者。纘之外。則為選之、子壯、夢良、仲周、斯震、景蘧、不佞七人。酒醇果香。肉芬魚美。而纘之為述異邦俗尚。洵為海外奇談。酒闌。相與穿林樾。步蹊蹬。徧領拜石軒、松籟閣、螺髻亭、慈雲洞之勝。而慈雲洞中一石突出。未加刻削。天然作觀音大士像。髹以金采。其色爛然。此洞之名之所由來歟。亭開多聯語。悉顧紫珊主人集詞成之。茲錄其一云。仙子駕黃虬。玉樹懸秋。清夢重游天上。中宵接瑤鳳。瓊樓宴萼。古香吹下雲頭。好句欲仙。誦之溽暑若失。既而還至可自怡齋。憑曲欄。對菡萏。翠蓋白花。敷披可愛。且沿漪多松。檣矗森萃。栗鼠兩三。騰躍其間。趫捷無與倫比。殊有趣也。齋後植梅數十株。又豢鶴二。清癯入畫。而不佞與梅有夙契。眄柯怡顏。不覺爲之盤桓久之。明日遂草此記。

拙政園賞蕖記

拙政園芙蕖早著花。然憚於溽暑。科頭跣足。不敢行動。今日嚮明起。覺殊涼爽。乃驅車至城北往游焉。入門左折。憩坐水榭。品清荈。對芙蕖。花俱絳色。亭亭然高四五尺。幾可憑檻而擷取也。尤可愛者。翠蓋露珠。勻圓溜瀉。有似柏梁銅杜僊入掌。苟得勺而飲之。當可一傲漢武當年矣。靜觀自得。不覺移晷。迺度小橋。歷清華閣、月香亭、而至香洲。洲臨水。設制若畫舫屏鐫南皮張樞書吳梅村山茶詩。殊典麗可誦。惜乎寶珠名種已萎折。徒留此祭酒詩以點綴耳。再前行爲藕香榭。乍見二三麗人。御淺黃旗衫。在此照影。雅韻欲流。穠芬四溢。一如與花鬬豔者。由是而西。則柳陰路曲。邱石邃古。而一亭翼然。顏爲倚虹。念及亡友畢子幾庵。爲之腹痛靡已。既而登遠香堂。堂弘暢軒豁。聯語盈壁。而以張之萬一聯「曲水崇山。雅集逾獅林虎阜。蒔花種竹。風流繼文畫吳詩。」最爲短雋得體。時游客已滿座。予不耐喧鬧。乃亟出園。旁廡之庭。有紫藤一架。幹粗合抱。虵蟠虬曲。瘦贅累累。支以鐵柱。覆蔭可數屋。溧陽端方爲立一碑「文衡山先生手植藤。」蓋數百年之古物矣。歸而爲之記。

遂園嘯傲記

遂園居金昌門內。吳中勝地也。處暑日。余飯後無事。爰作半日之游。入門。見碧琅玕一叢。自生涼意。竹之畔爲琴舫。縣有半窗依柳岸、一曲譜蓮歌之短聯。聯製以木。式若槁梧。洵琴舫中之特制點綴物也。廊腰迴折。至映紅軒。軒臨水。池中菡萏。猶有殘花。且橫亙石梁。梁之西。花色純白。梁之東。則殷紅似日之初升。曄然舒綵。而雛鵝兩三。浮游於田田翠蓋間。不啻交頸比翼之鴛鴦也。又歷諸水榭。而至容閒堂。堂上有獻柳敬亭技者。妙語如環。絃曲婉曼。余亦稍覺疲乏。迺憩坐以聆之。令人神爲之怡。既而曲終人散。余更攀登丘阜。縈旋而上陟。最高處一亭兀然。據茲下矚。可以盡覽園之景而無所蔽之。其旁則奇石竦列。彷彿虓虎之蹲伏。隼鷙之振翮。龍鍾老人之拄杖盤桓。蓋隨人之想像而變易其態也。小立其間。輕飀拂袂。飄飄欲舉。而篁韻松濤。悉成清響。幾忘身在城市中也。余聊浪於是園者屢矣。然從未有記。因思林泉勝蹟。不可久使埋沒焉。乃撰小文以志之。相傳園爲有清巨宦慕天顏所構治。故至今尚有人稱爲慕家花園云。

惠蔭園賞桂記

惠蔭園以桂著。當著花時。氤氳金粟。林壑俱香。中秋前一日。眠雲慕蓮兩子。過我荒止而約往游焉。園中有桂苑。有叢桂山莊。繞屋植桂。偃蹇連蜷。高三四尋。繁英細簇。雖竭目力而不得見。更疑天香自雲外飄來也。慕蓮大樂。予曰。子慕蓮而今忽慕桂。脫濂溪翁有知。當起而嚴辭斥責矣。慕蓮爲之莞爾。既而入小林屋。巖洞窈然。瀦水澶湉。曲折架以石梁。梁殊窄狹。纔可顚步。而奇柱下垂。

幾刃入肩。捫壁以行。愈深而愈曖昧。其極也則又谽呀豁閑而出洞矣。慕蓮以桄導自任。俄頃笑欬聲已在洞外。予與眠雲咸不中道而廢。因憶往歲偕卓呆、茗狂、濟羣、小青諸子來游。相率作入穴探驪之戲。何勇於前而怯於後。幷予亦無以自解也。洞上爲虹隱樓。登之複室迴廊。備極紆杳。聞人云。昔爲男女幽會之所。鶯粉燕脂。不乏豔跡。殆或然歟。游之后十日。追而記之如此。

游環秀山莊記

余耳環秀山莊名久矣。迄未至其地。孟秋中澣之八日。迺偕二三友侶往訪之。莊在黃鸝坊橋之東。與慕家園相對。宇蓋汪氏之義莊也。吾儕自側門入登一堂。榜以四大字曰環秀山莊。堂前邱石攢積。而紫薇一樹。花已半瘁。落瓣浮池面。文鱗唼喋。依欄矚之。頗得靜趣。度矼而陟磴。縈旋屈折。巃嵸嶔巇。疑纚連而中斷。似屹巉而相轄。將升而突降。欲左而忽右。迷離惝惚。爲境之奇。除倪迂所疊之獅林外。莫能與之比並也。嶂谷深邃。洞屋窈然。涓涓一勺。流注於旁。人偶憩息。雖溽暑伊鬱。而亦憭慄有寒意。余乃笑謂同儕曰。從茲當遠棄塵世。琴牀丹竈。永爲洞府僊人矣。既而抵最高處。一亭嶸豎。徑通補秋舫。舫敞南甍。小而有雅致。其楹聯云。雲樹遠涵青。偏教十二闌干。波平如鏡。山窗濃疊翠。恰受兩三人坐。屋小於舟。洵眼前景也。舫左而地又坱圠。巒壑錯繆。崖際承以檐管。俾得瀉霤。每逢霡霂。寒泉飛雪。濆涌迴薄。厥聲淙淙。好奇者往往笠屐以聽也。壑多龜介之屬。潛泳其間。驚之則匿峽罅中。人不得而探焉。循磴級可登樓。晶牖淨几。柯影扶疏。爲讀書之佳地。惜乎吾儕無此清福以享傾之耳。游既徧。亟出而赴青年會。因尙須一覽冷紅畫會之成績云。

記寒碧山莊之濟顛石

吾蘇寒碧山莊。名勝動東南。卽一草一木之微。莫不耐人留戀忻賞。間以累石峥嶸。洵有如古人所謂蘊怪含靈。懷奇蓄變者。而濟顛石危立鴛鴦池畔。尤妙得神態。冠欹側。肋骨袒露。加之黴蘚斑剝。髣髴布衲之破綻然者。一一皆酷肖梵宇間所雕塑之僧像。而出諸自然。不經削琢。斯亦罕覯可貴也矣。一昨予侍母往游。佇對久之。因記之如此。

記玄妙觀之古鼎

吾吳玄妙觀。爲道家勝地。觀中之祖師殿。有一鼎。鼎爲銅質。初固未之寶也。後忽爲某西人所見。堅欲得之。而羽士乃居爲奇貨。一再論値。卒以三萬金定議。且先付五百圓。約期取舁焉。不料適爲學界某君偵悉。出而力阻。於是素鮮人知之古鼎。遂喧傳於里閭。一時踵門往觀者。幾戸限爲穿。不敏一昨無事。亦嘗問鼎焉。祖師殿在觀之東側門。往觀者。必由火神殿繞道右折而入。殿已傾圮。蛛塵罥網。所謂古鼎者。陳於中庭。下有石座。高及人肩。鼎爲長方。式如殿宇之雛形。色殊黝黑。中有碎裂紋。縱約四尺。橫約五尺。無年代標識。然據考古家斷爲宋代物也。殿側有金甲怒目之神。共計五座。亦爲銅質。殿之正中。有神龕絕高。而階級已毀。來觀者相率墊以傾折之榱椽以攀登之。龕中爲祖師像。質亦銅。巍大倍常人。古色古香。均爲珍品云。

留園蘭會記

留園爲金昌勝地。花朝之期。特開名蘭之會。午后四時。不敏偕眠雲震初二子。驅車往賞焉。蘭設於冠雲峯畔之廳事。計四巨案。列蘭殆盈。各支以紅木之文架。參錯有致。盆上皆黏以書簽印章。蓋護蘭主人之標記也。花皆名種。如玉梅、蔡梅、小打、荷瓣、翠蕊、綠英、元吉梅、春程梅、賀神梅、天興梅、張荷素、文團素等。咸饒雅韻。有五瓣者。有三瓣者。有孤芳者。有雙秀者。或柔或挺。或腴或瘦。蕊或赭而捲。心或素而舒。洵大觀也。時游女似雲。脂香粉氣。氤氳欲醉。於是花之幽芬。反爲所奪。而冠雲峯之左側。有紅蘭一樹。花絕茂豔。來游者往往囑莊丁擷一二株。帶將春色。始賦歸來云。

涵碧莊之名蘭。前已述之矣。茲又於夏歷三月二十日至二十二日。續開蕙蘭之會。不敏乃於二十二日之午後往賞焉。蘭仍敷陳於冠雲峰畔。計六大案。都五十有八盆。在廳事者爲舊本。在階前者爲今歲新苗之花。插以金簽。號以狀元。蓋所以寵之也。有小蕩、大陳、華字、程梅、衢梅諸名色。盆上鈐有怡園、隱梅庵、瓊華館、浣花室、桃塢貝、東海徐之圖印者。咸護花主人也。而尤以東海徐者居首列。雙枝挺秀。風韻天然。自有一種卓犖不羣之概。其餘有瘠若腊枯者。有腴比玉潤者。或密英以葩蕊。或疏朶以素心。而要皆以細桿扶直之。卽覆泥纖艸。亦茸茸具妙致。於斯可知主人培治之周至矣。是日來賞者。以女流爲多。燕燕鶯鶯。濃妝淡抹。花香人氣。兩以氤氳。時峯側孔雀忽妒豔而振翅。暐然舒綵。似張錦屏。約五分鐘。乃漸斂合。洵奇觀也。未幾。趙子眠雲來。旣而又覯屠子守拙。遂據雲飛亭以敍譚。略進茶點。至日昃。始各驅車歸家。

神仙廟紀游

舊歷四月十四日。爲呂純陽誕期。吳儂多迷信。往往於先日之夜。翦千年蒀之葉。散擲途間。俾仙人塵游。得踐履以納福也。十四日。桃花塢之呂祖廟。如雲士女。熙往攘來。謂之軋神仙。而治岐黃者。更必來廟拈香。成爲習俗。不佞於午後二時許。曾往一瞻其盛況。呂祖廟一名福濟觀。入門。人殊擁擠。殿前百攤雜陳。又有戲法、口技、西洋鏡種種玩藝。幾似海上之城隍廟而尤熱鬧焉。呂祖塑像。列於龕中。香煙繚繞。難辨面目。兩廡別有甲胄佩劍之武神。不能舉其名。然亦有膜拜焚香者。蓋得呂祖之餘惠也。巡覽一周。熱不可耐。迺卽出廟而下塘街一帶。多賣龜者。龜置於竹簍中。或大於碗。或小如錢。稱之爲神仙龜。人亦以神仙之嘉名而樂購之。此外更有艸木本之花樹。韡葩垂葉。都數百千種。暨泥揑之濟顛、關聖、模特兒式之蚌殼精。悉以求售。無不利市三倍云。

獅林賞菊記

城北獅子林。元天如禪師倡道之地。而勝朝黃氏涉園之故址也。但荒蕪日久。石頽池涸。幾乎爲丘墟矣。鉅紳貝氏遂購而治之。經營易歲。規模始具。嘗與閨人壽梅偕吟秋暨碧筠夫人同游。車抵其地。門扃不得入。迺繞道前巷而涉勝焉。敞南甍爲廳事。妝點蓁麗。棐几檀案。列置井然。蓋主人張飲賓從處也。而奇石環拱。有似屏蔽。度小矼。入巖洞。黝冥杳窱。高低迴折。令人迷於往復。倪迂之構作。洵匪凡手所得而比擬也。既而循磴上陟。據高四矚。諸峯突怒偃蹇。歷歷在目。或似狻猊。或似虓虎。或似丹山鳳。或似巫峽猿。或似朝士執圭。或似老人拄杖。而巍然特兀者。則髣髴醉酒之李青蓮。而伸足使高閹宦脫鞾。妙具神態。尤爲峯石中之傑出者。幾經曲折。出巉巖而履坦地。不數十武。得一池。水殊瑩潔。廣可畝許。石舫儼然。泊止其中。吾人登之。欲作浮家泛宅想矣。岸旁隴坡。植菊若干叢。著花正盛。紫英赭蘂。郁郁菲菲。碧筠壽梅咸愛花若命者。相與平章瞻賞久之。舫對一榭。飛翠流丹。舢棱浮動。榜以眞趣二字。乃十全老人之御題也。榭過而爲齋軒。亦皆嬴鏤雕琢。金碧繁飾。有失質樸蕭澹之致。予無取焉。歸而記之以留鴻雪。且藉示吟秋夫婦云。

西園聽雨記

微雨退暑。足音跫然。蓋滄浪生自海上歸來也。滄浪生與予交莫逆。過從談文史。終日不倦。飯既。偕往西園。雨愔愔未已。垂綠跃蔓。方弗新沐。園有池。絕淸曠。池中翼然一亭。小橋通之。下蓄魚介。噞喁沈浮。往往引人駐躅焉。是日游者絕尠。泬寥寂歷。似天故闢斯淸境以著我兩人者。時雨淅瀝更甚。水起浮漚。隨滅隨起。繼而琤琤琮琮作淸響。斜風掠低枝。如蜻蜓點水然。而魚乃大樂。促鮮尺鱗。幾欲出水。吾儕屑餌以拋之。於是浮者來。潛者起。爭奪唼喋。一若人之希弋利祿而攘攘也。由是觀之。則六合之內。何在而匪爭奪之場哉。因感而記之。

靖園窺虎記

七里山塘。頗多勝蹟。而李公祠之靖園其一也。穀雨後五日。余於課餘偕雲莽往游。入門便見曲園老人之榜書。蓋郎園之題名也。園不大。而涔池疊石。列植交蔭。徜徉其間。有足以使人悠然意適者。斯亦難得遘止之佳境也矣。池旁山茶。渥丹赫烜。苞坼春風。而有美一人。舒其纖腕。摘瓊朶以飾襟扣。余謂雲莽曰。是眞東方茶花女也。相與一笑。既而入水竹居。居接春玲瓏館。深虛曠潔。可以憩坐。楹柱有聯云。四面雲山餘虎氣。一池水月伴鷗眠。園鄰虎阜。故聯語云云。稍西一樓高峙。拾級而上。則阜塔巍峨。山莊擁翠。一一呈於目前。似披名人畫本。余曰。脫攜詩囊酒榼。來此醉吟嘯傲。竟歲不涉城市。則是樂雖南面王而不與易。奈天之靳畀吾輩以淸福何。下樓而歷凝暉堂。堂對藝圃。栽有瀛島移來之櫻花。穊瓣而帶淺綠。繁簇爭麗。然與余往歲在靑陽堤畔所見者不同。據花奴云。花類別綦夥。茲乃綠櫻貴種也。由側戶出園。尋支徑而陟虎阜。巖齒中多紫荷花草。彷彿西土之毋忘儂花。厥色絕艷。余戲擷一二莖。綴諸帽檐。乘輿謁眞娘墓。瞰第三泉。上五十三參而登小吳軒。凭檻遐矚。斜暉掛樹杪。人影散亂。山風颯然至。衣袂爲寒。余遂與雲莽緩步而歸。於靑山綠水橋間。一弔五人之墓。碎塼蔓藟。且茁若干小楓。想秋霜染葉。絢爛生紅。當與義士之斑斑血痕相媲美云。

虎阜瞻幢記

虎阜去郊祇七八里。然羈羈塵俗。亦不克常游。憶自歲初探梅后。足跡未涉虎谿者。已春秋代序矣。一昨於金昌亭畔。晤君博、眠雲、孔章三子。因述及周梅谷之經幢。遂相偕往瞻之。轔轔車行。倏瞬卽至。過短簿祠。門鐍不能入。眠雲曰。殆祠神知我儕枵腹而來。故特享以閉門羹乎。忽歷憨憨泉、試劍石、眞娘墓、擁翠山莊。而石幢巍然在望矣。幢立於千人石上。高丈許。計級七。周圍鐫彌陀經全部。其下有老缶所篆「周氏所建經幢」六字。餘則費韋齋之幢記也。曾熙、馮煦、方還、金天翮、張丹翁、吳湖帆、任堇叔、天台山農數十雋彥之題名也。皆由梅谷手刻。梅谷固善運鐵筆者。夫與梅谷同垂孝思之石幢在阜者。計鼎足而三。一附二僊亭。一傍生公臺。惟越年久。而字跡剝蝕難辨。然妝點風景。有足動人低徊焉。時塔影斜陽。游人俱杳。蓋已薄暮矣。乃趨冷香閣而登之。閣中懸翁印若先生之虎阜圖。圖絕巨。筆意超脫。似宋元人之所爲。今夏先生歸道山。則此遺幅彌可貴也。依窗憩坐。且又苦渴。飲茗荈以觀之。而當鑪者爲一娟好之女郎。舉止亦閒靚可喜。予曰。是卓文君再世也。君博曰。然則子爲重生之司馬相如矣。予以不克勝爲讓。相與大笑。舉目遠矚。衆山如拱揖於前。嶙峋者。靈巖也。突兀者。獅嶺也。嶔巇屹巕者。天平支硎也。而瀰迤平原。蒼煙勃勃。村舍林樾。悉爲籠罩翳蔽曖昧之狀。有非晝日炯晃中所得而領略者。坐既久。迺出而訪第三泉。崖石窪然。潰滮硉矹。爲今歲新疏引者。厥水清洌。可比之於中泠惠泉者也。游至此。夜氣幽穆。不能再留。遂驅原車而還。（梅谷經幢茲已遷至石湖之畔）

鶴園夜讌記

吳中韓家巷有鶴園焉。具水石之勝。本爲洪氏產。漚尹翁曾居之。琴劍書囊。

寄其嘯傲者二年。厥后是園易主。爲龐子蘅裳所有。中秋之夜。星社雅集。遂商之主人。而醉月飛觴也。熏夕。予偕眠雲驅車往。則煙橋、聞天、冷月、佩萸、菊高、劍花、紀于。已先據攜鶴草堂。繼而瞻廬、小青、明道、季鶴、守拙、聯裾來。計十有四人。一堂濟濟。摩挲吉金樂石。賞覽名畫法書。蓋陳設之雋潔。有足令人發思古之幽情也。既而徧歷其境。池畔一石兀立。鐫以朱文曰掌雲。聞天因謂眠雲曰。巨靈之掌。君當望而卻步矣。眠雲爲之莞爾。廊腰迴折處。隱約見珠簾晶牖。則主人之閨闥。榜以燕寢凝香。與世隔七字。亦殊饒逸致。俄而臧獲以赴讌請。乃相率就座於枕流漱石軒。霞箋牙箸。馘芬魚美。佐以張公大谷之梨。梁侯烏椑之柿。既快朶頤。復肆雅謔。又行三不對令。懽笑更劇。所謂三不對者。限於五官。例如甲以目在何處問。乙即以目在耳上對。且隨以指指鼻。以顛倒混淆爲尙。否則罰以巨觥。然忽遽間。輒易失察也。令畢。議及陶子寒翠加入星社事。予因笑向社友曰。從玆隆冬不能舉行雅集。夫旣有冷月。再有寒翠。凜兢慄慄。則雖毳衲駝茸之裘。不能禦矣。瞻廬曰。毋妨。是可請雙熱列席以調劑之也。合座哇然。時素魄流空。精彩自柯條嬋媛中漏出。幽靜不可名狀。座多酒龍。游浮大白。及踏月歸家。已譙樓三鼓矣。

游濂溪別墅記

金昌亭畔。有濂溪別墅焉。別墅爲周姓產。佔地若干畝。有水木淸華之勝。予於一昨偶偕某君往訪之。入門。循文廊行。有精室數楹。壁懸玉屏。案陳古盎。幷有吳昌碩、左孝同、王一亭諸名公題額。蓋主人之所居也。園之布置。前密而後疏。密則奇石聳疊。疏則細草平鋪。中洿一大池。微飈吹來。水淪漪作皺紋。吾儕憑榭閒矚。而白鵝三兩。浴波刷羽。頗得游潛之樂。令人對之悠然而意遠也。池畔多蟠桃。結實離離。尚未熟綻。脫遲一二月者。當可舉行蟠桃勝會矣。後爲一大花房。覆以玻瓈。卽四壁亦以玻瓈爲之。晶瑩朗澈。適於養花。花迺歐種。大都不知其名。色盡爲赤。或淺絳。或穠紅。或緋而間白。或艷而微黃。其狀蓁媚。正似十七年華之妙女郎也。吾儕遍行一周。深歎主人構斯。非胸無邱壑者。惜乎門臨大衢。有飆輪馳逐聲之足以擾耳。爲可厭云（按別墅今改爲花園飯店）

可園探梅記

吾吳產梅地。首推鄧尉。繁花似海。綴雪生香。春序方初。宜蠟阮屐。然是地去城數十里。往還頗費跋涉。叢脞之愚。固無此清福以餐瓊領豔也。不得已而思其次。則有南園可園。巡檐索笑。堪以慰情。而吟秋子彝二子。又致意相招。乃於一昨撥冗作半日游焉。升博約堂。與二子把晤。略述別後情況。卽引愚登樓。一覽藏書之富。蓋可園者。亦一瑯嬛勝地也。入其中。丹函翠蘊。緗褎縹囊。別類分門。垂籤累累。而圖書集成。都五千餘册。幾占鄴架之半。絕貴異者。有元版之宋文鑑十六本。春秋屬辭兩函。昭明文選全帙。書爲胡蝶裝。古香古色。使人愛不忍釋。鑑藻一過。直趨浩歌亭。一賞寒枝芳甤。以療愚之飢渴。花有素者。有淺碧者。而以赭色者爲多。霞融姑射之面。酒沁壽陽之肌。裂蕾含春。爛漫極矣。雖身其間。不啻當年趙師雄之醉臥羅浮也。子彝善照景術。遂出鏡機以試之。且置機捩。能自動不假人手。故得三人駢立而留眞。既畢。迺循澮尋鐵骨紅老梅。夭矯如故。著花三四朶。彌覺酣紅馥郁。既而又至對宇滄浪亭一游。亭兀立於蓁茸莽離間。日益頹廢。有桃塢居士者。發願葺治之。茲已煥然一新矣。時暑日西斜。亟辭二子而歸。

可園讀書記

吳中名勝。首推滄浪亭。登之令人思古追賢。低徊無已。與滄浪亭望衡對宇者曰可園。水木明瑟。佳趣盎然。植梅數十百本。尤以鐵骨紅最爲名貴。蓋斷枝表裏俱赭。絶少觀見。惜今非花時。祗一二斜柯。蹇立於池畔。彷彿美人之亂頭粗服。尚未紅妝梳洗也。不慧一昨回里。偸半日之閒。與眠雲孔章二子。驅車蒞其地。以應吟秋子彝之招。園中藏書甚多。某名宿長其事。而吟秋子彝同司編目之職。其編目也。一爲種類目錄。一爲書名目錄。一爲著者目錄。列短橱若干事。排比抽斗。貫以銅梗。諸標識之硬紙片。纍纍串諸其上。任人翻檢。而不虞遺散。法至善也。既而吟秋導入樓室。出示韻府羣玉。書計廿册。行格疏朗。古色彪弸。書根繕寫。又絶精妙。爲元延祐元年刻。尤爲難得。更有行水金鑑。及玄妙觀志。咸爲世間孤本。金鑑述水利綦詳。附圖又細緻無與倫比。金鶴望前輩見之。愛不忍釋。頗以不得價購引爲憾事。玄妙觀志計二册。爲工楷鈔本。記觀之掌故。及前人詠歎諸什。收羅殆遍。亦爲稀有之佳籍。其他明版諸書。縹囊綈帙。充斥四壁。一時難以領略。而海上諸日刊。似申報時報新聞報等。編年彙訂。自成大觀。聞明春尚擬補完晶報等全刊。俾富厥藏。展覽一過。出至博約堂。有樓五楹。貯書千萬卷。幷有宋版者若干部。尤饒古澤。奈司值者適外出。門扃不得一窺其奧。欲飽眼福。當俟諸異日矣。

訪蔣圃記

街頭巷口。有蔣圃水蜜桃之揭櫫焉。揭櫫爲朱文。副之以畫。頗具美觀。記者爲其所動。逕往訪之。圃爲蔣君所有。在倉街胡相思巷口。占地二十餘畝。徧植以桃。瓊實離離。殷紅熟綻。凡客臨門出相當代價可摘實盈筐。丹骨縹肌。液多核小。味埒滋春玉露。而無蠐螬之病。人因是珍之。得快朶頤者。或比諸天台之劉晨阮肇也。據云。斯圃本爲棄地。蔣君以廉價購得。雇村氓墾治。忽掘得何首烏。形似鰐。計長三四丈。蔣君至今尙藏之。墾既熟。迺栽武陵之花。其出售早水蜜桃也。茲已爲第三年。年可獲千金。施肥接種。悉仿歐法。故成績頗不惡。他日或能與奉化水蜜桃龍華蟠桃爭席也。

周廟觀玉記

周宣靈王廟。在金昌門內之天庫前。舊歷九月十四日。爲王誕期。廟爲玉業公所所建。故逢王之誕日。玉業中人。必醵飲羅百戲。且陳玉玩以媚悅於神靈。

是日記者適酬應壽事於廟之左近。午後。偕二三友侶往觀之。入門。鉦鼓聲喧。旌旄燦麗。有寬袍博帶。金面儼然而高坐者。即周宣靈王是。時諸玉人競作摴蒱之戲。吾國人之好賭。於此可見一斑。轉折而至善寶堂。則巨案縱列。除供碩大之香橼木瓜佛手外。悉爲盂盉鍾鼎諸皿。皿成以古黝之銅。此外更有雨過天青色之淺碟。計十有六。碟各置古玩二事。瑪瑙之虬。翡翠之駒。玭霞之猴。珊瑚之鼷鼣。脂玉之佛象。或蟠曲。或騰驤。或蹲踞。或縮伏。或挺然而立。玲瓏透剔。疑非人力所得瑳琢也。而白屏紅罌紫環黃爵。又得如干數。色澤之美潤。蔑以加矣。其他別有一碧玉之蛙。長逾二尺。塊然無痕。玉鉢中龍爪擎一大晶球。瑩澈照人。亦爲珍物。游覽一周。乃退而記之。併錄其堂聯一則。以爲是記之殿。其聯云。斯民歸謂之王。卅六年菽水承歡。羣欽天爵。君子比德於玉。數百載圭璋令望。永庇人寰。

紀支硎靈巖之游

駒光好迅速啊。去歲的立夏日。不佞和天笑、瘦鵑。及星社諸子。同作天平之游。又挾了昌亭眉史四五輩。酌鉢盂之泉。尋蓮花之洞。把那清巒秀壑。都薰染了脂香粉氣。意興之盛。得未曾有。而今紅了櫻桃。青了梅子。又是一年的立夏了。回憶前游。不覺興爲勃發。便約定萬青、雲蓀、蘭言女士。及諸生徒。蠟屐雇舟。同探支硎靈巖之勝。晨七時。在廣濟橋下船。柔艣聲聲。歷楓橋寒山寺而前往。我們在艙中啖甘蔗。飫甜釀。雜以談笑。不一回已到了栖星橋。那栖星橋爲一小鎮。市聲塵囂。喧鬧可厭。過鎮則浮萍聚藻。綠漲一溪。加之岸旁柯條。趺蔓垂拂。差不多把去路都遮斷了。船行其中。似在藹藹翠幄間。那是多麼有趣啊。約半小時。即停橈柳岸。這時飯已熟了。魚羹肉膾也烹調好了。我們便團坐而食。既畢。係躚登岸而行。林麓黝黛。荒葛罥塗。那些村犬。嘊嘊似欲留人。行不多遠。有穹門黃垣的。就是支硎古刹了。供有觀音大士塑像。靈龕寶蓋。旃檀氤氳。俗稱支硎爲觀音山。大約卽因此而有是名。其右別爲一殿。中有一幢。絕高大。下以頑鐵爲關捩。推之可以旋轉。諸生徒見了。便自告奮勇。合力旋推。以加速率。這箇頑意兒。好比那海上梨園的大轉舞臺。那幢中的釋迦文佛。迦葉阿難。任人簸弄。兀自低眉不語。據說轉了幢必施以香金。可愈頭目昏眩之病。這也是僧徒歛錢的一法呢。我們隨喜了一囘。出刹左折。奇石錯立。崖溜琤琮。厥名寒泉。勺飲之。涼沁脾腑。此身幾欲僊去。泉旁鐫石成文。邑名宿大圜居士書有「支硎道場」四大字。又有吳下寓公李印泉書有「支硎古爲臨硎。俗稱觀音山。又名報恩山。一山四名也」若干字。髹以硃丹頗覺觸目由此循磴而上愈行愈高。嶇嶔巋崎。蓊茸穲矗。有已枯的巨木。葛藤鬖挂枝幹間。柔條殗葉。欣欣向榮。幾令人混視巨木之森然未瘁。巖罅中野薔薇方發花。雜披映帶。素豔可人。我們紛紛採擷。或綴之於鈕扣。或插諸於帽檐。有的累累贅贅帶了許多。香風飄拂。中人欲醒。而嵸石巊嵥。狀益詭怪。若虎伏。若龍騰。若鵬之展翅。若厲魅之猙獰噤齘。萬象森列。幾有入山陰道上目不暇給之概。嶺脊有一屋。斷垣荒榛。相傳爲十全老人南游駐駕之所。過了這屋。山勢便由高而下。御道峢㠁。遠望有似羊腸一線。到了極低處。山勢又由下而高了。原來支硎已盡。已到了天平山。石級崴魁。上陟頗覺汗喘。過童子門。爲高義園。長松秀矗。風來成籟。我們足力有些疲乏了。卽在下白雲稍憩。見亭壁間亂塗著不知所云的詩句。我們笑讀了一回。又在左首發見一幅妙畫。春色漢宮。備極淫褻。這種頑意兒沾污山靈。未免罪過。有賣鳧茈的。吾們買了若干枚解渴。且啖且行。回顧峭蒨青葱間。峯巒複沓。亂石岭峨。不可名狀。途徑紆回。約行五六里。始到靈巖斜坂迤邐。行行止止。土石間茁生稺筍。髣髴摻摻玉指。我們拔了成束。以便帶了回去。煑花豬肉以下酒。既而抵最高處。石磴峻滑。非猨攀卉條不克登。我們又斫了一挺直的樹枝。權當司的克。俾得支撐扶持。那最高處巨石如砥。上鑿有琴臺兩字。相傳爲昔西施奏琴的地方。旁邊有兩箇孔穴。又傳爲吳王與西施對弈時。投置碁子的天然器具。但這種傳說。恐不足憑信。因這陡絕的琴臺。雖我們壯健的男子。尚不易攀登。豈荏弱女子所能勝。這想是後人附會其事。成爲豔跡罷了。我們兀立巨石上。東望太湖。煙水迷茫。帆船點點。莫釐包山。屹峙湖中。眞好比水晶盤裏的兩箇青螺。俄而山風飄發。厥聲飅飅。雖非龍山。卻欲落帽。勢旣不可留。乃相率而下。時有二女郎。出其輕羅帕子。繫以綵絲。以代紙鳶。帕子因風而舞。絕似紙鳶之高舉。有趣的很。左折有清水一泓。爲浣花池。再左則爲靈巖寺。寺乃古館娃宮故址。浮圖嶽立。計級七。每級供有石佛。我們進了寺。山僧瀹茗以獻。飲之渴頓止。且又苦熱。磅礴解衣。借了把大蕉扇來揮著。習習清風。涼生兩腋。坐了一囘。出寺游覽。那左邊的山坡上。一石塊然。恰對著太湖中的黿頭渚。其狀酷肖元緒公。俗因稱爲烏龜望太湖。又有一石直立。似偉丈夫。其容傴傴然。若有待而失望。俗因稱爲癡漢等老婆。據父老說。古有一男子。約女來會。不料女屆時爽約。男子便僵化爲石。這種有味的故事。很足以添游客的興致。其他尚有許多名蹟。什麼響屧廊咧。韓王碑咧。香水谿咧。都不及徧領其勝。我們再在寺裏喝了一杯茶。即圖歸計。循著原徑。下了斜坡。憚於越巒踰峯的勞疲。找了箇童子來作嚮導。改由金山麓地而行。那金山爲採石之所。附近數百里的石料。大都取給於此。仰望山石。墱墱賴顏。多斧鑿的痕跡。過金山浜茶塢浜的市集。那些山氓。聚在小茶寮內賭博。廝吵喧嘩。令人厭惡。行不多遠。爲天平的東童子門。經了這門。完全爲田塍了。時斜陽照墟落。乃競赴停橈處。及歸抵金昌。早已萬家燈火。炫眸生纈了。

上方之游

寂處吳門時的不佞。沒有玩過上方山。及至今日。飄泊江頭。卻得偸閒回里。試屐登臨。於茲可知吾人雖一游一息之微。此中也有機緣。頗足耐人思索尋味哩。中秋節屆。人月雙圓。不佞也動故園松菊之念。且乘著上海影戲公司同人來蘇攝取外景。遂於先一日逕賦歸來。團圞節之晨。盥胰漱粉畢。便雇車至閶亭。訪但君杜宇於蘇州飯店。蓋先期約定者。至則杜宇、淦亭、寶琦、蓉珠、維賢、雲傑、鴻泉諸子均在。二春亦偕來。乃買一舟。同赴上方石湖之間。一探幽勝。八時解維。由胥谿而行。一路蘋藻拂堤。蓼芷披岸。橫塘妾住。十里坡平。在在足以快適吾人之襟抱。十一時許。到行春橋。那橋爲九環洞。過橋便爲石湖。天澄照碧。日動浮金。極滇漭渺瀰之妙。我們的船。在湖邊榆柳叢中停繫著。柯葉低垂。篷牕罨綠。杜宇二春鴻泉等。常就公司中所佈之華清池學泅泳。深苦方丈渟潢。不克展發身手。一旦蒞此水鄉澤國。不覺大喜欲狂。亟御浴衣。紛紛投水。初尚扶舷。不敢遽離。繼而聯臂激蕩。浮至波心。一時白浪生花。急湍作響。倒也很有趣味。不佞和維賢、雲傑、蓉珠。坐在鷁首。啖剝紅菱。聽得岸旁莽葦亂草中。蟋蟀凄咽。雲傑好弄似頑童。即騰身上岸。翻甎掘土。搜尋了片刻。竟被他獲到四五箇。把茄立克烟罐。充瓦盎。一古攏兒置在罐中。且擷蟋蟀艸一二莖。引其怒吻。果不多時。蟲兒互相鬥殺起來。勝的瞿瞿驕鳴。負的一躍遁去。和軍閥下野一般。我們笑看了一回。泅泳的也倦乏了。登船易去濕衣。一同午飯。蛋羹肉膾。豆筴蝦仁。既飽啖了。我們聯裾登山。由驢夫阿三爲導。這時游人絡繹。路上設著許多攤兒。售賣糖果。因香汛在卽。所以倍形熱鬧。前行轉折。篁樹蒙籠。愈行而愈幽邃。四園俱綠。衣袂爲之易色。間有一二野葩。赭瓣垂鬚。爛發道左。也足以妝點秋容。那蟬兒曳著殘聲。別成韻調。這時我們覺得熱了。解衣磅礴。在石凳上憩坐。見坡麓間鐫有楞伽二大字。楞伽爲上方別名。乃李印泉所書。印泉年來爲吳下寓公。訪古探勝。興正不淺。且喜留蹟巖壑。書以渥丹。此老名心太重。未免爲盛德之累咧。坐了一回。再行上陟。不佞穿了一雙白麂皮鞋。足繭生痛。奈一時又購不到屮蹻。祇得忍痛蹇步。幸而此山較天平支硎爲平易。而阿三在旁指點崖樹。謂海上友聯影片公司日前曾來攝影。孰爲「山東響馬」俠盜馳騁處。孰爲廣東先生避匿處。言之歷歷。杜宇亦在在注意。以備攝取爲銀幕之用。忽睹一老叟。席地而坐。編製花籃。式殊玲瓏。二春見之而喜。買其一箇。代價爲小銀幣二。據云乃金銀花藤所編製的。二春又於蔱篠纖草中。蒐採雜卉。以實新籃。色媥爛可觀。而篠草中多螽斯蚱蜢螳螂等蟲。飛躍絕迅。雲傑以軟鞭揮擊之。一一就捕。偶不小心。被螳螂肢鐮所襲。血指涔涔。然不以是而罷止。捕捉益奮。計若干隻。亦置諸籃中。既而到了山巔。覩巫環塔作嚷禱。厥狀可笑。塔七級。中爲神龕。供五通。有淸名吏湯斌。曾一度毀之。今已爲重塑的偶像了。一般窮措大往往有向神借債的。八月十八日。爲神誕期。窮措大躬詣神前。虔誠求一籤。決借款若干。何代清償。須於求籤時默叩。及籤出。有允有不允。允者便算遂願。從此無論懋遷游宦。及其他種種事業。莫不一帆風順。囊槖充盈。而年年是日。必以燭香紙元寶獻神。紙元寶按年遞加。終其身而繼之以子孫。不能或替。其荒誕有如此。深願當局出而厲禁。掃盡妖氛。使名山勝地。不留些兒汚點。那麽湯斌在天之靈。也當色然而喜咧。我們在山巔遠眺。阡陌相轄。城郭如繡。而天平靈巖等山。巍巍競峙。杜宇出機攝取若干幀。遂一同下山。那些村嫗。沿途乞錢。一嫗欲向我們求乞。別一嫗阻止伊說。這些人是賣外國糖的。不肯施捨。莫多饒舌。實在我們不衫不履。不中不西。又多挾著機件箱篋。無怪村嫗要認爲賣外國糖的了。寶琦聞之。連稱這嫗識相。隨手給他銅元二枚。不料此端一開。諸嫗紛來。經雲傑把馬鞭揮斥。始退。及抵山麓。蓉珠已妝成迎上來。翠珮雲翹。粉裝玉琢。想曩年太真妃子。當亦不過爾爾。奈杜宇因相地未妥。不能開攝。且時候也不早了。同下艙船憩坐。口頗苦渴。得茗作牛飲。其味之佳。勝於瓊漿玉液。五時到新閘門。在南新橋上岸。不佞即辭別進城。

越二日。六時起身。收拾了應帶的物件。擬乘長車赴滬。到了阿黛橋。便往蘇州飯店。一探諸同事回申沒有。不料到了那兒。諸同事正在進喫早點。杜宇謂已雇定普益汽油船。再往楞伽靈巖之間。擇地攝影。仍邀不佞同去。八時開船。到了胥門。沿棗墅行。是日爲上方香汛最盛之期。一般愚夫婦。絡繹進香。有的乘船。有的步行。元寶香燭。累累負戴。從橫塘直到石湖。香船幾乎綿亙不斷。那行春橋畔。更熱鬧的了不得。村氓駕著船。鉦鼓喧闐。耍拳使棒。用以媚神。那種傖俗狀態。令人作嘔。其他大小畫舫。和星羅棋布一般。嬋娟豔飾。衞鬢楚腰。尤足以引起浪蜂遊蝶。有的是夜宿船中。玩賞串月。據父老云。明月初上。映行春橋。洞影如串。亦爲吳中佳景。昔人有憶江南詞。蘇州好。串月看長橋。橋畔重重湖面闊。月光片片挂輪高。此夜愛吹簫。便是詠這箇頑意兒的。我們也上岸趕一回熱鬧。沿麓攤兒設得密層層地。還有許多臨時神廟。那神廟簡單的很。可以隨時搭卸。備一小木偶。藉得香火資。也是材氓投機事業之一。舉首瞻望山上的人。不知萬幾。憶得昔賢有游人似帶束山腰句。這不啻是今日的寫眞。杜宇又攝了許多片兒。權充楊貴妃劇中胡奴變叛爲鼙鼓所驚的難民。好得豆人寸馬。服裝之今昔瞧不出來。攝後陟磴上升。肩摩踵接。擠擠攘攘。間有一二穿赭衣的。飾犯人模樣。而巫覡乘著輿兒。佯作顛狂。算是菩薩附身。有的竟從山上直滚下來。跌的七死八活。這眞荒謬極了。秋陽驕灼。衣爲汗濕。且徧山焚著元寶紙帛。火光熊熊。逼人難受。我們急忙跑下。腹中有些餓了。買了些山農所製的赤糖糕來充飢。開船行一二里。爲石湖之最佳勝處。清瀾澄瀞。菰蘆蕭疏。杜宇囑船停泊。別雇一帆船傍岸待用。周鴻泉化裝爲肥胡。登帆船遠颺。雲傑飾一將帶戎卒緊追。及祿山登船。乃彎弓發矢。狀很雄壯可觀。不佞那時閒著沒事。坐在船頭臨流濯足。快適無比。約逾半小時。繼續開船前進。午抵木瀆。過敵樓。入香谿。相傳西施曾在該谿中浣手。浣後一水俱香。遂有是名。洵屬千秋豔跡咧。既至市集。我們上岸。在某館中進膳。一醋魚味絕雋美。爲之加餐。飯罷便作歸計。致靈巖山上的琴臺響廊。和學友嚴子康伯家的羨園。都沒有餘暇前去領略。船至半途。見有斷墉古柱的遺蹟。杜宇即命蓉珠環珮結束。化爲妃子當年。在一大樹下宛轉繯首。委地花鈿。無人收拾。蓋爲馬嵬坡之末幕了。玉環既死。我們也像隨從君王的六軍。卽行出發。過上方山下。那些香船。早已辭櫂。頓覺湖水湖烟。淸寥可愛。晚間六時到金昌。不佞是夜便宿在旅館中。明晨和諸同事進城。飯後乘車赴滬。目病了若干天。始稍痊可。乃追寫游蹤如此。

天池濯足記

蘇州的名山。什麼虎阜咧。天平咧。支硎咧。都頑的膩了。因想到一箇沒有去過的所在頑一次。既而知道有箇天池山。離城約三十里。很有些兒景蹟。於是就把天池做了箇淸游目的地。但是屢次與友約期而去。總是屆時天不做美。雨師阻駕。今歲重九日。諸學友又約定往游。在上津橋上船。晨間小雨廉纖。兀是焦悶躊躇。不半小時。雨霽日出。我們就決計棹舟前去。到了上津橋。我們雇定的船。已停繫在柳陰深處。卽有船娘招呼下船。但榜人因市肴沒有還來。我們恐一再遲延。晷促不及暢游。囑船娘先行開船。船緩步疾。榜人可以追及的。船娘也以爲然。便解維劃波而行。柔艣聲聲。秋江寥闊。我們城市中人。久錮塵囂。一到了這種境地。頓覺眼界寬舒。心神怡適。不一囘。經西園戒幢寺。而抵冶芳浜口。這冶芳浜在數十年前。素稱豔藪。粉黛如雲。戶宇櫛比。一般裘馬王孫。騖趨而至。纏頭浪擲。花海吹笙。確是一箇銷魂之窟。以視今日之敗葦荒潦。相去不啻霄壤。今昔異狀。那得不令人感喟呢。將近寒山寺。有一斷橋。榜人已追及。船便附岸。俾榜人上登。我們見了。不覺異口同聲道。是眞一齣斷橋相會哩。到栖星橋。爲一市集。鄉人大都以編筐筥爲生。時已近午了。船娘爲我們陳簋數事。料理膳餐。天又脩脩而雨。黝雲低罨。山容爲改。不多時而又雲開雨歇。蓋今日的天。和人們的境遇差不多。時蹇時通。無從得其端朕。船既轉折。境更清曠。兩旁的樹。岸土被水浸蝕。巨根外露。厥狀一似怪獸之頭。而垂條著水。拂掠篷牕。玻黎上點點留痕。間以紅蓼白蘋。茈䖿可愛。絕妙一幅秋江放櫂畫本。惜我不能繪臨。未免有負佳景了。而野菱糾蔓於蘋蓼間。我們戲把司的克鈎摘。得一二枚。剝而啖之。清嫩可口。又行了若干里。抵白馬澗。港汊窄狹。便泊舟上岸。白馬澗爲一箇小鎭。鎭多茶寮。氓夫據集作摴蒱戲。呼盧喝雉之聲不絕。吾國人好賭性成。於此可見一斑。市盡。則又田舍相接。門臨谿塘。牧童驅羊叱犢。閒適的很。塍間又伏著一頭小橐駝。毛色㜸。隆峯長項。別有一種狀態。愈行而途徑愈僻野了。乃招一村間女郎。許以酬資。作爲嚮導。那女郎年事可十七八。貌尙楚楚。而捷步若飛。我們男子反有望塵莫及之概。一再請伊緩行。始克相從。此時沿途景物。幽蒨無與倫比。塘水中浮著紫色的萍藻。小鱗瀺灂。時起漚沫。雜樹扶疏中。間以一二烏桕。殷紅霜葉。曄若春華。雜樹也有結著一顆顆的紅實的。點綴秋光。益形嬌麗。這樣的行了八九里。陂陀起伏。達賀九嶺。循磴而上。令人汗喘。約數百步。則穹然一門。和天平的童子門相髣髴。門旁有一巨碑。朱書「天養人」三字。這三字似乎沒甚意思。想係俗子所爲。據鄉人道。三字朱文。從來不加硃髹。色澤垂褪。往往風雨作而紅暈如新。神靈奇妙如此。齊東野語。不足憑信。經了這門。嚮導的女郎道。往天池山有兩條路。一條取道黃牛嶺。崎嶇的很。一條爲平易的蹊徑。究從那裏而去。我們想路愈崎嶇。境愈奇突。便不辭艱險。由黃牛嶺進行。上了黃牛嶺。丘陵駊騀。砦嶙纚連。或峻谷礐岑。或懸崖詭怪。而山鳥呼鳴。訣厲悄切。到了這兒。四圍盡是嶂巒。幾疑脫絕塵世。忽而峰迴路轉。由高而下。路畔一大礬石。如經斧削。厥狀頗奇。而山腰石龕相對。中供接引佛。其間有一方池。廣約半畝。渟水汀瀅。嚮導女郎道。這箇便是天池了。我聽了大喜。足力也有些疲乏了。便在石旁坐下。脫履濯足。因謂學友道。濯足天池。比之濯足長江萬里流的。雖不及他的豪情。也有他的勝概呢。池對寂鑑寺。繞以石垣。有門可通。我們進去隨喜一番。庭中黃白二柞。繁英穠馥。和旃檀的香。氤氳一片。左有禪齋。數椽小築。三面凌空。僧人烹了茗荈。請我們在禪齋中憩坐。憑牕高眺。棧齾巉巖中。有㞷峴孤亭的巨石。便爲蓮華峯。我們出攝影機照了一幀。這時天又冥冥而雨。潼滃蔚薈。風聲呼豨。雨滴亂綠中作淸響。我們枯坐聽雨。約一小時。雨勢稍煞了。嚮導女郎道。山氣暗昧。陰翳未銷。難以待晴。不如趁此雨勢稍煞的當兒。下山去罷。我們聽從出寺。因急於下山。致鄰近花山的乾隆獨木御座。未能前去瞻賞了。忽忽由平易的蹊徑而行。草蟲嘶咽。一有足聲。便戛然而止。兩旁多松秧。簇簇葱翠。這是山農種以鬻錢的。行不多遠。雨漸漸的大了。回顧丘嵐疊嶂。嚶溟鬱岪。這時適在壙埌之野。四無遮蔽。過叢樹下。塕然風來。柯條間留滴瀉墮。點大似拳。不一回。衣履沾濡殆遍了。某學友道。今天箇箇濕頭。（俗稱不幸爲弗濕頭）大吉大利。引得我們都笑了。旣而抵天養人的洞門。循原坡而下。再行三四里。始有村落。我們在農家屋檐下暫躲。榜人也隨行。見有賣蕈的。便向他購買。三百青蚨。可購一斤。可謂價廉極了。且山蕈不失眞味。尤非城市間物所可比擬。躲了片刻。吽呀邨犬爭出狂吠。我們仍冒雨急走。又走了若干里。始到泊舟處。箇箇和水老鴉一般。入艙解除溼衣。船娘擰來熱手巾數把。將頭面的淋水。揩拭一乾。始稍寧適。而腹中有些飢餓了。遂出晨間所備的重陽糕。啗啖一飽。那重陽糕爲應時鮮品。或赭或白或紫或黃。中含糖餡。飢時啖之。更覺甘芳異常。正合了先哲所謂飢者易爲食了。船既開放。大雨滂沱。從篷窗中外望。好一派米家潑墨山水圖。雨珠如水。沫起迴薄。由小而擴大。加之激濺錯落。不可名狀。水中游鱗。因而大樂。頻作潑剌聲。翠鳥輕掠水面。紺潤碧滑。羽澤綦美。榜人道。翠鳥喜啄魚。有魚虎子之稱。茲聞潑剌聲。又將利喙大動了。我們更促膝作拉雜話。船畜一貍奴。喜曬人。我素愛貍奴的。逗以一索。貍奴戲撲翻騰。厥狀絕趣。我對學友道。這眞是髦兒戲喔。（髦諾貓）達寒山寺。寥戾暮笳。天色漸暝。及到上津橋。岸上電炬。在黑暗中作作生芒。乃雇街車歸去。略進晚餐。便倒身而睡。夢寐中猶似此身在煙波浩淼中呢。

——完——

中華民國十九年三月印刷
中華民國十九年三月初版

最新蘇州遊覽指南 全一册

△（定價大洋五角）
（外埠酌加郵費匯費）

不准翻印

編著者 鄭逸梅
出版者 大東書局
印刷者 大東書局

發行所 上海四馬路暨各省 大東書局

新蘇州導游

九玄父 編著

據文怡書局一九三九年五月初版影印。

出版説明

九玄父（一八八八—一九七一），名翔，原名志庠，字玄甫，號墨君，别署墨子。江蘇吴縣人。曾在上海、衢州、台州、杭州等地任國文教師，與弘一法師相熟稔，往來密切。在《申報》《蘇州明報》《新語林》《中學生》《太白》等報刊上發表大量作品，尤以中學生教育文章最爲知名。與蔣箸超、張冥飛、何海鳴等合作《古今小説評林》，另著有《碧玉串》《國學述要》等。

《新蘇州導游》，一名《蘇州指南》，爲作者應文怡書局主人周文達之邀所編。首頁是目録，依次爲序言、蘇州城厢圖、吴縣全圖及二十七幅插圖。正文主體十一章：一、蘇州概説；二、游程提要；三、附郭之游；四、城北之游；五、城中之游；六、城南之游；七、木瀆、靈巖山、光福；八、天平山、支硎山、天池山；九、甪直唐塑；十、勝游志餘；十一、起居飲食與娱樂。附録部分是周文達所作，文字簡潔，篇幅不大，介紹吴縣市鄉、機關團體、報館書社、醫院醫師、汽車運輸、藥房藥號、酒店米行、金鋪銀樓、茶社茶食、菜館旅社等地址與電話，還有火車、汽車、輪航船時刻表。該書側重於城内園林及郊外山林，作者對導游書的編纂提出了特别的觀點，認爲導游指南只需『名勝古蹟，粗存大概；篇章詩詠，間附其後』。編著者介紹這些景點時引用了大量的古詩文，體現出蘇州『山水明秀，人物清華』的特點。

本次出版的《新蘇州導游》，以文怡書局一九三九年五月初版爲底本影印。

新蘇州導游

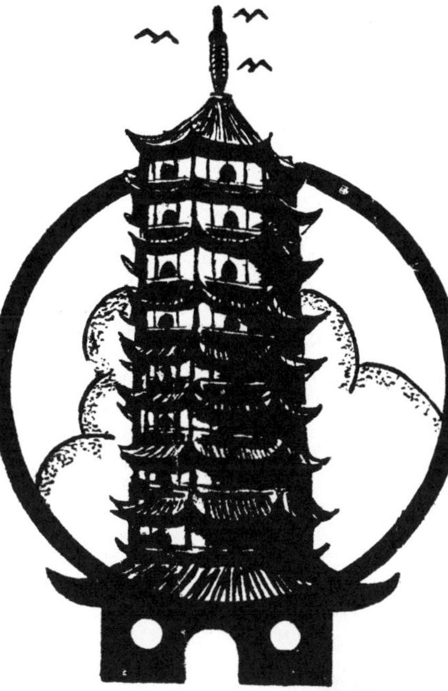

一名蘇州指南

蘇州文怡書局發行

新蘇州導游目錄

目錄

序

地方指南之作。不同夫方志。亦不同夫遊記。遊記者。登山臨水。一時興到。發爲文辭。故有止限於一山一水者。有止翦取山水之一角以自成篇者。亦有即今弔古。感慨欷歔。於山水景物反略而不述者。非所以云指南也。若夫方志。則體類乎史。蒐羅典章。采摭聞見。撰著浩繁。義例嚴謹。舉凡田賦、戶口、職官、選舉、氏族、藝文等自當條分部次。以貽方來。而指南之書則不必若是其詳且審也。蓋地方指南之書。所以備遊人手此一編。可以按圖索驥。藉省導遊者口講指畫之勞。故其書固不能止限於一山一水。當視遊記備且詳。至於政事人文。自可從略。故以比方志。則又當簡且要。蘇州爲東南文物之邦。山水明秀。人

序

物清華。春秋佳日。遊屐常臨。指南之書。自不容已。文怡主人周君文達有見於此。因以編纂之事相屬。蟄居無俚。遂檢羣書。排比節次。名勝古蹟。粗存大概。篇章詩詠。間附其後。計爲章十有一。周君以附錄殿焉。雖獺祭無當乎清聽。或鴻賓有賴於微助。書既成。因名之曰新蘇州導游。并爲綴數語於弁首。民國二十七年冬月九玄父識於白塔寓廬

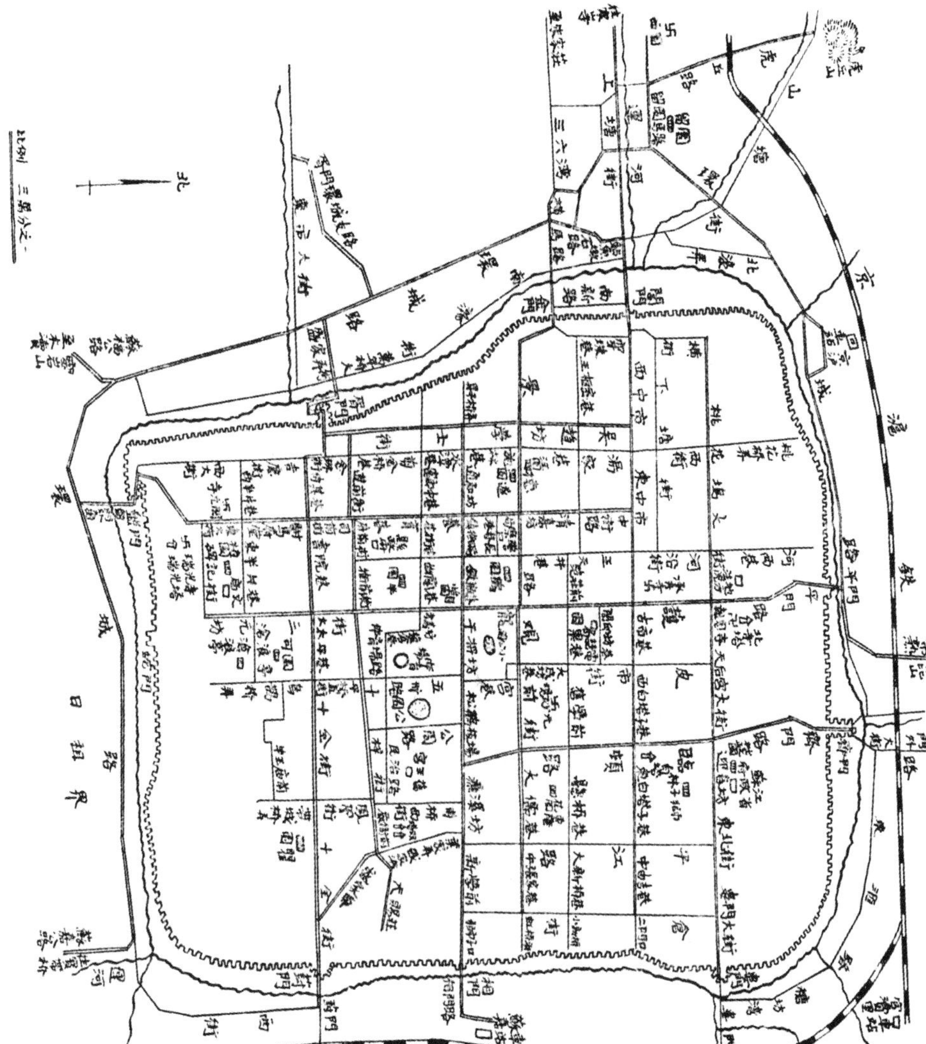

蘇州城全圖

利蘇製

吴縣全圖

利蘇製

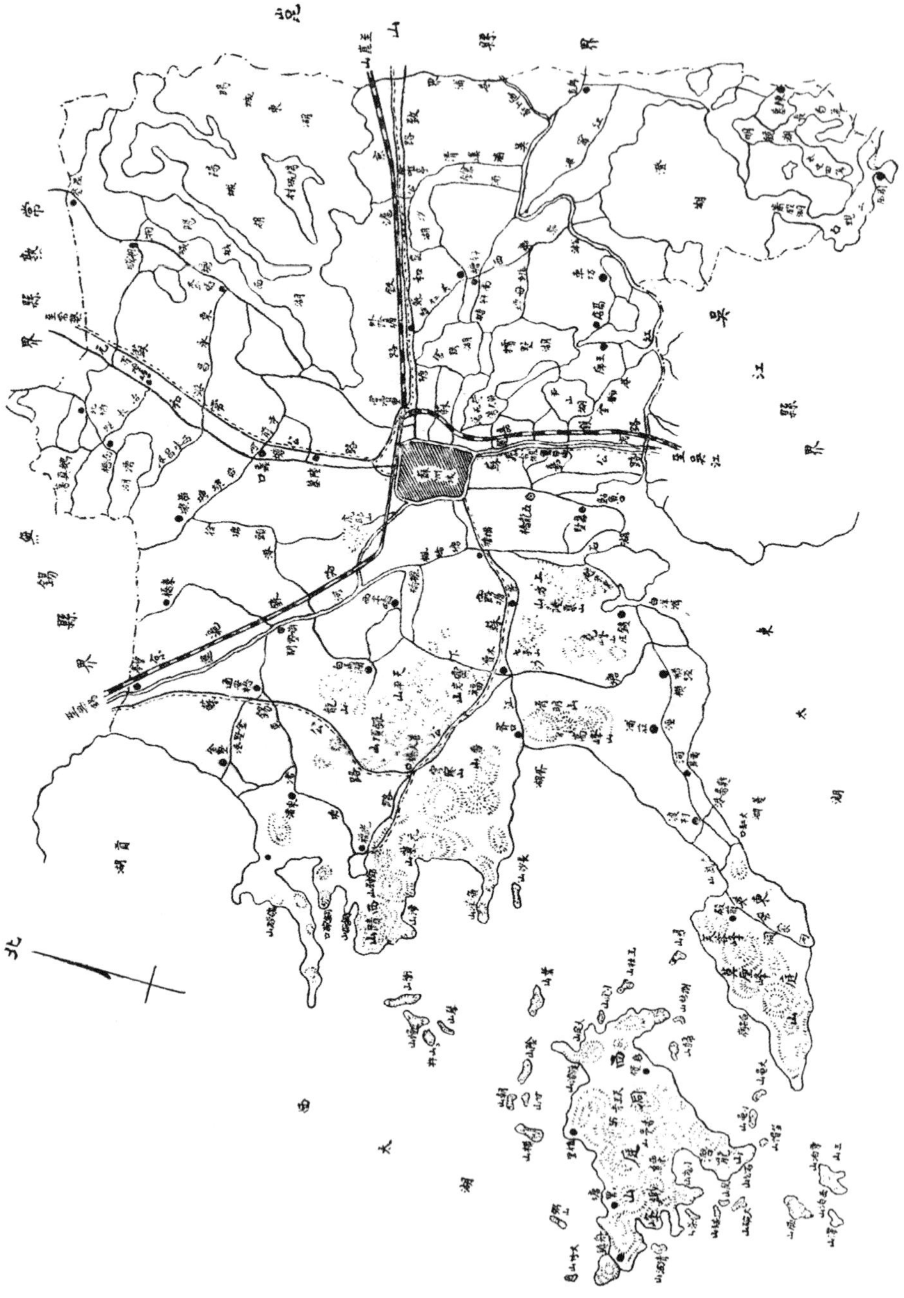

虎邱斷樑殿

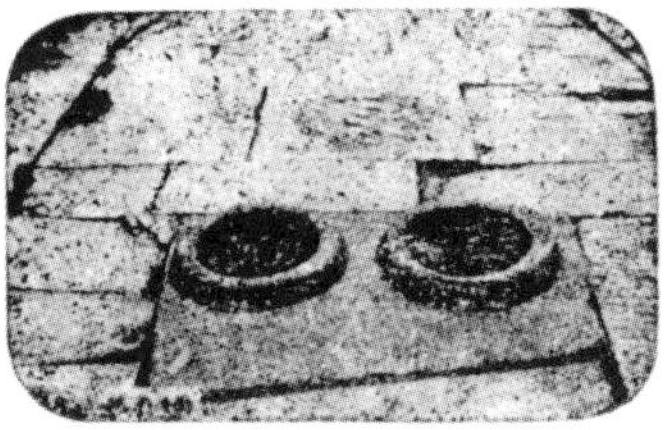

虎邱雙吊桶

虎邱塔

虎邱劍池

虎邱千人石

瑞光塔

西園湖心亭

孔子廟大成殿

蘇州山塘河

北寺塔

雙塔

五龍橋

寒山寺大殿

寒山寺古鐘樓

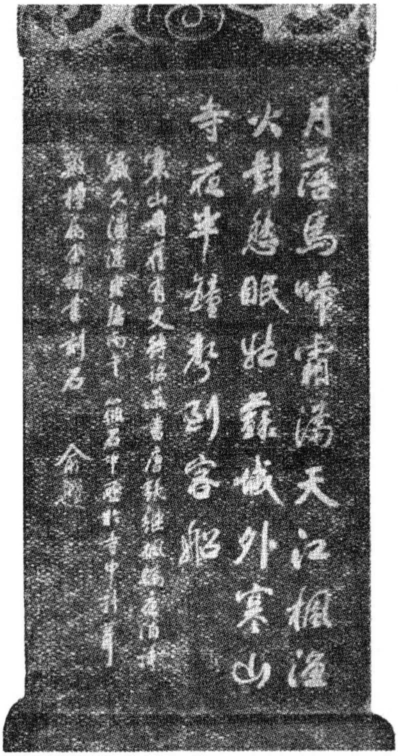

寒山寺碑

蘇州楓橋

靈巖山

西園五百羅漢

留園

獅子林

滄浪亭

元妙觀

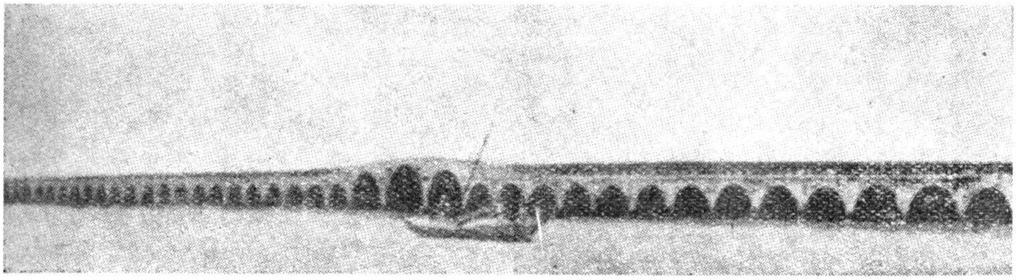

寶帶橋

橫塘亭子橋

獅子山

甪直唐塑像

甪直唐像

新蘇州導游

第一章　蘇州概說

蘇州自昔稱爲文物之邦。良以山水清嘉。風景幽蒨。實占東南之勝。以是四方來游者常與浙之杭州並稱。而「上有天堂。下有蘇杭」之語。遂傳遍遐邇矣。蓋蘇浙比隣。而蘇之蘇州。浙之杭州。則爲東南之二大都會焉。歷代騷人墨客之流寓或生長蘇州者。低徊景物。每多一唱三歎。發爲詩歌。散見各家集中。實不勝述。茲錄明代唐寅二詩於左。以見蘇州風物之盛焉。

閶門即事　唐寅

世間樂土是吳中。中有閶門又擅雄。翠袖三千樓上下。黃金百萬水西東。五更市賈何曾絕。四遠方言總不同。若使畫師描作畫。畫師應道畫難工。

齊門散步　前人

吳王城裏柳成畦。齊女門前水拍堤。賣酒當壚人嬝娜。落花流水路東西。平頭衣襪和鞋試。弄舌鉤輈繞樹啼。此是吾生行樂處。若爲詩句不留題。

蘇州概說

右詩雖衡之今日。已時移世易。桑田頻更。然後來勝昔。益事增華。此蘇州之所以爲蘇州。而可與天堂並稱歟。

本書爲備導游而作。故政事人文。自可從略。然訪古問俗。游者咸有同心。則蘇州沿革亦不可不略述之如次焉。

蘇州爲昔禹貢揚州之域。闢草萊者。周泰伯仲雍也。古公卒。泰伯三以天下讓於季歷。卒偕仲雍還荆蠻國。民君而事之。自號曰句吳。見吳越春秋。孔子稱泰伯爲至德。今城內干將坊有讓王廟。卽祀泰伯以寓其景止之思。而蘇人之雍容爾雅。好讓不爭。雖謂食泰伯之德可也。是謂蘇州之開闢時期。故城在今無錫縣境內。

降及春秋。吳王闔閭及其子夫差據蘇州以爲國都。而與越爭霸。周敬王六年。闔閭使伍子胥城之。於是子胥相土嘗水。象天法地。造築大城周迴四十七里。小城周十里。名曰姑蘇。後被併於越。嗣屬楚。封春申君於此。今城內鐵瓶巷及王洗馬巷均有春申君祠。是謂蘇州之光大時期。至蘇人好文。則沐言子之惠。言子名偃。字子游。春秋時吳人。孔子弟子。孔門四科中言子列文學。與子夏並稱焉。

蘇州概說

今城內干將坊有言子廟。

自是而後。秦置會稽郡。後漢置吳郡。隋置蘇州。蘇州之得名以此。宋爲平江府吳郡。屬兩浙路。復改屬浙江路。元爲平江路。屬浙江行省。此蘇州之所以又稱平江也。明改蘇州府。淸因之。屬江蘇省。舊分長洲、元和、吳、三縣。今統稱吳縣。至吳縣之得名。則始於秦。蓋亦甚古矣。

蘇城又稱闔閭城。隋開皇中嘗一度徙之于城西南橫山下黃山之東。唐武德末復遷至舊城。自是代有重修。月城則築于元末張士誠入據之時。明太祖平士誠。復新其城。爲蘇州府城。淸康熙元年復改築城垣。拓女牆。今城周四十五里。合二五•九二公里。或云三十六里。合二〇•七三六公里。長五千六百五十丈。合一七九三六公尺。高二丈八尺。合八•九六公尺。廣一丈八尺。合五•七六公尺。女牆高六尺。合一•九二公尺。

春秋時蘇州城門陸門凡有八。西曰閶。曰胥。南曰盤。曰蛇。東曰婁。曰匠。北曰齊。曰平。今則有九。曰閶。曰金。曰胥。曰盤。曰葑。曰相。曰婁。曰齊。曰平。此九門中。金門平門俱後先闢于民國十三年。而相門則係二十六年所新闢者也。近聞又將闢蛇門。行見交通益便利矣。至于各城門命名之意義則因俱有歷史性。故亦不妨略述。以爲入境問俗之一助焉。

一、閶門　伍子胥築闔閭城時所名。今仍其舊。蓋取象天門以通閶闔風之義。楚在西北。闔閭欲破之。故闢之以通天氣。又名破楚門。

二、金門　閶門內舊有金閶亭。以位在西而與閶門近。故名。金門之義蓋取此。

三、胥門　子胥居其旁。民因稱之。今胥門朱家園有伍子胥廟。又由此出城。闔閭可游姑胥之臺。故名。姑胥臺者。在今橫山西北之姑蘇山上。離城三十里。昔司馬遷曾登之以望五湖焉。

四、盤門　舊作蟠。改爲盤。所以云蟠者。蓋取龍蟠之意。按吳於分野在辰。辰位龍也。越則在巳。巳位蛇也。故嘗刻木作蟠龍之狀。鎮此厭越。至盤之云者。則取水陸相半沿洄屈曲之意。

五、葑門　本作鱔門。史記伍子胥傳注。鱔門謂鮃門也。今作葑門。按越入吳。有鱄鮃隨濤而至。故以爲名。續圖經謂當作封門。取封禺之山以爲名。葑俗讀作富。

六、相門　舊有相城在城東北五里。相傳子胥築城時。嘗於此相土嘗水。故今以此爲名。

七、婁門　吳地記云。松江東北入海爲婁江。又圖經續記云。婁爲縣名。蓋因其所道也。秦謂之疁。漢謂之婁。婁縣卽今之崑山縣也。

八、齊門　闔閭破齊。齊女爲質于吳。吳爲太子波聘之。齊女少。日夜號泣成病。闔閭乃造北門曰望齊門。令女往遊其上。見吳越春秋。今因簡稱之。

九、平門　吳軍伐齊。從此門出城。因號平門。亦稱巫門。蓋其東北三里。有殷賢臣申公巫咸之墓在焉。

十、蛇門　闔閭欲制越。乃象地戶以立此門。越在巳位。屬蛇。故刻木蛇北向首內。示越屬於吳。

十一、匠門　闔閭使干將於此置冶鑄劍。亦稱干將門。今廢。

以上所述諸門。若閶。若胥。若盤。若葑。若婁。若齊。皆舊城門。是卽所謂「六門三關」之六門。

水門計有五。卽六城門中惟胥門無之。其所以缺如者。則因胥江水急。設闢水門。恐太湖汪洋三萬六千頃水將流入城中。而蘇州頓成澤國耳。

第二章　游程提要

蘇州園林名勝。欲一一遍探之。誠大難事。若鄧尉、穹窿、洞庭諸山。甚有遠至五六十里之外者。且繞郭數十里。衆阜錯落若棋局。吳宮花草。半委榛莽間。游者恆茫然。茲爲節省時間精力經濟計。因擇其著者分爲若干組。以爲好游者之助。再分組述其要。

一、附郭組　寒山寺　西園　留園　虎邱山

二、城北組　獅子林　拙政園　北寺塔

三、城中組　玄妙觀　怡園　郡城隍廟　遂園　汪園　安徽會館

四、城南組　公園　可園　滄浪亭　孔廟　開元寺

至若較遠諸山若天平、靈巖、等。則或需舟往。或需汽車可達。當再分述之。

第三章　附郭之游

(一)寒山寺

寺在城外楓橋。離閶門八里。自閶門馬路乘馬車或人力車。半小時可達。車資馬車約一元。人力車約四角。楓橋有鐵鈴關。即「三關」之一也。

寺以唐張繼詩得名。張楓橋夜泊詩云。

月落烏啼霜滿天。江楓漁火對愁眠。姑蘇城外寒山寺。夜半鐘聲到客船。

寺建於梁天監間。名妙利普明塔院。宋太平興國初節度使孫承祐重建塔七級。嘉祐中賜名普明塔院。元末寺塔俱燬於火。明洪武中重建。永樂及正統間再修。嘉靖間本寂和尚募鑄巨鐘。建樓置之。萬曆四十年建藏經閣。清康熙五十年冬大殿又火。咸豐十年寺塔又燬。宣統三年蘇撫程德全集資重建而不復塔。以塔工甚鉅。絀於財力故也。落成之日。滬上各國領事咸臨觀禮。亦足以見此寺之動萬邦觀瞻矣。

寺稱寒山始於唐。而妙利普明塔院遂鮮有人稱之。今亦呼楓橋寺。

至寺。即見山門上題有「妙利宗風」四字。出程德全氏手筆。蓋所以存梁代之舊門也。入門爲御碑亭。鐫清帝詩。寺之正殿祀釋迦佛像。後有碑。刻寒山拾得二

寒山寺

像。俗呼和合。是卽蘇人婚嫁時中堂高懸之二像也。寒山拾得俱唐高僧。相傳二人乃七世怨家。經豐干點化。遂和好如初。二像俱笑容可掬。和氣迎人。聞彼時有夫婦新婚。當交拜之際。二神以慧眼洞矚新夫婦前生爲祖孫。今生適成夫婦。故不禁大笑云。二像有拓本可得。

寺中有明文徵明唐寅所書石碑。今俱漫漶。文所書者。卽張繼楓橋夜泊詩。清陳夔龍撫吳時。曾倩俞樾補書之。碑陰幷附有俞氏考證。玆錄如左。

唐張繼楓橋夜泊詩膾炙人口。惟次句「江楓漁火」四字頗有可疑。宋龔明之中吳紀聞作「江村漁火」。宋人舊籍可寶也。此詩宋王郇公曾寫以刻石。今不可見。明文待詔所書亦漫漶。「江」下一字不可辨。筱石中丞屬余補書。姑從今本。然「江村」古本不可沒也。因作一詩。附刻以告觀者。

郇公舊墨久無存。待詔殘碑不可捫。幸有中吳紀聞在。千金一字是江「村」。(按江村乃橋名)

俞碑寺僧嘗拓之以售人。游者每幷寒山拾得二像拓本購歸之。以作是游之紀念焉。

此外石刻。則有寒山子詩三十六首與其和韋應物等詩十數首。俱環列於寺殿之兩壁。

寺有岳飛氏聯。筆畫蒼勁。相傳岳奉金牌召回之際。經京口（卽鎮江）蘭陵（卽常州）。詣臨安（卽杭州）。曾寓寒山寺中。爰書此聯留寺。聯云。

三聲馬喋閼氏血。　五代旗梟可汗頭。

其餘楹聯亦俱出自名人手筆。茲錄如左。

遯跡笑豐干。從知舌粲蓮花。地近虎邱曾講法。　宗風傳刺史。幸得詩鈔板葉。刼餘龍壽共藏經。

——程德全

近郭古招提。毗連滸墅名區。漁火秋深涵月影。　傍山新結構。依舊楓江野渡。客船夜半聽鐘聲。

——陸潤庠

踏春西去。傍十里橫塘。水木湛清華。曾移茂苑扁舟。訪吳銅造像。梁堵殘甎。古跡重搜。余亦北平人。濡筆擬賡翁氏記。　生佛南來。振千年名刹。池臺新結構。補此天台眞相。與待詔遺碑。解元妙疏。墨花爭搨。客歸東海瀛。行縢宛載米家船。

——陸鍾琦

殿後有芥舟、大覺樓與迴廊等。俱已失修。

按秋燈叢話云。王漁洋至楓橋。夜已昏黑。風雨雜沓。攝衣著屐。引炬登岸。巡至寺門。題詩二絕。一時以爲狂云。亦足見寒山寺之足以動人思古之情矣。王詩附後。

夜雨題寒山寺寄西樵禮吉二首

王士禛

日暮東塘正落潮。孤篷泊處雨蕭蕭。疎鐘夜火寒山寺。記過吳楓第幾橋。

楓葉蕭條水驛空。離居千里悵難同。十年舊約江南夢。獨聽寒山半夜鐘。

(二)西園

西園在閶門外留園西端。所經皆馬路。車皆可達。車費馬車約六角。人力車約三角。

園爲戒幢律寺放生池。有是園而人之遊寺者。遂不曰游戒幢律寺而曰遊西園矣。至園之所以稱「西」者。則因明季尚有一東園（卽留園）與是園俱屬徐氏。故分東西以別之耳。按寺本明太僕徐冏卿故宅。崇禎八年捨爲寺。清咸豐間燬。光緒初廣慧和尚募建。羅漢堂中。羅漢五百。木質金章。大逾恆人。豐瘦慈威。笑樂悲愁。屈膝箕踞。托鉢拈珠。體態各異。令人目不暇給焉。又有千手觀音。高達四丈。妙相莊嚴。令人起敬。大雄寶殿係新建於民國初。亦頗巍峨。尚有藏經樓、方丈室、齋堂、客堂等。皆極整潔。是寺莊嚴輝煌。爲蘇州之最大叢林。與寒山寺較。一以幽寂勝。一以壯偉勝。

西園

西園位於寺之西。今爲放生池。門題曰「西園一角」。園以池爲主。有九曲橋曲折通之。中有亭翼然。額曰「月照潭心」。池中蓄魚畜巨黿。遊客常以餅餌投之。蹣跚爭食。昂首噓氣。頗堪發噱焉。池東有四面廳。池西有軒。俱寬敞可供憩息。此外園中佈置亦如他園同。有田圃壘石等。

園聯甚多。茲錄如左。

西已種竹栽花。培心培地。　園則放生育物。養性養天。　——園門聯

聖教名言。獨樂何如同樂。　佛家宗旨。殺生不若放生。　——亭聯

地拓三弓。喜几淨窗明。柳眼花鬚齊掩映。　塘開一鑑。看鳶飛魚躍。山光雲影共徘徊。　——寶鎮山(以下四面廳聯)

三吳選佛場。此處居然能結構。　百族消劫運。上天無處不慈悲。

留園

最難得過來人。相逢香火有緣。卽色卽空。正婆娑春夢一場。蘇臺歸鳥。
——陸雲蓀

何處尋乾淨土。大好園林無恙。宜晴宜雨。卻彷彿西湖三月。花港觀魚。
——劉文玠

大江東去浪淘沙。試問江上青山。年年常住江頭。曾記否六朝時四百八十梵宇。鉅苑西開金現粟。最喜苑中綠水。處處倒涵苑景。能救得一池間萬千億兆生靈。
——應時雨

(三)留園

留園在閶門外五福路。俗稱留園馬路。古稱花步里。距閶門四里。車皆可達。車費馬車約六角。人力車約三角。遊人須納資入園。園之西卽西園戒幢寺在焉。園爲明徐冏卿故址。清嘉慶時劉蓉峯恕建築之。名曰寒碧山莊。亦稱劉園。光緒二年武進盛旭人方伯得之。復踵事增華。改名留園。民國十八年收爲公產。言蘇州園林者必推留園。故留園可謂蘇州之唯一園林而遂不可不游。

園中多奇石。其最著者有十二峯。卽「奎宿」、「玉女」、「箬帽」、「青芝」、「累黍」、「一雲」、「印月」、「獼猴」、「雞冠」、「拂袖」、「仙掌」、「干霄」是也。又有「濟顛石」危立池畔。望之若欲晃袒胸露肋。苔蘚護之。宛披破衲。狂態顛狀。確肖其形。

入園。曲折而至涵碧山房。署曰「胸次廣博天所開」。房殊寬敞。前臨荷池。池中蓄大金魚。優游自得。若不避人。其上駕九曲橋。有亭一。署曰「濠濮想」。池西疊石成山。植桂甚富。有室焉。因題曰「聞木樨香」。山上爲「可亭」。後爲「半野草堂」。東爲柟木廳。蓋昔主人憩息之所。故署曰「藏修息遊」。庭中疊石。更雄偉可觀。廳旁有亭。顏曰「佳晴喜雨快雪」。有靈碧石桌一。擊之淵淵作金石聲。廳北有「花好月圓人壽室」。左有揖峯軒。題曰「石林小院」。而與之相對者。則爲「洞天一碧室」。

東園由揖峯軒進。有十二太湖石峯。俱至高大。其最高者曰冠雲峯。左曰岫雲峯。右曰瑞雲峯。巍然兀立。相傳爲宋朱勔花綱石故物。石下有池。名「冠雲沼」。南有四面廳。額曰「奇石壽太古」。張之萬敍云。「相傳前明東園久廢。惟湖石一峯。歷數百年巍然獨存。曩劉氏園中所未有也」。池右有冠雲臺。署曰「安

留園

知不知魚之樂」。左有冠雲亭。北有樓。顏曰「仙苑停雲」。壁嵌化石。兩旁懸雲石甚多。俱富畫意。可供摩挲。復有仙鶴孔雀之屬。豢於樓旁。蓋以擬所謂「仙苑」焉。其東一屋。爲園主人當日參禪處。南有屋。題曰「亦不二」。

自四面廳前廊西行至「又一村」。旁有屋。署曰「少風波處便爲家」。逕西行曰「小蓬萊」。署云。「戊子秋余從東海觀政歸。適園西小築成山。層累而上。彷彿蓬萊煙景宛然在目。亦卽名之曰小蓬萊也可」。

過小蓬萊。卽爲園之西部「別有天」。臨溪有閣。署曰「活潑潑地」。西部佳勝處。在有邱陵。有小溪。邱有樹。溪有荷。尤適於長夏。邱上有亭二。一曰「至樂」。一曰「月榭星臺」。邱前有草地曰「射圃」。留園之大概止於斯。

按留園爲蘇州園囿之最。前東吳大學校長美人文乃史氏於其所著「蘇州花園城」一書中述及留園。有曰。「中國花園物質上與泰西花園大不相同者。卽此乃「園中屋」。而直解之。則爲「屋中園」。有四壁圍之」。文氏又曰。「如留園卽其一例也」。蓋泰西園尙寬敞。而中國花園則重結構。故文氏如是云云耳。

園聯摘錄數聯如左。

涵碧山房　卅年前曾記來遊。登樓看雨。倚檻臨風。俛仰已成今昔感。三徑外重增結構。引水通舟。因峯築榭。吟歌長集友朋歡。——張之萬

同　上　迤邐出金閶。看青蘿織屋。喬木干霄。好樓臺舊址重新。儘堪邀子敬重游。元之醉飲。　經營參畫稿。鄰郭外楓江。城中花塢。倚琴樽古懷高寄。猶想見寒山詩客。吳會才人。——薛時雨

聞木犀香軒　奇石畫含千古秀。　桂花香動萬山秋。——鄧文源

半野草堂　園林甲天下。看吳下遊人。載酒攜琴。日涉總成彭澤趣。　瀟灑滿江南。自濟南到此。疏泉疊石。風光合讀涪翁詩。——鄭文源

奇石壽太古廳　此峯疑天外飛來。歷刼飽風霜。負絕塵寰誰伯仲。　斯地爲吳中最勝。後堂繞絲竹。婆娑歲月若神仙。——朱霆清

仙苑停雲東屋　何處白雲歸。有鄉里古招提。步西郊不半日而至。　前生明月在。是佛門新公案。言東坡於五戒後身。

(四)虎邱山

山距閶門約七里。舟車可達。馬車來回約一元五角。人力車約五角。如買小舟而

往。以日計。約三元。饍食不在內。

虎邱山

蘇州山明水秀。甲於東南。以是每當春秋佳日。士女恆聯翩來遊。而遊蘇者必遊虎邱山。則以此山多古蹟。足供人流連憑弔耳。按虎邱山高一百三十尺。周二百十丈。相傳吳王闔閭葬其下。三日後有白虎踞墓上。故名。唐避太祖諱。改名武邱。是山初名海湧峯。今亦有稱虎阜者。是山本晉王珣王珉兄弟別墅。後捨爲寺。今俗傳虎邱有十八景。惟半皆詭奇不經。然神話何國無之。則亦不妨姑妄言之焉。

一、鴛鴦壙　在頭山門甬道之旁。壙中葬明倪士義及其妻楊氏。相傳倪死。楊爲築是墳葬之。後鄰人有勸之改適者。楊曰。鴛鴦塚在。無汚我耳。遂自剄死。鄉士大夫乃爲醵錢合葬之。此崇禎十四年事也。今墓前有碑刻「古鴛鴦壙」字。清吳蔭培復建亭以護之。

二、斷樑殿　二山門正樑中斷。故名。門題「路接天閶」四字。

三、憨憨泉　爲梁憨憨尊者遺跡。在不波艇子下。俗傳泉可治目疾。有亭護之。

四、眞孃墓　眞孃爲吳中名妓。本姓胡。幼失怙恃。墮落靑樓。善歌能詩。守身如玉。有王蔭祥者見而悅之。欲留宿。鴇已允。眞孃知不敵。遂自經。王大慼之。爲之經紀喪葬。并終身不娶焉。唐進士譚銖嘗題一絕云。

虎邱山下冢纍纍。松柏蕭條盡可悲。何事人生惟重色。眞孃墓上獨題詩。

譚詩出之以諷。而後人遂不復題詠矣。今墓上有亭覆之。四周樹木濃翳。若護此幽靈焉。

五、枕石　石在憨憨泉旁。昔高僧生公在石上閱經。倦則枕之而眠。故名。是石俗名「蜒蝣石」。則以其形似故。甚有謂此石有黏質。投以磚石。能黏結不落云。此則不經之談也。

六、試劍石　在眞孃墓左。中分如截。故名。吳郡志謂係秦始皇試劍之所。一說吳王闔閭命干將鑄劍。劍成。王試石上。石分爲二。此其遺跡云。

七、千人石　大石廣平。可容千人。昔生公講經時。下有千人列聽。故名。一說吳王闔閭築墓工竣。恐墓工泄墓中祕密。因盡殺之於是石上。而死者有千人。故云「千人石」。

八、生公講臺　在千人石上。有唐李陽冰篆刻「生公講臺」四字。半將剝落。

虎邱山

九、白蓮池　在生公講臺前。生公講經時。池中曾茁生千葉蓮花。池中多芙蓉。相傳吳王與妃嘗採蓮於此。池一名「養鶴澗」。昔清遠道士曾於此養鶴。故名。

十、點頭石　白蓮池中有石一。上鐫「點頭」二字。相傳生公講經。人皆不之信。生公因聚石爲徒。廣宣至理。而頑石爲之點頭。見十道四蕃志。所謂「生公說法。頑石點頭」。卽此石也。

十一、石觀音殿　清錢大昕觀音殿題名謂。宋慶歷間吳興臧達夢見觀音眞身。醒以語其弟甯。甯乃斵石爲此象。曰「應夢觀音」。三面環以石壁。壁間刻宋曾公亮等九十一人所書大乘妙法蓮華經及觀世音菩薩經。人各一行。現僅賸四十餘行。

十二、鐵華巖第三泉　在石觀音殿後。俗名「觀音泉」。又名「陸羽石井」。則因昔陸羽嘗評爲「天下第三泉」故也。井口方丈餘。四面石壁。下連石底。昔水甚甘冽。石壁名「鐵花巖」。蓋取東坡「鐵花秀巖壁」詩意云爾。

十三、劍池　在白蓮池左。其景爲虎邱之最。崖石危峻。中裂分劈。屹立百尺。

虎邱山

中涵石泉。深不可測。昔李秀卿嘗品爲「天下第五泉」云。越絕書謂。吳王闔閭冢名曰「虎丘」。下池廣六十步。水深一丈五尺。桐棺三重。澒池六尺。玉鳧之流。專諸之劍魚腸三千在焉。故曰「劍池」。池外石屏上鐫「虎丘劍池」四大字。云係唐顏眞卿書。惟「虎丘」二字早毀。今所存者。乃後人所摹加。故蘇人有「眞劍池。假虎邱」之語也。

十四、二仙亭　亭在劍池旁。內列二碑。刻陳摶呂巖（卽呂純陽）二仙象。相傳二仙曾對弈於此云。

十五、雙吊桶　劍池兩崖之頂。有石橋橫跨之。橋上有井口二。俯窺之。下卽劍池。深不可測。昔宋陳敷文避暑寺中。時寺中有數百人居焉。俱飮劍池之水。而汲水往返必經「五十三參」。憊甚。陳憫之。因捐錢二十萬。於此築樓。并鑿二井口以便架轆轤汲水。樓早圮而二井口獨存。故名「雙吊桶」云。至石橋則係僧霑公所建。

十六、五十三參　是爲入山寺之大道。計石級五十有三。所以云「五十三參」者。蓋取佛經「五十三參。參參見佛」之意也。

虎邱山

十七、仙人洞　洞在五十三參之東。今已閉塞。不復可入。相傳昔有賣橘老翁偶入此洞。見有二仙對弈。旁觀片刻。迨出洞。則越世已數十年矣。故以爲名。

十八、虎邱塔　塔在殿西。隋仁壽九年建。計七級。占山之最高處。其地本王珣琴臺故址。塔建時掘地得古磚函。內藏銀盒。獲舍利一。因鎮塔中。清咸豐間塔經兵燹。飛檐欄楯俱燬。遂益覺古氣盎然。惟已不可復登。塔微側。因是西人多稱之曰「斜塔」。

所謂「虎邱十八景」。大致已如上所述。茲再述山寺與莊閣如次。

虎邱寺　寺本晉王珣及其弟珉別業故址。咸和二年捨爲寺。數經重修。清乾隆間高宗南巡。改名雲巖禪寺。當時樓軒亭閣固極富麗。會經兵燹。遂無復昔日之觀矣。殿後有御碑亭。內立清聖祖御碑。

擁翠山莊　莊在冷香閣前。門前粉牆嵌石刻「龍虎豹熊」四草字。甚雄偉蒼勁。其內佳構。有抱甕軒、問泉亭、不波小艇、石駕軒、靈瀾精舍等處。而以靈瀾精舍爲最。遊客可於此品茗。

冷香閣　閣爲新建。在擁翠山莊後。高樓五間。四周植寒梅數百株。春冬之際。暗香四溢。於此啜茗。沁人心脾。至遠眺則風帆上下。山阜環列。若在几席間。尤足以極遊目騁懷之樂。有獅子山若蹲而囘首眺望。是卽所謂「獅子囘頭望虎邱」也。

致爽閣　閣亦係新建。占山後高處。遊客亦可於此小憩啜茗。

以上爲虎邱山大概。遊客如欲果腹。山下有酒肆飯館。取值亦不巨。

玆將各處楹聯酌錄如左。

鴛鴦壙　身膏白刃風猶烈。骨葬青山土亦香。——吳蔭培

眞孃墓　半邱殘日孤雲。寒食相思麥上路。西山橫黛瞰碧。青門頻返月中魂。——李祖年集吳夢窗詞

二仙亭　夢中說夢原非夢。元裏求元便是元。——舊聯

擁翠山莊　香草美人鄰。百代豔名齊小小。茅亭花影宿。一泓淸味問憨憨。——田國俊

靈澗精舍　問獅峯底事囘頭。想頑石能靈。不獨甘泉通法力。爲虎邱別開

生面。看遠山如畫。翻憑劫火洗塵囂。 ——洪文鈞幷敍云。

「曩時虎邱磴道旁。列肆連廛。喧闐囂雜。庚申之亂。一炬蕩然。而淸曠之境出矣。甲申夏同人旣濬憨憨泉。登高攬遠。咸快瞻矚。爰臨泉構屋。以識勝概。獅子回頭望虎邱。蓋吳語也」。

冷香閣 笑口若爲開。淡妝素服眞成夢。 會心不在遠。石竹山花卻自芳。

——九先甲幷題額「巡檐索笑」四字。

同 上 榛莽一丸泥。賴名士題碑。英雄葬劍。 梅花三百樹。有遠山環抱。高閣凴陵。 ——陸恢

虎邱山

虎邱山前臨運河。中間以堤。爲唐白居易所築。故稱白公堤。今稱山塘街。有「五人之墓」在焉。五人者。義士顏佩韋、楊念如、馬杰、沈揚、周文元也。明萬曆間。閹宦魏忠賢逞奸弄權。中外側目。吳人周順昌每與人言。義形於色。魏嫉而遣緹騎逮之。衆激於義憤。遂共起擊殺緹騎。幷逐蘇撫毛一鷺。蓋毛亦閹黨也。事聞於朝。命逮捕首事者。而五人慷慨就義。駢戮市中。迨忠賢敗。因就其生祠改爲五義士墓。張溥爲作碑記。記附後。

虎邱山

五人墓碑記

張溥

五人者。蓋當蓼洲周公之被逮。激於義而死焉者也。至於今。郡之賢士大夫請於當道。卽除魏閹廢祠之址以葬之。且立石於其墓之門。以旌其所爲。嗚呼。亦盛矣哉。夫五人之死。去今之墓而葬焉。其爲時止十有一月耳。夫十有一月之中。凡富貴之子。慷慨得志之徒。其疾病而死。死而湮沒不足道者。亦已衆矣。况草野之無聞者歟。獨五人之皦皦。何也。予猶記周公之被逮。在丁卯三月之望。吾社之行爲士先者。爲之聲義。斂貲財以送其行。哭聲震動天地。緹騎按劍而前。問誰爲哀者。衆不能堪。抶而仆之。是時以大中丞撫吳者。爲魏之私人。周公之逮。所由使也。吳之民方痛心焉。於是乘其厲聲以呵。則譟而相逐。中丞匿於溷藩以免。旣而以吳民之亂請於朝。按誅五人。曰顏佩韋、楊念如、馬杰、沈揚、周文元。卽今之傫然在墓者也。然五人之當刑也。意氣揚揚。呼中丞之名而詈之。談笑以死。斷頭置城上。顏色不少變。有賢士大夫發五十金。買五人之脰而函之。卒與屍合。故今之墓中。全乎爲五人也。嗟夫。大閹之亂。縉紳而能不易其志者。四海之大。有

虎邱山

幾人歟。而五人生於編伍之間。素不聞詩書之訓。激昂大義。蹈死不顧。亦曷故哉。且矯詔紛出。鉤黨之捕徧於天下。卒以吾郡之發憤一擊。不敢復有株治。大閹亦逡巡畏義。非常之謀難於猝發。待聖人之出而投繯道路。不可謂非五人之力也。由是觀之。則今之高爵顯位。一旦抵罪。或脫身以逃。不能容於遠近。而又有翦髮杜門。佯狂不知所之者。其辱身賤行。視五人之死。輕重固何如哉。是以蓼洲周公忠義暴於朝廷。贈謚美顯。榮於身後。而五人亦得以加其土封。列其姓名於大堤之上。凡四方之士。無有不過而拜且泣者。斯固百世之遇也。不然。令五人者保其首領。以老於戶牖之下。則盡其天年。人皆得以隸使之。安能屈豪傑之流。扼腕墓道。發其志士之悲哉。故予與同社諸君子。哀斯墓之徒有其石也。而爲之記。亦以明死生之大。匹夫之有重於社稷也。賢士大夫者。冏卿因之吳公、太史文起文公、孟長姚公也。

山塘長七里。居民都蒔花爲業。花棚苗圃。鱗次櫛比。蒔花者取黛黛花玫瑰花曝而乾之。以供遊人購取。可以賁香茗。婦女則多作麥柴手工若扇等。向遊客兜售。人樂購之。

按虎邱山塘在未經洪楊兵燹之先。舟車喧闐。士女雜沓。夙稱繁盛。茲摘錄清秦雲同治五年遊虎邱詩追述當時盛况之一節。以見一斑。

虎邱山好憶當年。金碧樓臺兩岸連。山塘日夜笙歌沸。畫槳吳孃六柱船。綺羅照水人歸晚。抛盡黃金樂非淺。花市香風處處聞。酒樓珠箔家家捲。年年競渡值端陽。爭看龍舟興欲狂。雕輪繡轂街衢塞。扇影衣香士女忙。春日踏青秋賞桂。白公堤畔蘭橈繫。金鞭蕩子玉驄驕。鈿箋佳人雲鬢麗。名勝吾吳海內知。山川明媚四時宜。籃輿筍屐如雲盛。雅集名流競賦詩。

第四章 城北之游

(一)北寺塔

北寺塔在平門內北街。人力車去約值三角。登塔酌納香資。

塔在報恩寺。正對護龍街。因報恩寺俗稱北寺。故亦從而名之曰北寺塔云。

報恩寺古稱通玄寺。吳赤烏中孫權母吳夫人捨宅建。一云孫權乳母陳氏捨宅爲寺。唐改稱開元寺。周顯德中錢鏐移支硎山報恩寺匾額於此重建。遂又改稱報恩寺。今仍之。塔爲梁僧正慧所建。計十有一層。凡再建再燬。宋元豐間重修時。蘇軾嘗以銅龜捨僧藏舍利。并爲文以紀之。今錄于後。

捨銅龜子文

蘇軾

蘇州報恩寺重造古塔。諸公皆捨所藏舍利。予無所利可捨。敬爲四恩三有捨之。故人王頤爲武功宰長安。有修古塔者。發舊葬得之。以遺余。余以藏私印。成壞者有形之所不免。而以藏舍利則可以久存。藏私印或以速壞。貴舍利而賤私印。樂久存而悲速壞。物豈有是哉。余其并是捨之。

無何。塔又燬。紹興間經僧大圓重建。改爲九層。至明隆慶時又不戒於火。僧如金再重建之。自明迄今。迭閲興廢。近年爲住持昭三募資修復。遂煥然一新。推爲蘇州諸塔之冠。登塔之最上層。高瞻遠矚。近眺俯視。西南諸山若接鬚眉間。而全城街衢則若蛛網密布。人渺於豆。馬小若寸。誠大觀也。塔後門額題曰「三吳首刹」。可云名副其實。

報恩寺大殿亦昭三募資新建。殿之左爲觀音殿。右聖母殿。後庭兩旁曰五觀堂。曰迎賓堂。中曰古銅佛殿。有古銅佛二。配以檀香木佛一。再後曰梵音堂。額曰

「發海潮音」。「中縣淸光緒間住持昭三聯。聯云。

梵宇舊高寒。當年二像著靈。塵世別開淸淨境。

浮生都夢影。我願一堂說法。香花共悟上乘禪。

聯幷有識。記「二像著靈」事云。

府志晉建興二年。滬瀆浮來二石佛。迎置北寺。囘憶曩事。玆擬撰句。

(二)拙政園

拙政園在婁門大街。自閶門人力車去約値四角。昔可納資入園。今省政府在焉。園在元代爲大宏寺。明嘉靖中御史王獻臣就其廢址。營爲別墅。以自託於潘岳「拙者之爲政」。故名拙政園。文徵明爲圖記。後獻臣子以樗蒲負。失之。遂歸徐氏。淸初海甯陳之遴相國得之。嗣陳以罪遠謫塞外。園遂入官產。後又屬吳三桂壻王永甯。咸豐間始爲太平天國忠王府。繼爲江蘇巡撫署。同治八年。改爲八旗奉直會館。迭相遞傳。故今之園基。已非復當日全部矣。

入門有朱藤一架。夭矯若龍蟠。花時纓絡四垂。落英繽紛。頗可觀。是藤傳爲文徵明手植。故旁立一石。曰「文衡山手植藤」。

當門叠石成山。山後有水一曲。通以小橋。橋後有堂，曰遠香堂。殊爽塏。堂後有荷池。夏日花開。香沁心脾。蘇人士常於清晨至此品茗賞荷焉。堂西曰南軒。俞曲園楹署曰聽香深處。隔水而西。有屋如舟。曰香洲。爲文徵明所題。清嘉慶間王庚跋云。

文待詔舊書「香洲」二字。因以爲額。昔唐徐元固詩云「香飄杜若洲」。蓋「香洲」所以況君子也。乃爲之銘。擷彼芳草。生洲之汀。采而爲佩。爰入騷經。偕芝與蘭。移植中庭。取以爲室。惟德之馨。

香洲中懸有吳梅村山茶歌。詠古連理寶珠山茶花。詩云。

詠拙政園連理山茶

吳偉業

拙政園內山茶花。一株兩株株交加。豔如天孫織雲錦。赬若姹女燒丹砂。吐如珊瑚綴火樹。映如螮蝀凌朝霞。百年前是空王宅。寶珠色相生光華。長養端資鬼神力。優曇涌現西流沙。歌臺舞榭從何起。當日豪家擅閭里。苦奪精藍爲玩花。旋拋先業隨流水。兒郎縱博賭名園。一擲留傳猶在耳。後人修築改池臺。石梁路轉蒼苔履。曲檻奇花拂畫樓。樓上朱顏嬌莫比。千條絳燭照

拙政園

鉛華。十丈紅牆飾羅綺。鬬盡風流富管絃。更誰瞥眼看桃李。齊女門邊戰鼓聲。入門更作將軍壘。荆榛從塡馬矢高。斧斤勿翦黃鶯喜。近年此地歸相公。相公勞苦承明宮。眞宰陽和暗囘斡。長安日日披薰風。花留金谷遲難落。花到朱門分外紅。獨有君恩歸未得。百花深鎖月明中。灌花老人向前說。園中昨夜零霜雪。黃花淅淅動人愁。碧樹垂垂爲誰發。可憐塞上燕支山。染花不就花枝毀。江城作花顏色好。杜鵑啼血何斑斑。花開連理古來少。並蒂同心不相保。名花珍異惜如珠。滿地飄殘胡不掃。楊柳絲絲二月天。玉門關外無芳草。縱費東君著意吹。忍經摧折春光老。看花不語淚沾衣。惆悵花間燕子飛。折取一枝還供佛。征人消息幾時歸。

吳詩因花寄慨。一唱三歎。而園之迭經興廢。亦可於是詩中得其大概。因錄之。

遠香堂北有地一區。池水圍之。儼如小島。跨以曲橋。築屋其上。署曰「雪香雲蔚」。左有亭曰「勸耕」。右曰「荷風四面」。

園之西北俱係曲廊。循廊而東。有擁翠亭、藕香榭、瀟湘一角等處。其後臨水多竹。有梧竹幽居、半窗梅影、繡綺亭等處。

園之東南隅。曰枇杷園。有湖石甚玲瓏有致。故署其屋曰玲瓏館。由此而西。卽爲面山背水之遠香堂。

園聯摘錄如左。

園門　拙補以勤。問當年學士聯吟。月下風前。留得幾人詩酒。政餘自暇。看此日名公雅集。遼東冀北。蔚成一代文章。——王藻林

遠香堂　曲水崇山。雅集逾獅林虎阜。蒔花種竹。風流繼文畫吳詩。——張之萬

荷風四面亭　四壁荷花三面柳。半潭秋水一房山。

(三)獅子林

獅子林在臨頓路北端神道街。其後門在潘儒巷。距拙政園甚近。自閶門往。人力車資約四角。園資不收。惟此爲貝氏私產。故如欲參觀。必經園主人許可。始可入內。

獅子林在元至正間爲天如禪師倡道之地。曰菩提正宗寺。明萬曆二十年重建。清聖祖——康熙——南巡。嘗屢臨幸。乾隆時黃氏購之爲涉園。有古松五株。俗又

獅子林

名五松園。今歸貝氏。

獅子林之所以名聞遐邇者。以中多奇石故。石狀若狻猊。巖洞螺旋。人遊其中。迷於往復。其上翹林秀木。若不階尺土。離立巖際。相傳此係天如禪師延朱德潤、趙善良、倪元鎭、徐幼文共商叠成。而元鎭爲之圖。取佛書「獅子座」而名之。自歸貝氏增修後。遂益煥然。

園中叠石。大概分爲東西二部。各成一大環形。假山之西有大荷池。池北有眞趣亭。相傳淸乾隆二十七年高宗南巡時。曾於此亭欣賞全園風景。錫以此名。又有獅子峯、含暉峯、吐月堂、立雪峯、臥雲室、問梅閣、指柏軒、玉鑑池、冰壺井、修竹谷、小飛虹、大石屋等勝處。

按獅林虎邱並稱爲蘇州名勝。則以獅子林中假山爲蘇州之冠故。園初本在畫禪寺中。畫禪寺俗稱「獅林寺」。亦爲蘇州大禪寺之一。在獅林寺巷。與潘儒巷僅一巷之隔也。

第五章　城中之游

圓妙觀

(一)圓妙觀(觀前大街及北局附)

圓妙觀處城之中心。其南爲觀前大街。正對正山門者爲宮巷。自閶門去。人力車資約二角。馬車約八角。今則有公共汽車可直達。

圓妙觀相傳爲闔閭故宮。觀創於晉咸甯時。本名眞慶道院。唐開元時曰開元宮。宋祥符中更名天慶觀。至元元年始改今名。

正山門建於宋皇祐時。清乾隆三十八年不戒於火。門燬。越二年乃重修。入門。兩旁有二巨塑像。猙獰可畏。是乃道教中之辟非、禁壇二將軍。稍進。又有塑像四。是乃温、馬、趙、王、四天君。出山門爲甬道。前有巨屋。卽三清殿是。正山門東西各闢偏門一。其東者曰吉祥門。俗稱「東脚門」。其西者曰如意門。俗稱「西脚門」。入觀亦皆有甬道。殊寬廣。

三清殿初建於宋淳熙三年。越三年燬于火。趙伯驌重建之。於時觀中桃花甚盛。據潘西圃雲煙過眼錄云。趙所繪桃源圖。卽玄妙觀也。以是觀前古亦稱「碎錦街」云。淳熙八年御書「金闕寥陽寶殿」賜爲殿額。自是代加修理。清嘉慶時又加重修。其所用大木。據石韞玉重修圓妙觀三清殿記謂「常熟瀕海。漁人懸罟入水。

忽重不可舉。竊意以爲網得大魚。糾集多人拽入福山口。潮退。視之。非魚也。大木偉然偃臥。其直中繩。其圓中規。適副所用」云。

殿廣九間。深六間。石柱滿刻天尊聖號。中供金塑三清像三。高約五丈。殿之陰供九霄天尊。兩旁神像羅列。六十花甲星宿在焉。每逢古歷正月初九日香火甚盛。蘇人謂之「燒天香」。

殿外四週通以走廊。圍以石欄。欄上俱有刻畫。甚精。殿前有露臺。廣五間。三面圍以石欄。通以石級。皆以生鐵鎔統。如敲釘於木上者然。所謂「釘釘石欄干」者卽此。簷下有「妙一統元」匾額。相傳係金兀朮手筆。今殿中設有書畫肆。又有洪鈞老祖碑。刻甚工細。可以摹搨。

殿後巨屋今爲中山堂。建於民國二十年。省立圖書館設於此。初爲彌羅寶閣。高三層。民國元年八月燬於火。

圓妙觀中殿宇約有二十餘所。不勝述。住持居於元都仙館。俗稱「方丈」。觀之東側。祖師殿中有銅鼎一。形長方。式若殿宇。色黝黑。不鐫年代。考古家謂係宋物。元都仙館之左。有蓑衣眞人殿。祀宋何立。何官押衙。秦檜差往東南第一峯。恍惚引至陰司。見檜對岳飛事。令歸告夫人。東窗事犯矣。復命後。卽棄官學道蛻骨。今在蘇州元妙觀爲蓑衣仙。見元張昱廬陵集詠何立事詩注。殿庭有運木古井。相傳建彌羅寶閣時。木材俱取於此。此與杭州淨慈寺運木古井同爲神話。姑妄言之。姑妄聽之而已。

觀前觀後及甬道兩旁。卜者。相者。唱曲者。耍技者。三教九流。南北江湖。熙攘喧擾。紛紜雜沓。大者設肆。小者設攤。食用各物。紛然雜陳。令人目不暇給。入觀者恆覺塵囂。其景象與上海之城隍廟、南京之夫子廟略同。

觀前大街爲全城最繁華處。車馬轂擊。人踵相接。商肆駢列。爭異鬬妍。市招臨風招颭。可拂人額。入夜電炬照耀。恍如白晝，遠望則如繁星點點。閃鑠隱現。人比之上海霞飛路。謂頗有異國情調焉。

自觀前街市場不敷分配後。遂由太監街擴至街南之北局。北局昔爲荒土。今則中有小公園。四周皆巨屋毗連。若國貨商場公司、茶肆、酒家、戲院、影戲院、大旅館等無不具。遂成爲蘇人之「娛樂區」。

(二)怡園

怡園

怡園正門在護龍街中彈子巷口。距觀前大街不甚遠。前門常扃。自尚書里後門入。往游者須得園主許可。園資不納，茶資酌給。

園爲顧子山文彬別墅。結構頗具邱壑。名遂以著。以言其勝。則盡詳於俞曲園所撰一記中。茲錄如後。以見梗概。

怡園記

俞樾

顧子山方伯既建春蔭義莊。闢其東爲園。以頤性養壽。是曰怡園。入園。有一軒。庭植牡丹。署曰「看到子孫」。軒之東有屋如舟。署曰「舫齋賴有小溪山」。涪翁句也。其前三面環水。左則蒼松數十株。余摘司空表聖句。顏之曰「碧澗之曲。古松之陰」。其上有閣曰松籟。憑檻而望。郭外西山隱隱見眉嫵矣。繞廊東南行。有石壁數仞。築亭面之。名曰面壁。又南行。則桐蔭翳然。中藏精舍。是曰「碧梧棲鳳」。又東行。得屋三楹。前則石欄環繞。梅樹數百。素豔成林。後臨荷花池。石橋三曲。紅欄與翠蓋相映。俗呼其前曰「梅花廳事」。後曰「藕香榭」云。梅花廳事之西。鑿坏於垣曰遯窟。窟中一室曰「舊時月色」。亦余所署也。循廊東行爲南雪亭。又東爲歲寒草

怡園

廬。有石筍數十枝。蒼實可愛。其北爲拜石軒。庭有奇石。佐以古松。又北爲坡琴仙館。以藏東坡琴也。館之右有石似老人。傴僂而聽琴。築室其旁。曰石聽琴室。又西北行。翼然一亭。顏以坡詞。曰「繞遍迴廊還獨坐」。廊盡此矣。庭中有芍藥臺。牆外有竹徑。遵徑而南。脩竹盡而叢桂見。用稼軒詞意。築一亭曰「雲外築婆娑」。亭之前即荷池也。循池而西。至於山麓。由山洞數折而上。度石梁。登其巔。則螺髻亭也。自其左履石梁而下。得一洞。有石天然。爲大士像。是曰慈雲洞。洞之中石桌石凳咸具。石乳下注磊磊然。洞外有桃花。是曰絳霞洞。洞之北即余所謂「古松之陰」也。出松林再登山。有亭曰小滄浪。亭後疊石爲屏。其前俯視。又即荷池矣。茲園東南多水。西北多山。爲池有四。皆曲折可通。山多奇峯。極湖山之勝。方伯手治此園。園成遂甲吳下。精思偉略。即此徵之。攀玩終日。粗述大概。探幽搜峭。是在游者。

園聯胥集宋詞。天衣無縫。出主人手筆。裁紅翦碧。膾炙萬口。曾有刊本。今錄於後。

怡園

梅花廳事　古今興廢幾池臺。往日繁華。雲煙忽過。這般庭院。風月新收。人事底虧全。美景良辰。且安排剪竹尋泉。看花索句。　重來天地一稊米。漁樵故里。白髮歸耕。湖海平生。蒼顏照影。我志在寥闊。朝吟暮醉。又何如冰蠶語熱。火鼠論寒。

——集辛幼安詞

藕香榭　流水洗花顏。擁蓮媛三千。誰道采菱波狹。　紫霄承露掌。倚瑤臺十二。猶聞凭袖香留。

——集吳夢窗詞

藕香榭　竹杖敲苔。倚窗小梅索句。　簾波浸筍。閉門明月關心。

——集史梅溪詞

又　曲檻俯清流。暝煙兩岸。斜日半山。橫枕鼇峯。水面倒銜蒼石。晴空搖翠浪。花露侵詩。槐薰入扇。涼生蟬翅。柳陰深鎖金鋪。

——集秦少游周草窗詞

又　水雲鄉。松菊徑。鷗鳥伴。鳳凰巢。醉帽吟鞭。煙雨偏宜晴亦好。盤谷序。輞川圖。謫仙詩。居士譜。酒羣花隊。主人起舞客高歌。

——集宋人詞

怡園

又　蓮葉共分題。貯月杯寬。笑拍欄干呼范蠡。篔屏掩雙扉。避風臺淺。旋移芳檻引流鶯。——集周草窗詞

面壁亭　雲洞插天開。欲往何從。一百八盤狹路。湘屏展翠疊。臨流更好。幾千萬縷垂楊。——集辛幼安周草窗詞

古松之陰　還我漁蓑。依然畫舫清溪笛。急呼斗酒。撙得東家種樹書。——集辛幼安詞

雲外築婆娑　芳桂散餘香。亭上笙歌。記相逢金粟如來。蕊宮仙子。天峯飛墮地。眼前突兀。最好是蜂房萬點。石髓千尋。——集辛幼安詞

南雲亭　高會惜分陰。爲我弄梅。細寫茶經煑香雪。長歌自深酌。請君置酒。醉扶怪石看飛泉。——集辛幼安詞

歲寒草廬　竹邊松底。只贈梅華。共結歲寒三益。薜老苔荒。摩挲峭石。恍然月白千峯。——集張玉田詞

又　衝寒茸帽。拂雪金鞭。漸爲尋花來去。款語梅邊。讀書松外。幾番問竹平安。——集姜白石張玉田詞

四時瀟灑　石磴掃松陰。幾曲欄干。古木迷鴉峯六六。　煙光搖縹瓦。一屏新繡。芙蓉孔雀夜溫溫。　——集張玉田史梅溪詞

繞遍迴廊還獨坐　紫苔蒼壁。曲徑疏籬。玉斧削方壺。政爾橫看成嶺。　酒令詩籌。芒鞵竹杖。歸路踏明月。等閒行盡長廊。　——集辛幼安詞

又

幽懷倚石。蕭疏竹影庭深。且拂簟清眠。引筇閒步。　翠幙成波。晻靄苔香簾靜。每逢花駐樂。持酒聽歌。　——集張子野詞

閒鎖一壺幽綠　移花檻小。密葉齋幽。伴壓架荼蘼。依約誰教鸚鵡。　欹竹門深。采芝人到。任滿身風露。姓名題上芭蕉。　——集張玉田詞

(三)郡城隍廟

郡城隍廟在郡廟街。街已闢寬。今稱景德路。其西通金門。其東卽爲護龍街。與觀前大街甚近。

郡城隍廟實無可遊覽。不過是廟相傳爲周瑜宅址。漢建安三年孫權爲周瑜治第於吳。卽此。今故井猶存。題曰「寒泉」。又方丈前有古柏。高約數丈。云係周瑜手植。游人過此。亦不妨一入觀之。至廟則始建於明洪武年。

(四)遂園

遂園前門在慕家花園。後門在景德路中。與汪園相斜對。其右卽園東飯店。今已閉歇。自金門進。車可直達。人力車資約一角。如自閶門去。車資約倍之。

園爲淸康熙間巡撫慕天顏所築。故俗稱「慕家花園」。旋歸河南席氏。繼而尙書畢沅分其半。餘歸滇南劉氏。卽今之遂園。花木繁茂。池沼淸廣。小橋曲折。奇石竦立。俱匠心獨出。別有邱壑。有容閑堂、綠天深處、映紅軒、琴舫、逍遙容與、層層樓等。皆臨池。夏日荷花極盛。有貴種名「層層樓」。曩昔游人可入。最近園已售於滬商紙廠主人。暫不開放。

(五)汪園

汪園卽汪氏耕蔭義莊。在景德路中。與遂園相斜對。須有人介紹。方可入內。自閶門去。人力車資約二角。自金門去。車資約減半。

汪園爲明申文定公時行故宅。故至今猶稱其地曰申衙前。淸乾隆間初歸蔣氏。後歸畢氏。後又歸孫氏。至道光末歸汪氏。自汪氏修葺後。署其堂曰環秀山莊。園占地不廣。而叠石堆累。縈旋曲折。升降左右。迷離惝恍。儼如置身千巖萬壑中。是能以少許勝人多許。與獅子林假山異曲同工焉。其東偏之亭。署曰「半灣秋水一房山」。西偏之亭曰問泉。北曰補秋舫。庭前植婪尾一本。春來發花甚盛。舊有飛雪泉。今已淤塞。現已通以鉛管。若逢大雨。仍有澎湃激盪之觀。

園聯摘錄如左。

環秀山莊　邱壑在胸中。看疊石疏泉。有天然畫本。　園林甲吳下。願攜琴載酒。作人外清游。

——俞樾

又

幽栖此日重逢。看峭壁垂雲。閒扶短策。明波洗月。淨濯長　。水邊樓觀先登。更將秋共遠。　俯仰十年前事。乍掃苔尋徑。傴僂穿巖。撥葉通池。虛空倒影。眼底煙霞無數。都自昔曾游。

——顧文彬集張玉田詞。并識云。

環秀山莊爲孫補山相國故居。余昔年曾賃廡於此。後歸平陽祠宇。庚申之變。頗有毀傷。秉齋廉訪同年重加修葺。落成於戊戌之秋。屬題楹帖。爲集張玉田詞句應之。

又

風景自清嘉。有畫舫補秋。奇峯環秀。　園林占幽勝。看寒泉飛

雪。高閣涵雲。 ——汪開祉

補秋舫 雲樹遠涵青。偏教十二闌憑。波平如鏡。 山窗濃叠翠。恰受兩三人坐。屋小於舟。 ——汪開祉

又 隔院聽黃鸝。最宜婪尾花開。四壁凝香簾半捲。 新醅浮綠螘。恰好醒心泉澈。一鑪飛雪酒初温。 ——汪惟韶拜識云。

是園舊爲有清孫補山相國舊宅。自後迭更其主。道光年間始歸吾莊。園鄰黃鸝坊橋。庭植婪尾一本。春來發花甚盛。舊有飛雪泉。淤塞已久。乃疏而通之。源流不絕。頗有瀑布之觀云。

(六八)安徽會館

安徽會館。卽惠蔭花園。亦稱程公祠。在臨頓路南顯子巷。距觀前大街不甚遠。自閶門去。人力車資約三角。游者須納游資。

館本名洽隱園。爲少微眞人韓馨隱居處。結構甚曲折。後改爲皖山別墅。同治中卽其地建程忠烈公祠、淮軍昭忠祠及安徽會館。園有小林屋。爲全園最勝處。有洞窈然。外視之若極窄。迨入則又甚深邃。洞門鐫「小林屋」三篆書。蓋倣林屋山

林屋洞而闢。故名。洞中殊黝黑。潴水架梁。洞上虹隱樓。迴廊屈曲。複室杳深。登覽可望城市。比出洞。則仍離洞不遠。是洞之勝即在此。又有桂苑及叢桂山莊。植桂樹於四周。仲秋之際。繁若絢爛。金粟飄香。亦足以供人士之賞覽焉。

第五章　城南之游

(一)公園

公園在皇廢基公園路。自閶門去。人力車資約四角。游資不收。

公園爲近年所闢。設計者法人竺他摩氏、占地頗廣。舊爲張士誠第宅。士誠在明初稱吳王。故其遺址稱王廢基。亦有稱爲「皇廢基」者。在清爲營盤廢地。園之中有巨屋。爲前圖書館。其前有噴水池。休憩之所。在右曰東齋。四面玻窗。宜冬宜夏。在左曰西亭。古樹婆娑。招涼更妙。園內又有土山一。建亭其上。曰民德。山南濬荷池。架橋九曲。髹以朱紅。殊有畫意。夏日荷花盛放。倚欄憑眺。清香沁脾。於此納涼。可忘溽暑。此外曠地。亦皆淺草平鋪。綠陰匝地。極清曠之致。

滄浪亭

(二)滄浪亭

滄浪亭在城內盤門三元坊。對門卽可園。自閶門去。人力車資約八角。

滄浪亭爲吳中勝境。舊爲唐末錢氏廣陵王元璙別圃。宋蘇舜欽寓吳得之。築亭曰滄浪。因作滄浪亭記。而歐陽修又有「清風明月本無價。可惜只賣四萬錢」之句。由是「滄浪」之名遂著。(蘇記歐詩俱附後)。舜欽死。屢易主。紹興時曾歸韓世忠家。俗名「韓王園」。由元迄明。廢爲僧舍。明嘉靖間爲妙隱庵。建韓蘄王祠。釋文瑛於大雲庵旁復爲滄浪亭。歸有光爲之記。(記附後)。清康熙間又建蘇公祠。商邱宋犖撫吳時尋訪遺蹟。復構亭於山之巔。得文徵明隸書「滄浪亭」三字揭其額。咸豐時燬。同治間巡撫張樹聲建復之。故今之滄浪亭。已非復昔日之故址矣。民國十六年邑人吳子深立美術專門學校於其中。往游者簽名可入。

園前有石坊。額曰「滄浪勝蹟」。園前積水數十畝。遍植菱荷。跨以石橋。門面北。額曰五百名賢祠。祠東爲面水軒。又有亭曰靜吟。清應寶時有跋識之。讀之可以知滄浪亭今昔之異。因錄於後。

滄浪亭舊在北碕。康熙間宋漫堂冢宰移置山巔。懸文待詔隸書滄浪亭額。經

滄浪亭

兵燹不復存。歲癸酉重修。山亭仍其舊。於北碕別構一亭。因取蘇學士詩意。以「靜吟」名之。亦以存故蹟也。

蘇氏滄浪亭記書於亭屏門之上。出勒方錡手筆。有山橫當其前。東西亙數丈。洞壑玲瓏。山徑曲折。山巔有亭。卽滄浪亭也。額爲俞曲園樾書。

由亭南下爲明道堂。堂之東北爲瑤華境界、見心書屋。與臨水之靜吟亭通。其西南有小樓。凡三層。曰看山樓。中祀二程夫子。卽宋儒程顥、程頤也。顥卽明道先生。故有明道堂云。看山樓下有石室。題曰印心書屋。西爲翠玲瓏館。又西爲蘇長史祠。中卽祀舜欽。北卽五百名賢祠。壁間環列石刻五百名賢繪像。對之令人起仰止之思。堂後東菑、西爽。與正門隔山相對。餘如清香館、聞妙香室在西偏。亦皆臨水。

園中石刻。有清聖祖賜吳存禮詩及楹聯。高宗御書江南潮災歎。題文徵明小像。蘇舜欽留別王原叔詩。道光中陶澍滄浪亭五老圖詠。朱琦七友圖記。楊鑄論詩圖題詠。歐陽修詩。歸有光記及康熙後重修各記。

蘇歸二氏之文。一志其勝。一詳其興廢。蘇氏又有詩詠之。茲幷歐詩錄於後。以

滄浪亭

備好古者之吟誦焉。

滄浪亭記

蘇舜欽

予以罪廢無所歸。扁舟南游。旅於吳中。始僦舍以處。時盛夏蒸燠。土居皆褊狹。不能出氣。思得高爽虛闢之地。以舒所懷。不可得也。一日過郡學。東顧草樹鬱然。崇阜廣水。不類乎城中。沿水得微徑於雜花修竹之間。東趨數百步。有棄池。縱廣函五六十尋。三面皆水也。杠之南其地益闊。旁無民居。左右皆林木相虧蔽。訪諸舊老云。錢氏有國。近戚孫承祐之池館也。坳隆勝勢。遺意尙存。予愛而裴回。遂以錢四萬得之。構亭北碕。號滄浪焉。前竹後水。水之陽又竹。無窮極。澄川翠幹。光影會合於軒戶之間。尤與風月爲相宜。予時榜小舟。幅巾以往。至則灑然忘其歸。觴而浩歎。踞而仰嘯。野老不至。魚鳥共樂。形骸既適。則神不煩。觀無邪。則道以明。返思向之汩汩榮辱之場。日與錙銖利害相磨戛。隔此眞趣。不亦鄙哉。噫。人固動物耳。情橫於內而性伏。必外寓於物而後遣。寓久則溺。以爲當然。非勝於是而易之。則悲而不開。惟仕宦溺人爲至深。古之才哲君子。有一失而至於死者多矣。是未知所以自勝之道。予旣廢而獲斯境。安於冲曠。不與衆驅因之。復能於內外得失之原。沃然有得。笑閔萬古。尙未能忘其所寓目。用是以爲勝焉。

又

歸有光

浮圖文瑛居大雲庵。庵環水。卽蘇子美滄浪亭之地也。求予作滄浪亭記。曰昔子美之記。記亭之勝也。請子記吾所以爲亭者。予曰。昔吳越有國時。廣陵王鎭吳中。治南園於子城之西南。其外戚孫承祐亦治園於其偏。迨淮海納土。此園不廢。蘇子美始建滄浪亭。最後禪者居之。此滄浪亭爲大雲庵也。有庵以來二百年。文瑛尋古遺事。復子美之構於荒殘滅沒之餘。此大雲庵爲滄浪亭也。夫古今之變。朝市改易。嘗登姑蘇之臺。望五湖之渺茫。羣山之蒼翠。太伯虞仲之所建。闔閭夫差之所爭。子胥種蠡之所經營。今皆無有矣。庵與亭何爲者哉。雖然。錢鏐因亂攘竊。保有吳越。國富兵強。垂及四世。諸子姻戚。乘時奢僭。宮館苑囿。極一時之盛。而子美之亭。乃爲釋子所欽重如此。可以見士之欲垂名於千載之後。不與其澌然而俱盡者。則有在矣

滄浪亭

。文瑛讀書喜詩。與吾徒遊。呼之爲滄浪僧云。

滄浪詩

蘇舜欽

一逕抱幽山。居然城市間。高軒面曲水。修竹慰秋顔。迹與豺狼遠。心隨魚鳥閒。吾甘老此境。無暇事機關。

滄浪静吟

前 人

獨遶虛亭步石矼。静中清味世無雙。山蟬帶響穿疏户。野蔓盤青入破窗。二子逢時猶死餓。三閭遭逐便沈江。我今飽食高眠外。惟恨醇醪不滿缸。

滄浪亭

歐陽修

子美寄我滄浪吟。邀我共作滄浪篇。滄浪有景不可到。使我東望心悠然。荒灣野水氣象古。高林翠阜相迴環。新篁抽筍添夏景。老枿亂發爭春妍。水禽閒暇事高格。山鳥日夕相啾喧。不知此地幾興廢。仰視喬木皆蒼煙。堪嗟人迹到不遠。雖有來路曾無緣。窮奇極怪誰似子。搜索幽隱探神仙。初尋一徑入蒙密。豁目異境無窮邊。風高月明最宜夜。一片瑩静鋪瓊田。清光不辨水與月。但見空碧涵漪漣。姑蘇臺邊人響絶。夜静往往聞鳴船。清風明月本無價。可惜祇賣四萬錢。又疑此境天乞與。壯士憔悴天應憐。鴟夷古亦有獨往。江湖波濤渺翻天。崎嶇世路欲脫去。反以身試蛟龍淵。豈知扁舟任飄兀。紅蕉綠浪搖醉眠。丈夫身在豈長樂。新詩美酒聊窮年。雖然不許遠客到。莫惜佳句人間傳。

滄浪亭中各楹聯亦皆出名人手筆。今附於後。

面水軒　短艇得魚撑月去。　小軒臨水爲花開。　——張之萬

又　徙倚水雲鄉。拜長史新祠。猶爲羈臣留勝蹟。　品評風月價。吟盧陵舊什。恍聞孺子發清歌。　——洪　鈞

明道堂　清斯濯纓。濁斯濯足。　智者樂水。仁者樂山。　——杜文瀾

又　泉石憩名賢。伴具區煙水。林屋雲巒。獨向塵寰留勝蹟。　簿書逢暇日。更解帶親耘。停車問俗。豈徒觴詠事清游。　——張樹聲

又　百花潭煙水同清。年來畫本重摹。香火因緣。合以少陵配長史。　萬里流風波太險。此處緇塵可濯。林泉自在。從知招隱勝神仙。　——薛時雨

蘇長史祠　湖州長史昔貶謫。守道好學。發憤懣於歌詩。風雲變化。雨雹交加。一時豪俊。多從之游。磊落軒昂。足知文士有聲價。　商邱中丞嗜吟眺。景賢修廣。以精神相依憑。密邇宮牆。掃除汚穢。三吳流傳。追尋其地。前倡後繼。爰飭祠宇肅豆籩。

——吳履剛集滄浪小志中語

五百名賢祠　千百年名世同堂。俎豆馨香。因果不從羅漢證。　廿四史先賢合傳。文章事業。英靈端自讓王開。

又　　彷彿煙波中。花天月地小開闢。　俎豆竹梧徑。冥交神契徧周旋。

——吳履剛集滄浪小志中九西堂書王方若句

（三）可園

可園在城內盤門三元坊。與滄浪亭相對。

可園在清爲存古學堂。後曾設游學預備科於此。嗣爲省立圖書館。游學預備科係巡撫陸春江氏奏准設立。監督爲邑人蔣季和太史。於時與游學預備科毗連者。有江蘇優級師範學校、江蘇高等學堂、蘇州府中學堂。學子彬彬。極一時之盛。其地儼然成一「學校街」焉。

入園門。自右折而入。通以曲廊。有亭翼然。曰「思陸」。壁嵌刻象。卽陸春江氏也。再進又有亭一。嵌壁有陳彭年刻象。陳嘗守蘇。有德政。亭後土阜上亦有亭。園內植梅數百。白碧紅三色俱有。以鐵骨紅梅爲最貴。佐以池渠亭閣。亦頗饒畫意。園後有屋櫛比。卽當年游學預備科學子藏修息游之處也。按游學預備科因設立既不甚久。學子畢業亦僅一屆。故是校蘇人似已淡焉若忘。因特識之。

（四）孔廟

孔廟係郡學。亦稱府學。在盤門城內三元坊。其左與滄浪亭可園甚近。其右距開元寺亦不遠。

廟占地甚廣。係宋范文正公典鄉郡時捨宅所建。相傳護龍街北端之北寺塔爲龍尾。而孔廟則爲龍首。蓋護龍街自北寺塔可直通至三元坊孔廟云。

廟失修已久。兩廡神位亦俱無存。韋白二公祠等處幾成破屋。荆榛塞道。蔓枝牽衣。空餘泮池古木與巍巍之大成殿。供人太息敬謁而已。近聞有興修之說。弘聖尊師。是所望於當世君子。

廟中石刻甚多。不備述。有蘇州古城圖。閱之可以知蘇城今昔之異。市有搨售。

（五）開元寺無量殿（瑞光塔附）

開元寺在城內盤門大街。自閶門去。人力車資約八角。

開元寺本爲今之報恩寺。後唐莊宗時。錢鏐移寺徙僧於此。明萬曆間御賜藏經。建閣供奉。閣全用甓累。不著寸木。俗因呼爲「無樑殿」。閣供無量壽佛。故又稱無量殿。殿凡二層。寺中又有卧佛。錦被蔽體。求嗣者多禱拜之。每年古歷七月三十日地藏王菩薩誕辰。開放進香。游人甚衆。

出開元寺向右眺。即見有塔兀立於荒榛之間。是即瑞光塔。塔爲孫權所建。以仰報母恩。凡十三級。至宋宣和間。朱勔出貲重建。改爲七級。塔屢放五色。故名瑞光。清同治十一年曾重修之。今已傾圮不可登。

第七章　木瀆　靈巖山　光福

木瀆爲蘇州首鎮。靈巖山多吳宮遺蹟。光福鄉亦多佳山水。游者欲自木瀆而靈巖、而光福。順道探勝。作數日游。固甚便利。卽分游亦無不可焉。因合爲一章而再分述其要如次。

（一）木瀆

木瀆離城約十八里。水路有小汽輪由胥江直達。陸路則可循南御道而往。然爲節省時間計。不如自閶門乘蘇木汽車經公路直達。倘乘人力車。車資約一元餘。馬車倍之。

木瀆之名。始見於元豐九域志。宋史因之。明清兩朝設官分理。民國初元更畫市鄉區域。而事務益多。至是地之所以稱木瀆者。則因吳中地名多取溪瀆。如射瀆、練瀆、管瀆、菱瀆之類甚多。而相傳昔時吳王得越貢神木。將築姑蘇臺。積材三年。連溝塞瀆於此。故以爲名云。

木瀆區域甚廣。東至運河。南至堯峯山。西至穹窿山。北至支硎山。東南界石湖。西南出太湖。西北界白陽山。東北界楓橋。堯峯山以唐堯時洪水汎濫。吳人避居於此得名。自清汪琬構山莊於其下。自是堯峯之名遂益著。穹窿山爲古仙人赤松子采取赤石脂處。支硎山則晉高僧支遁嘗憩遊其上。山多平石。故因支遁以支硎爲號。白陽山或作白羊山。爲明高士陳道復隱居處。陳號白陽山人。故名。是四山者。或涉野史。或以人著。因略述於此。

木瀆

至首節所述之「南御道」。其馬頭在木瀆市東。卽清聖祖、高宗駕幸靈巖時御舟停泊處也。按御道有二。一自盤門橫塘來至木瀆。上靈巖。又西經獅子口。一自楓橋抵支硎、寒山、龍池。轉南行。出獅子口。與南御道合而西行。過善人橋。直至元墓山而止。御道甃磚成人字形。甚平坦。詢村農無不知者。因亦識之。

木瀆有十景。清吳溥有詩分詠之。茲先述其略。幷附吳詩於後。

（一）法雲古松　崇政橋東。有寺曰法雲庵。或曰法雲寺。明天啓間僧鑑明建。有二松甚古　門左右有尢個誓願碑記。及熊傳栗開興福塘記二碑。塘在法雲庵南。吳詩云。

何年高挺兩虬枝。鬱作慈雲蔭古姿。夜靜濤聲誰領得。山僧出定四更時。

（二）白塔歸帆　鎮東敵樓下有白塔浜。北穿御道。吳詩云。

布帆葉葉送輕舠。卻共歸鴉落影遙。村市依微燈火出。數聲柔櫓過溪橋。

（三）南山晴雪　南山蓋指堯峯山。吳詩云。

連峯積素浩漫漫。晃漾朝光兀自寒。正似海天初照裏。玉山一抹壓銀欄。

（四）斜橋分水　斜橋在鎮西街東口。香溪水東流。過鎮。折而入胥江。故名

•吳詩云•

山溪交匯激難留。拍岸跳波駭過舟。何事洶洶爭兩派。終看合併作東流。

(五)虹橋晚照　虹橋在山塘街東南。跨香水溪而築。吳詩云。

雨餘霞綺落雲間。絢作晴虹跨碧灣。好在紅欄高處倚。舉頭無限夕陽山。

(六)下沙落雁　鎮有上下沙塘。上沙自赤山塢流出。過明徐俟齋澗上草堂。折而東南。至畢家墳。爲金山南浜。與下沙塘水合。下沙則自香水溪分派北流至金山。東北會落星涇。其別派過雁橋而入西津橋塘。吳詩云。

數點横斜夕照邊。水雲鄉畔宿寒煙。誰從傳此無人態。蘆荻蕭蕭雪滿天。

(七)山塘榆蔭　山塘街西有王家橋。橋之東榆藤交柯。綠蔭匝地。凡路過山塘者。無不欲一賞此古樹焉。吳詩云。

山郭人家似水村。榆蔭深處半開門。最憐微雨新晴後。染得溪流綠有痕。

(八)靈巖晚照　靈巖山在鎮之西北。吳詩云。

平林暝色接蒼茫。卻聽疏鐘出上方。滿徑松風吹不斷。一聲和月度寒塘。

(九)姜潭漁火　姜潭在姜窰東北。背江水匯而成此。吳詩云。

曬網船頭日近殘。夜來篷底話團圞。自緣怕涉風波險。只守寒燈望舊灘。

（十）西津望月　西津橋在鎮西街西口。跨胥江而築。吳詩云。

水環小市石橋横。清曠偏宜待月明。一片秋光浸樓閣。知誰望遠最多情。

右十景除第三及第八外。亦稱香溪八景。

鎮上園林。有一嚴園。在山塘街王家橋畔。園一名端園。清道光八年錢端溪照所築。自爲記。有友于書屋、眺農樓、延青閣諸勝。端溪隱居不仕。以能詩名。庚申兵燹後。端園獨存。今改屬嚴氏。園以石假山著名。惜荒蕪已久。日見頹圮。入門須給老嫗開鎖錢。至多二角。

此外鎮上古蹟。有怡泉亭。在殷家弄。里人馮怡泉與殷心抑爲友。嘗以百金存殷所。而馮歿無子。殷爲起井亭。四周皆石闌。卽以「怡泉亭」三字顏之。爲行人遊憩之所。事在明崇禎二年。又有梁巷。在上沙夏王廟後。相傳漢高士梁鴻嘗寓此。此皆以人著者也。又有明月寺。在山塘後。唐清泰三年僧明智建。其西半里許。有牧牛庵。清康熙間僧勝契所創。李果詩有「梨花明月寺。芳草牧牛庵」之句。一時傳誦。今牧牛庵已改節孝分祠。明月寺猶存。光緒十六年僧道根重修。

又有富春道院。在鎮上南街東。宋治平中建。清康熙二十三年修。並就其旁地創建郡廟。咸豐庚申被燬。同治中重建。此寺觀之較著者也。

鎮上市廛極繁盛。不亞於城中諸大街。游客至鎮後。如欲果腹。則石家飯店之鮰肺湯。不可不一嘗焉。湯以經于右任題詩而著。民國十七年秋。于氏自光福看桂道經木瀆歸。就飲於石家飯店。主人以鮰肺湯進。于贊賞之。爲題一絕。幷書以贈之。詩云。

老桂花開天下香。看花走遍太湖旁。歸舟木瀆猶堪記。多謝石家鮰肺湯。

主人以是張諸壁間。而石家飯店一經品題。遂聲價十倍矣。店新築精舍數椽。髹以朱漆。座上客常滿。且可於此宿夜焉。木瀆棗泥麻餅。著名亦已久。餅餡以棗搗之成泥。和以糖。食之甘脆可口。餅有葷素二種。遊者多樂購之。

(二)靈巖山

靈巖山在城西三十里。木瀆鎮西北。自鎮往。不過四五里。或步行。或乘山轎皆可。山轎轎資。單程約四角。雙程倍之。如自城往。汽車約半小時可達。價約三元。人力車約二時半。價一元五角。舟行約四小時。價約三元。膳食在外。並有輪船開往。故自城往游靈巖。亦至便也。

靈巖山

靈巖山高三百六十丈。一名硯石山。吳越春秋云。「闔閭城西有山號硯石。上有館娃宮」。越絕書云。「硯石山有石城。吳人於此置館娃宮」。即其處也。蓋山連𡼏村。產石可爲硯。其色深紫。佳者殆不減歙溪。米氏硯史云。「𡼏村石理粗。發墨不糝」。即指此石。又宋高似孫硯箋亦謂「璞少瑕多。瑩者擬端溪」。山名硯石蓋以此。至山所以名靈巖者。則因山多奇石。靈巖塔前。有石壁聳起。名「靈芝石」。爲奇石之最。故又以爲名。山既拔奇挺秀。其上又多吳越古蹟。以是遂爲吳中名山。茲爲便利游者計。先述是山大概。以作嚮導。而後再述其種種古蹟。俾游者可以低徊憑弔焉。

自木瀆鎮沿御道。直抵靈巖山麓。見有亭翼然。曰「垂蔭」者。即入靈巖勝地之伊始也。前行約二十餘步。右有再來人張永夫墓。又有骨塔。係新用白石築成。狀亦如小亭然。稍進爲靈巖下院。殊冷落。無可觀。

半山有迎笑亭。游人力疲。可於此稍息。仰眺即見塔寺高聳。倍極壯麗。可以鼓游人之勇氣焉。再上行。向側俯視。則又足使人驚爲下臨無地矣。復上行。左有西施洞。相傳吳王囚范蠡處。自洞循小徑。可上「饅頭石」。折而東。可至「醉僧石」。折回「饅頭石」。向左西行。可達靈巖寺正門。中經「梳妝臺」。旁有石。名「望佛來」。卽俗所稱「烏龜望太湖」者是也。

入寺。初爲新建大殿。殿前有硯池。小石橋跨之。池東爲客廳。於此小坐。可往探玩花池、玩月井、吳王井、智積禪師井、石城諸勝蹟。復繞出寺門。西行而至琴臺。臺占山西北絕頂。登其上眺之。見四圍遠山。若相拱揖。殊足令人起凌雲之想焉。

客廳之東爲靈巖塔。高摶雲霄。凡九層。中燬而僅存外廓。故可望見第一層屋梁。塔之四周俱爲靈芝石。而以塔前高聳之石壁爲最勝。塔北爲食堂。東南爲鐘樓。客廳之北爲藏經樓。樓東小室爲方丈室。小室東爲智積堂。此靈巖寺之大概也。游者欲於寺果腹。則白飯香蔬。亦頗覺別有風味耳。

山麓之西約里許。韓蘄王碑在焉。是亦不可不一訪。碑高四丈。闊八尺。贔屭載之。碑面上半截鐫「中興佐命定國元勳之碑」十大字。兀立於松柏叢中。據云是碑爲天下第一碑。

靈巖山

靈巖山多奇石。「靈芝石」、「醉僧石」、「石鼉」、「石鼓」、「石射堋」、「壽星石」、「佛日巖」、「披雲」、「望月」二臺、「石樓」、「袈裟石」、「石髻」、「石城」、「石馬」、「槎頭石」、「獻花石」、「藏經石幢」、「貓兒石」、皆巖石之有名者。醉僧石俗名「石羅漢」。亦名「癡漢等老婆」。石鼉俗曰「石龜」。石鼓俗名「升羅石」。在山東岡下。相傳鳴則有兵。石幢俗曰「梳妝臺」。石射堋在其東。佛日巖係石壁。甚峭拔。披雲、望月二臺在其下。「披雲」有蘇軾題字。石城在山寺西。琴臺東。貓兒石在西施洞口前。此舉其著者言之。餘不詳述。

以上爲靈巖山大概。茲將古蹟之現存或已廢者再分述之。以爲游者之談助焉。

再來人張永夫墓　永夫名錫祚。居木瀆下沙塘。今莫知其處。家貧工詩。賣卜爲生。卒以窮餓死。友人盛青嶁爲出貲殯葬。立石表墓。後青嶁入京師。館藩邸。翩年少。風度不凡。顧無識面者。合座驚異。客請少間。與主人談。謂曰。先生忘之乎。某前生卽君摯友張永夫也。主人愕然。客微笑曰。試數彼去世若干年。范式何人。爲張邵死友。某今已春秋十八。幸入翰苑。夢寐不忘故人。且稔君懸弧令旦。故遠來慶祝。不然。何以得知之。主人猶不信。客曰。無慮也。吾兩人當日詩歌唱和。凡他人所不知者。試各誦數篇如何。主人頷之。及背出。果不差一字。主人乃狂喜。遂徧告諸賓。歡飲連觴三日。客出囊金百兩。謝主人舊賻而去。自後亦不知其身世也。以其人奇事奇。故鄉人呼之爲「再來人」。永夫詩高淡淳古。出入陶韋間。今附其詩一首於後。

自太平庵至富春院看菊　張錫祚

攜朋離野寺。隨磬入雲房。白鶴上高樹。寒花明夕陽。詩裁五字穩。晝對四山蒼。老子多清興。相期寄數將。

靈巖寺　寺爲館娃宮舊址。在晉爲司空陸玩宅。玩捨爲寺。梁天監中增拓之。名秀峯寺。有智積菩薩化形畫相之異。唐宰相陸象先始建智積殿及涵空閣。宋紹興中。賜蘄王韓世忠荐先福。名崇報禪院。歷元、明、清。代有興廢。清宣統三年。眞達上人接充住持。興復之功。頗利賴焉。迄於今鳩工庀材。大加擴充。印光法師復爲嚴訂規條。四方淨侶。聞風雲集。有是寺而名山爲之增色不少矣。

靈巖塔　宋初節度使孫承祐爲其姊吳越國妃建。明萬曆三十八年雷雨大作。火自塔中出。盡焚其木而磚獨存。

玩花池　在寺西山巔。池方形。中植芙蕖。今養金魚。當時建於館娃宮中。吳王與西施采蓮爲樂。

吳王井　張大純采風類記云。「山有二井。圓象天。八角象地」。一說圓曰「日池」。八角曰「月池」。又稱八角者曰「智積禪師井」。則以梁天監中經智積禪師修葺。故名。

石城　郡國志云。「石城山有吳王離宮。越獻西施於此」。

琴臺　舊傳西施嘗鼓琴於此。有王鏊題二大字在石面。范成大謂下瞰太湖及洞庭南山。滴翠叢碧。如在白銀世界中是也。

響屧廊　循塔南西上。舊有小斜廊。名響屧廊。圖經云。「吳王以楩梓藉地而虛其下。西子輦行則有聲」。故名。

百步街　在響屧廊東。

西施洞　街南石室爲西施洞。舊傳吳王囚范蠡處。洞口有牛眠石。前爲「出洞龍」、「貓兒石」。

划船塢　洞東西爲二划船塢。蓋吳王潴水以戲龍舟之所。一名「畫船塿」。

妙湛泉　在划船塢旁。

采香涇　在山前十里。斜橫如臥箭。故俗又稱「箭涇」。舊傳吳王種香於香山。使美人泛舟於溪以采香。故名。

韓蘄王墓及神道碑　在山西麓。宋孝宗御題神道碑。即「中興佐命定國元勳之碑」十字是也。字正書分十二行。字徑一尺二寸。居中有字曰「選德殿書」。碑文爲趙雄奉敕撰。周必大書。都一萬三千九百字。分八十八行。每行百五十字。碑額之高。碑文之多。爲天下第一。韓王祠在墓附近。由寶藏庵入。中有紅梅兩大株。祠屋三楹。清道光十三年重建。殿內多碑記。祠門題「韓蘄王饗堂」五字。

靈巖山館　在西施洞下。清畢沅少讀書靈巖山。宦達後築此。清嘉慶間歸常熟蔣氏。故亦曰蔣園。咸豐中燬於兵燹。片瓦不存。惟殘壁頹垣。猶可憑弔也。

以上所述。皆靈巖諸蹟之犖犖大者。若云漏萬。自不能免。至於歌詠。則自唐以來。代有佳什。不具錄。姑附數首。藉助吟興。

靈巖山

靈巖山　韋應物

靈巖山

始入松路永。獨欣山寺幽。不知臨絕檻。乃見西江流。吳岫分煙景。楚甸散林邱。方悟關塞渺。重軫故園愁。聞鐘戒歸騎。憩澗惜良游。地疏泉谷狹。春深草木稠。茲焉賞未極。清景期杪秋。

靈巖山寺

蘇舜欽

古來興廢一愁人。白髮僧歸掩寺門。越相煙波空去雁。吳王宮闕半啼猿。春風似舊花猶笑。往事多遺石不言。惟有延陵逃遁去。清風高節老乾坤。

館娃宮

趙翼

湖光山色一憑欄。想見朝朝暮暮歡。此地春常留屧響。有人夜正臥薪寒。唾成珠玉香猶溼。舞破山河髻未殘。恩受吳王功在越。可憐啼笑兩俱難。

靈巖山吳宮井（調寄洞仙歌）

秦雲

銀牀玉甃。想娃宮珍重。西子君王朶蓮共。起梳妝。料得弄粉調脂呼取水。宮女提來銀甕。　沼吳人已去。白紵歌殘。葉落秋梧故宮痛。井水閱興亡。廢苑烏啼。眞喚破繁華如夢。到此日空留付山僧。只汲注軍持。佛前花供。

韓蘄王墓

趙翼

麒麟高塚占雲墟。異姓眞王百戰餘。勳業未來先臥虎。英雄老去亦騎驢。葬應祕器蒙分賜。績尙豐碑表特書。宋待功臣原不薄。棲霞何事獨誅鋤。(原注謂岳忠武)。

(二)光福

光福鎮距城六十里。有蘇福汽車可直達。舟行由胥江過木瀆、善人橋而至鎮。有小輪開駛。若雇民船。則朝發夕至。費時較久。鎮有尋梅旅社及鄧尉浴室。登山探勝。可雇山轎。每乘給資約二元。

蘇州光福鄉。山水尤勝。琳宮貝宇間。往往有三代吉金。六朝遺刻。非他處所得比。風氣樸誠。居民多業圃。自梅花外。廣植果木。故諺有「山家十八熟」之語。非虛語也。

至鎮之所以名光福者。則因其西北有光福山故。山一名龜山。有光福塔及寺。梁九眞太守顧氏捨宅建。山不甚高。市廛環之。蓋山以寺得名。鎮又以山得名也。寺中有銅觀音像。係宋康定元年居民於廟旁泥中得之。相傳禱雨輒應。至今吳中大旱。必云「請銅觀音」。寺中碑刻。有梁天監石幢、唐大中五年六年尊勝陀羅尼經兩石幢。在門首左右對列。此外尙有宋、元、明諸刻。不具錄。塔凡七層。亦建於梁。淸乾隆中里人徐堅募資修之。寺左側有顧野王祠及墨沼。

題光福上方詩

顧在鎔

蒼島孤生白浪中。倚天高塔勢翻空。煙凝遠岫列寒翠。霜染疏林墜碎紅。溪渚或棲彭澤雁。樓臺深貯洞庭風。六朝金碧落何處。偏旁葦叢驚釣翁。

光福山北爲虎山。(見後)山下有東崦草堂。占地頗廣。樓閣參差。花木扶疏。頗饒幽趣。昔爲徐氏所築。今歸畫家吳似蘭。置爲別業。更名曰華園。如欲游覽。投刺可入。

鄧尉探梅。夙稱韻事。故言光福諸山。必云鄧尉。山在鎭西。爲光福附近諸山之總名。以漢高士鄧尉隱此。今以名山。宋淳祐間。高士查莘居山隖植梅。鄉民羣起效之。栽梅爲業。流傳至今。花時漫山皆白。遍地俱香。故「鄧尉探梅」爲江南勝事。至鄧尉諸山脈。則如一「勾」字形。初筆爲吾家、銅井、西磧諸山。鉤處近光福。連接鄧尉、玄墓。中間爲青芝、石樓、長岐諸山。梅花勝處。綿亘十里。當分作三日遊。始可盡其勝。

光福

遊程有三。一、自鎮過費家河。南行。徑造玄墓。轉西踰長岐。至石樓、石壁。折回過天井、倪家巷、而至「香雪海」。此爲中路。最遠亦最勝。一、出澗上至銅坑、窰上。爲北路。可沿水道往。一、由梓里、棠梨、上柴莊嶺。爲東路。須穿御道往。

茲將鄧尉諸山勝蹟。簡述如左。古今吟詠。酌錄附之。鎮北有虎山。爲鄧尉諸山之始。因先言虎山。

虎山中通一溪。跨以石梁。連東西二崦。風景絕勝。此石梁卽虎山橋也。橋係宋嘉泰中建。元改三洞。明申文定公時行重建。按明徐枋記略云。

凡遊鄧尉者。必遊虎山橋。虎山固鄧尉諸山之始也。其地四面皆山。中匯二堰。以受諸山之水。迴環上下約二十餘里。有石梁在亂山中。雄跨二堰間。層巒映帶。波光極目。如長虹夭矯。橫亘碧落。(下略)

虎山橋之勝具於是。橋左右有東西二崦。亦稱上崦、下崦。爲元末張士誠所鑿分。明烏程董氏築堤栽柳。益稱勝景。董氏創此堤。費不貲。時年饑甚。民無所得粟。董氏令載土一舟。易米數斗。數日之間。遂成大堤。明袁宏道有記述之。記中幷云。「長堤一帶。桃柳相間。每三月時。燦縵如萬丈錦。妖童麗人。不減西湖」。可以想見當日之盛矣。明吳寬有虎山橋詩。與袁記可相參證焉。詩附後。

虎山橋詩

吳寬

南人相見詫杭州。自料西湖讓一籌。天爲漁家開下崦。晚宜畫舫駐中流。新詩已判縱橫寫。佳景從教次第遊。孺子歌聲何處起。落霞孤鶩水悠悠。

由鎮往鄧尉山。南踰崎崦嶺。嶺上有豐樂亭在焉。自豐樂亭再行約二三里。至青芝隖。其北有司徒廟。相傳祀漢鄧禹。亦曰「柏因社」。中額曰「古柏山房」。後曰「第一杏林」。廟中有古柏數株。勢極蟠屈。最著者卽「清」、「奇」、「古」、「怪」、四柏。皆千年物。經清高宗錫以佳名。而司徒廟古柏遂亦爲光福諸勝之一。「清柏」挺直如笏。羣枝四垂。「奇柏」一幹上矗。及至頂上。始分爲二。左右競蒼。「古柏」幹大十抱。全身蒼皮斑剝若龍鱗。紋成左紐。而禿其頂。「怪柏」則幹橫臥土中。向左右挺生。枝柯曲屈，綠葉四出。宛如獅虎伏地。昂首舉爪。洵奇觀也。近患遊人攀折枝條。刮取柏香。以鐵闌護之。旁有魁星閣。閣下有清帝御案。漆繪殊工精。相傳清聖祖、高宗南巡臨幸香雪海時。特置此案。後移廟內云。此司徒廟之大概也。

司徒廟古柏

汪芑

司徒廟中有老柏。雷雨空山孕靈魄。霜皮黛色不計年。元鶴青鸞此棲宅。我聞高宗昔巡方。嘉名肇錫題煌煌。散材遭遇抱負出。柯榦拂濯皆軒昂。揭來探幽披榛莽。林際翠華猶想像。黃綺仙骨鍊更堅。重扇孫枝儼爭長。（李賀詩小柏儼重扇）。一株清如五粒松。冠劍鵠立珂鳴鳳。白日篩地碎荇藻。塵壒不到煙梢空。一株奇彊拔天外。樓桑童童作車蓋。蚴蟉鬱怒鬐戟張。蛇脂膚皴蛟脊蛻。傍者偃臥三千齡。古色照人難鑄形。防風朽骨互撐柱。土花蝕血青銅腥。砉然辟歷起光怪。礫裂不死根走地。負牆蹲坐勢欲飛。蜿蜒伸作拏雲臂。嗚呼。一柏一狀各有眞。化工創格無相因。丹青安得寫狡獪。畢宏韋偃徒逡巡。君不見元墓松林密如薺。一朝空隕牛山涕。又不見靈巖古木森參天。劫火殘灰弔山鬼。此柏輪囷化神物。薜荔作衣苔作髮。行人閒訪殷祉春。野徑雨餘長薇蕨。

按汪號茶磨山人。與西脊山人秦雲、天平山人朱堉、同稱吳中三山人。

光福

汪字燕庭。秦字膚雨。朱字萬卷。皆清季諸生。工詩。秦幷工詞曲。詩詞已見前。編者附識。

出司徒廟。少西北。約數百步。即香雪海。香雪海在馬駕山腰。山俗訛爲「吾家山」。四周皆植梅。清康熙中巡撫宋犖題「香雪梅」三字於崖壁。其名遂大著。聖祖、高宗南巡。俱駐蹕於此。舊建御碑亭。兵燹被毀。民國十二年里人募巨資重建。登臨四望。太湖迷茫萬頃。羣岡分峙左右。俯瞰梅樹。白色無際。蕩漾清芳。此香雪海之所由名也。山中人率樹梅以爲業。與藝茶、條桑並重。清汪琬馬駕山記有「梅五、茶三、桑二」之説。幷號爲「光福幽麗奇絶處」云。

下馬駕山。循大路至天井山。多紅綠梅。亦有以盆栽出售者。故花事亦極繁盛。過天井山。經大王廟約六七里。即至蟠螭山。山俗呼爲「南山」。在彈山四南。陡入湖中作蜿蜒狀。以此得名。亦稱石壁。翠屏百仞。周約數畝。天然森削。上有石壁精舍。即永慧寺。正殿題曰東湖精舍。後有大雄寶殿。有修竹數百竿繞之。爲山中最勝處。春秋遊屐所萃。門前即望湖臺。疊石爲之。繞以短垣。中置石案、石凳。潔無纖塵。據案望湖。風濤起於足下。宛如凌虛憑空焉。

石壁

汪芑

憨公棲隱處。山背精舍闢。峭壁疑削成。晴聳太古碧。茶煙颺禪榻。竹色照岸幘。空翠不可捫。淸寒落几席。夕陽半嶺秀。雲氣全湖白。翛然埃壒外。高吟愧謝客。

自蟠螭山東北拾級而上。至石樓。石樓在彈山南岡。多篠竹。亘者三四圍。而山徑高高下下。觸處皆梅。看梅最盛處也。磴道之上爲古寺。卽石樓精舍。有明趙宧光篆書「石樓」二字。

自石樓西行。折南至嶺上。亂石錯列。大小不一。登此而望。滿目皆梅。紅、綠、白三色燦爛。若鋪錦然。實較香雪海爲勝。

登萬峰臺題壁

汪芑

仄徑盤迤上。高臺倚萬峯。湖光浮地脈。雲氣盪塵胸。齋散鐘魚靜。春晴竹樹濃。淸游眞不厭。茗話夕陽春。

自石樓而下。繞彈山。經騎龍山。越長岐嶺。而至玄墓山。山在鄧尉西南六里。相連不斷。實一山也。相傳晉靑州刺史郁泰玄葬此。故名。明初萬峯和尚居之。

故又名萬峯山。明袁永之袠游記云。

吳之山。惟玄墓最僻亦最奇。面湖而險隩。丹霞翠閣。望之若屏。背鄧尉而來。法華障其前。銅井、青芝迤邐其右。游龍駕其左。妙在絕頂一登。則洞庭諸山悉陷伏於湖。而湖波遂混茫。盪爲一色。

是非親歷其境。不能知也。

山有聖恩寺。卽萬峯道場。俗名「玄墓寺」。一名萬峯寺。梁僧惠濟始居此。唐天寶間建天壽禪寺。宋寶祐間又建聖恩禪院。爲上下道場。元季寺燬庵存。時蔚說法開山。時蔚卽萬峯和尚。此寺之所以又稱萬峯道場也。明時增建殿宇。並鑄巨鐘。上鏤法華經全部六萬字。正統八年賜今額。清聖祖南巡臨幸。宿四宜堂。御書「松、風、水、月」四字額以賜。高宗復六次臨幸。賜額。同治十年僧真照重修。今寺內有梵天閣、藏經閣、還元閣、碧照軒、松風水月軒諸勝。都三百餘間。而以還元閣爲最勝。可望太湖。

過聖恩寺古法堂　　九侗

揭來尋古寺。滿徑溼雲封。丈室依雙樹。孤煙對萬峯。湖山春載酒。風雨夜聞鐘。招取梅花片。爲君剖五宗。

寺有喝石。相傳穿井有巨石下墜。萬峯喝止之。故名。法堂有明僧吼崖禪師在寺靜修三十年之足印留磚上。西南有八功德泉。水如沸珠。又名沸珠泉。今鄉人取以繅絲。色更光潔。郁泰玄墓在寺後。有碑題曰「晉青州刺史郁泰玄墓」。墓旁有奇石。俗名眞假山。嵌空玲瓏。巧若天成。明天順間於土中露見稜鍔。後漸湮沒。至清康熙十七年仲夏。積雨。山泉衝激。復有石露於大悲壇東。寺僧因而搜之。得明盧熊所題「神獅出岫」、「海湧門」、「汲硯泉」、「涵輝洞」、「峭壁巖」、「螺髻峯」、「流雲洞」、「凌空橋」、八景。近人康有爲題「壽洞」二字於石上。此皆聖恩寺之勝蹟也。

寺中珍藏古物。有周邾公牼鐘。古色斑斕。鐘帶間三十六乳。銘文爲籀篆。有拓本長卷。題跋甚多。又有明葉璠繪文殊指南圖及清道光中胡錫珪爲覺阿上人繪一蒲團外萬梅花圖諸手卷。山僧皆珍重之。此外法堂中有楠木古器。猶是明代物也。

寺門外左有鐘樓。御道直接蘇州。淸聖祖、高宗駕幸山寺所築。山前爲錢家衖。

今稱「坎上」。東南踰柴莊嶺。爲米堆山。

米堆山腰有五雲洞。明顧封公天敍所闢。累石爲樓。後改僧庵。俗名「老虎洞」。明季有虎伏於內。故名。中卧巨石。若叠牀横榻。可驚可喜。別有泉側出。通前井。近山有寺曰獅林寺。壁嵌楞嚴經石刻。

五雲洞

汪芑

招提孕巖腹。聞鐘得禪悟。鳳浴淵不波。虎蹲石礙路。洞陰秋灑灑。始覺熱腸誤。天從井底窺。崖罅一痕露。泉響碎琴筑。石氣潤衣屨。中有采薇人。清風亘遐慕。（顧簡州先生絕粒處）。

馬駕山東有銅井山。一山兩名。北曰銅阬。相傳晉宋間鑿阬。取沙土煎之成銅。故名。南曰銅井山。頂有巖洞。其懸溜匯而爲池。曰銅泉。亦有庵。

銅井

汪芑

複嶺松風寒。山頂時隱見。磴道踰百盤。湖光豁三面。寺門泉脈匯。縈注若凹硯。俯瞰鑑毛髮。茶味出鍛鍊。境迴身忘疲。世遺夢逾戀。比似蘇髯翁。羈懷託陽羨。

銅井西有西磧山。方廣五六里。其巔有划船石。西麓怪石巉巖。有泉注出。曰夾石泉。味濃厚。山北麓爲箬上。村多果木。枇杷尤夥。即所謂「箬上枇杷」者是也。居民百餘家。有小邱曰「熨斗柄」。長百餘丈。斗入湖中。明唐寅爲繪圖。題曰「黃茅小景」。山之西南曰迪山。有程氏逸園。清高宗嘗臨幸其地。昔錢牧齋探梅鄧尉。過熨斗柄。登茶山。歷西磧、彈山。抵銅阬。作竟日游。有詩記之。今附後。

十七日早晴過熨斗柄登茶山歷西磧彈山抵銅阬還憩衆香庵

錢謙益

吳山環西南。其山秀而嶧。鬱盤起玄墓。迤邐屬西磧。梅花生其中。居然好宮宅。譬彼冰雪姿。綽約處姑射。回環具區水。粘天浸寒碧。空濛滋霜根。浩渺盪月魄。湖山畜氣韻。煙雲發芳澤。所以西山梅。迥出凡梅格。我來早春時。發興蠟雙屐。探奇忘晴雨。尋花越阡陌。茫茫梅花海。上有花霧積。不知何處香。但見四處白。籃輿度花杪。登頓旋已易。恍惚如夢境。愕眙眩游跡。縱覽乘朝暾。留連坐日夕。殘陽挂煙樹。橫斜似初月。清游難省記。

勝情易追惜。還恐梅花神。芒芒笑逋客。

鄧尉諸勝。大致已如上所述。茲殿以汪芑光福竹枝詞。考風問俗。可資鏡焉。

光福竹枝詞

汪芑

路轉橫塘木瀆西。十三橋過午雞啼。人來光福無須問。一塔船頭望不迷。

鄧尉諸峯似几平。聖恩寺裏有鐘聲。游人爭上還元閣。山色湖光照眼明。

米堆山下樹周遮。路出錢家衖上斜。數里近通香雪海。筍輿一徑落松花。

綠雲村舍罨稠桑。蠶過三眠采葉忙。相約明朝梳裹早。繭團先賽馬頭孃。

山中果熟客航來。桃杏枇杷摘作堆。辛苦一年衣食計。讓他裙屐說探梅。

賣花挑菜踏歌連。村女鄰娃袂共牽。銅井山高茶要采。布裙紅上翠微巔。

松柴壓擔趁墟遙。石級登登嶺一條。價賤米船關外至。短篷齊泊虎山橋。

斜陽魚鼓隔溪聞。船聚潭東市價分。中婦數錢翁換酒。小魚論斗不論斤。

按第七首所云「關外」之「關」。即滸墅關。編者附識。

第八章　天平山　支硎山　天池山

(一)天平山

天平山在城西二十里。木瀆北五里。自閶門往。舟行約四小時。至西津橋登岸。或輿或步皆可。船金約四元。膳食在外。如乘車。人力車來囘約一元六角。略加酒力。今景范路成。自木瀆往。似更便利也。

天平山巍然獨立於四山之中。羣峯拱揖若兒孫。山多奇石。皆瓌形異狀。可喜可愕。而尤以卓筆峯與飛來峯爲著。

自北御道入山。初過欞梓門。俗稱「童子門」。門跨於兩山之間。自下而上。遠望之若一短隧道然。入門。又向下行。則豁然開朗。土地平曠。是已圍於萬山之中矣。向右山壁下。范文正公祖墓在焉。圍以石牆。其中古木森列。參天夭矯。蓋皆數百年前物。墓墳中葬文正公祖贈太師徐國公范夢齡、贈太師唐國公范贊時及贈太師周國公范墉。皆以文正顯貴。得蒙追封。故其地名三太師墳。亦名三讓原。又名范墳。此天平之所以又稱范墳也。

范氏三太師墳　　王鏊

衰年不減登臨興。福地靈山搜欲罄。城西諸峯吾所嘉。就中又愛天平勝。亭

天平山

亭一蓋依蒼冥。儼若端人人自敬。獅山奔伏象山迴。支硎秦臺皆退聽。橫山當面橫作屏。背擁蓮花互相映。林林萬古相柱撐。倚插半天欹不定。蹲如虎豹紛攫噬。騫如鵬鯨恣豪橫。勇如武夫力贔屭。秀如女子色娟靚。我來敬拜太師墳。松柏陰森趨一徑。忽瞻萬笏森向天。直氣噴薄凜猶勁。乃思范公立朝時。正色危言讐邪佞。茲山倘合生茲人。崧嶽降賢尼孕聖。吳山第一稱天平。宋家第一稱文正。高風千古允作合。仰止巖巖續前詠。

於此平地之中。有亭一。曰接駕亭。亭北有荷花塘。名十景塘。塘上架以九曲橋。今已頹圮。塘北有臺曰梵經臺。其後有庵曰咒鉢庵。庵西爲白雲寺。唐寶曆二年建。文正以先墓所在。奏爲功德院。延僧法遠開山。淸高宗南巡臨幸。賜「高義園」額。屋凡三進。隨山高下。園外荆樹二株。係百餘年物。范瑤刻「連理荆」三字以褒之。園內楓樹數十。秋時楓葉經霜。丹紅似火。頗可悅目。按此不特高義園爲然。天平山滿山多楓樹。秋時登山。一望皆赤。故有「萬丈紅霞」之稱焉。園西山前。范文正公祠在焉。祠一名忠烈廟。內祀文正及其四子純佑、純仁、純禮、純粹。又有三太師祠。祀范氏之祖。

范文正公忠烈廟

倪瓚

魏公祠宇青山麓。崖石𡺉巃森古木。山下居人幾世孫。泉導瓜綿分譜族。太湖之水去悠悠。異代蒸嘗春復秋。吁嗟濟世安邊計。今日誰先天下憂。

高義園西爲登山大道。道口有門。上書「登天平路」四字。其後卽萬笏朝天。萬笏朝天者。蓋指天平山石而言。石筍森森。如屛如插。或矗或挺。可喜可愕。不知其數。相傳形家言此本絕地。因石皆向下。而文正則葬其高祖柱國麗水縣丞隋於此。一夕。天忽大雷雨。翌晨視之。山石俱挺立。如萬笏之朝天然。故以爲名。范隋墓側爲天平山莊。明萬曆末參議范允臨建。清康熙間檢討范必英卽其地建參議祠。乾隆間范瑤等重葺。於是咒鉢庵、寤言室、聽鶯閣、芝房、魚樂國、來燕榭、繙經臺、宛轉橋諸勝盡復舊觀。更名賜山舊廬。蓋天平山范氏號爲「賜山」焉。

萬笏朝天之前。有水出石隙。涓涓而流者。卽白雲泉也。泉經白居易題以絕句。范文正公繼之以大篇。而天平山遂大顯於世。泉在雲泉庵中。庵門上有「鉢盂泉」三字。蓋寺僧以竹管導泉。入一大石盂中。故又名「鉢盂泉」云。泉穴旁石壁上刻有「吳中第五泉」五字。是泉線脈縈絡。下墜於沼。味極甘冽。旁有鉢盂亭。瀹泉品茗最佳。

白雲泉

白居易

天平山上白雲泉。雲本無心水自閒。何必奔衝山下去。更添波浪向人間。

前題

范仲淹

靈泉在天半。狂波不能侵。神蛟穴其中。渴虎不敢臨。靜照涵秋碧。泓然一勺深。游潤騰雲飛。散作三日霖。大造豈無意。神化安可尋。挹之如醍醐。盡得清涼心。聞之異絲竹。不合哀樂音。月明羣籟息。涓涓度前林。子晉罷雲笙。伯牛收玉琴。徘徊不欲去。復發滄浪吟。乃云堯湯歲。盈盈長若今。萬里江海源。千秋松桂陰。茲焉若有價。北斗量黃金。

別有一泉。注出如線者。曰一線泉。宋僧壽老始發之。有白樂天、蘇子美、王君玉、蔣希曾詩石刻。泉匯而成池。畜魚其中。優游自適。爲狀甚趣。

自鉢盂泉西。約行數十步。雙崖峭立。若合而通。仄僅容身。石磴削滑。嶮巇難行。是即龍門。俗名一線天。

天平山龍門

高啓

龍門何崢嶸。此地表奇跡。山分兩崖青。天豁一罅白。知非禹功鑿。想是鬼手擘。長爲風雨闢。開闢自朝夕。深含未吐雲。對峙不崩石。日光寒易傾。苔色陰更積。只疑過此內。別與人境隔。始窺已幽深。漸入尤險窄。暗中把危藤。蜿蜒欲驚魄。僧留看古刻。敲火照絕壁。晚聞松聲號。胸若波浪激。不知神魚飛。到此誰點額。我嘗謁眞龍。天門謬通籍。何必更區區。求爲李膺客。

越一線天。地多沙礫。過者滑足。且曲折升降。非攀巖捫石不可得而上焉。約行一里而至中白雲。有寺已衰圮。無居人。其側有峯一。高二丈。上銳下侈。微附盤石。前臨崖谷者。卽飛來峯也。又有五丈石。卽在峯之前。

飛來峯

高啓

風吹峨眉雲。來依此山住。我來不敢登。只恐還飛去。

五丈石

前人

勢危撐月墮。影瘦倚雲平。彷彿華峯井。蓮花一半生。

靈巖山

中白雲寺之東。又有石屋。大小各一。大者三面壁立。二大石覆之。內可容十八。小者覆以一石。可容六七人。皆石穴。空洞若屋。又有白雲洞。洞穴頗深。可以遠眺。

自石屋盤旋而上。至上白雲。按天平山分下白雲、中白雲及上白雲三段。入山至高義園一帶爲「下白雲」。自鉢盂泉至中白雲寺爲「中白雲」。自此而上。至山巔爲「上白雲」。

上「上白雲」。路甚難行。惟一至山巔則又平坦矣。有卓筆峯最爲奇絕。峯高數丈。截然立雙石之上。餘如屏如矗。或插或倚。倍極怪狀。有「蓮花洞」、「穿山洞」、「卧龍峯」、「巾子峯」、「蟾蜍石」、「龍頭石」、「鸚鵡石」、「靈龜石」、「釣魚石」等。皆因好事者得名。

山巔平地爲古遠公庵遺址。今稱望湖臺。於此可遠望太湖。上有圓石一。面向太湖。名照湖鏡。於此遠眺。四圍山嶺不斷。其東南爲金山。西爲秦臺山。稍北爲寒山。又北爲支硎山。俗名觀音山。皆以天平爲主體。而支硎山亦爲范文正公之產。今屬范氏義莊。當再述之。

登天平絕頂

王在東

登頓疑無路。中開一線天。雲煙千嶂合。風雨百重泉。鳥跡峯頭散。松根石罅穿。平生愛邱壑。到此欲逃禪。

登上白雲最高頂

周熾昌

線徑躡虛上。長松雜沓開。泉驅一澗走。雲卷萬峯來。古佛眠深谷。殘碑蝕野苔。無人繼高義。登覽足悲哀。

述天平諸勝竟。殿以范文正公事略。蓋以助游者景賢之思云爾。

范仲淹字希文。唐宰相履冰之後。其先邠州人也。後徙家江南。遂爲蘇州吳縣人。少孤貧。讀書長白山僧寺。斷虀畫粥。刻苦自厲。登祥符八年進士第。晏殊薦爲祕閣校理。每激論天下事。奮不顧身。一時士大夫矯厲尚風節。自仲淹倡之。仁宗朝與韓琦並登宰輔。經略陝西。出將入相。爲有宋一代名臣。終資政殿大學士。年六十四卒。贈兵部尚書。謚「文正」。既葬。御書其碑曰「褒賢之碑」。事跡具宋史。仲淹少有大志。自爲秀才時。即以天下爲己任。每自誦曰。「先天下之憂而憂。後天下之樂而樂」。故所至皆有治蹟。其自睦守移蘇也。始修天平山祖墓。建郡學以教士子。後又置義田里中。以贍族人。義莊在城中范莊前。

(二)支硎山

支硎山俗稱觀音山。在天平山北。離城二十五里。游天平山後可折往。如自城雇舟去。則沿胥塘、橫塘、楓塘、觀音山港、直至山下。

支硎山晉高僧支遁嘗憩遊其上。山多平石。平石爲硎。故因支遁以支硎爲號。又名臨硎。卽左思吳都賦所云「左稱彎碕。右號臨硎」者是也。梁武帝曾於山上建報恩寺。因之山又名「報恩山」。寺於宋再建。更名「觀音院」。故山又俗稱觀音山。山今屬范氏義莊。

山分北峯、中峯、南峯。中峯觀音寺在焉。游山必游觀音寺。因近寺多古蹟。今先言寺。

寺建於梁天監中。宋乾德間再建。曰「觀音院」。亦名「楞伽院」。明洪武初歸白雲寺。清康熙時重修。並書「寒泉書院」。高宗六次臨幸。嘗御賜聯額。故是寺亦吳中古刹之一也。

報恩寺

白居易

好是清涼地。都無繫絆身。晚晴宜野寺。秋景屬閒人。淨石可敷坐。寒泉可濯巾。自慚衰鬢上。猶帶郡庭塵。

又

劉禹錫

雲外支硎寺。名聲敵虎邱。石文留馬跡。峯勢聳牛頭。泉眼潛通海。松門頂帶秋。遲迴好風景。王謝舊曾遊。

按白詩所云「寒泉」及劉詩所云「馬跡石」。俱詳後。至劉詩所云「牛頭峯」。即牛首山也。編者附識。

宿報恩寺水閣

皮日休

寺鏁雙峯寂不開。幽人中夜獨裴回。池文帶月鋪金簟。蓮朵含風動玉杯。往往竹梢搖翡翠。時時杉子擲莓苔。可憐此際誰曾見。唯有支公盡看來。

入寺。有石幢。爲清磬道人所建。初爲西王母殿。中殿祀釋迦佛、藥師及阿彌陀佛。旁祀十八羅漢。東西祀五百羅漢。殿後爲觀音殿。佛像千手千眼。觀音殿後爲地藏殿。此皆與諸僧寺大同而小異者也。右殿有一佛幢。頗高大。其下甃磚成院。中立巨柱。可推之轉旋。而幢上諸佛菩薩像亦隨之而轉。是名轉藏殿。爲他剎所無者也。轉幢者須納香貲。謂可治頭目暈眩之疾云。此外寺中尚有南來堂、水明樓、寶月堂諸勝。南來堂者。蓋寺復興於明萬曆間。蒼雪禪師自雲南駐錫於此所建者也。

中峯古蹟。有石室、寒泉。皆在寺內。支公詩云。「石室可蔽身。寒泉濯温手」。石室相傳支公冬居於此。寒泉在寺左。泉流琤琮。若鳴琴筑。掬而飲之。涼沁心肺焉。其旁巨石上鐫宋紫巖居士虞廷文書「寒泉」二字。字徑丈許。又有近人大圜居士書「支硎道場」四字及李印泉根源題字。

中峯稍西。有鶴飲泉、唱獅窩、馬跡石。馬跡石石質如土。上有馬跡。大於虎跡。又西南。有放鶴亭在中南兩峯間。支公性好鶴。嘗鎩羽畜之。視有懊喪意。公曰。既有凌霄之姿。何肯爲人作耳目近翫。養令翮成。使飛去。故泉亭皆其遺蹟。支公又好養馬。或言道人畜馬不韻。公曰。貧道重其神駿耳。故石亦其遺蹟也。又有白馬磵。亦以公得名。

馬跡石

范成大

跨馬淩空亦快哉。龍腰馬背漫徘徊。游人欲識仙蹤處。但覓蒼崖白塔來。

放鶴亭

前人

石門關外古亭基。樹老藤枯野徑微。放鶴道人今不見。故應人與鶴俱飛。

「石門關」見後。編者附識。

寺西有觀音洞。內供觀音像。其東有范文正公祠。

北峯在山北。多石壁。為支公蛻骨處。舊有北峯院。今廢。

南峯以南池著名。舊有南峯寺。今廢。寺內有鐵杖、鐵燈籠之屬。皆支公遺物。

寺旁為待月嶺。嶺下有碧琳泉、馬坡、磵石諸景。馬坡南有石門。在山峯右腋。石三。屹立如門。故名。

(三)天池山

天池山在支硎山後。距閶門約三十里。驢馬直達。舟楫至白馬澗鎮上岸。再步行或輿行約十里。

天池山又名華山。山半有池。橫浸山腹。故名天池。至華山之名。則由來亦已久。老子枕中記云。「吳西界有華山。可以度難」。吳地記云。「吳縣華山。晉太

天池山

康二年生千葉蓮花。故名」。是山與天平、靈巖連屬。六朝始顯。宋光祿大夫張裕嘗隱其下。蓮子峯爲絕頂。背有支公洞。宋紹興中張廷傑嘗隱此。故又名就隱山。

距白馬澗鎭約十里。越賀九嶺。羣山環抱。風景殊佳。有巨碑刻「天養人」三字。過明毛都憲祠墓。至寂鑑庵。毛墓乃明成化中毛珵父子結屋讀書處也。

寂鑑庵俗稱天池庵。庵本爲劉宋時會稽太守張裕宅。趙宋乾道間爲祕書監張廷傑別墅。造像立寺。元至正中僧道在重建。名天池寂鑑庵。明弘治中僧惠普重建。名華山天池院。庵有敞廳。可供游眺。石鼓峯、金蟾峯、東西屹峙。石鼓峯上有石鼓。相傳鳴則有兵。蓮花峯則爲天池山絕頂。卽生千葉蓮花處也。寺庭有金銀二桂樹。花時繁英簇綴。香飄寺外。庾信賦云。「小山則叢桂留人」。可移以詠之焉。

庵以晉支遁在此修道二十餘年。元至正間天目山中峯國師慕是山清奇。亦曾於此卓錫談道。故遺跡甚多。而「鐵箍躍出瑠璃井。錫杖挑起第一峯」。其尤著者也。

寺西。泉有鉢盂泉。上蓋石亭。泉水甘冽。猶天平山之白雲泉也。東有盌盌泉、地雷泉。前有寒枯泉、清心泉。此皆在寺內者。清心泉尤大。廣三四丈。寺外。石有比丘石、三摩石。三摩石前。天池石後。有石屋二。四壁皆鑿浮屠像。石佛之大者有二。高約丈許。

天池石與比丘石之前。有池橫浸山腰。逾數十丈者。即天池也。池與石屋。經宋張廷傑搜奇剔勝。其名始著。池中有石屹立。名小孃石。池西有彩雲亭。天池石後有望月亭。亭後爲秀屏鳥道。石壁鐫有明趙宧光書「華山鳥道」四字。秀屏以山崖如屏得名。即秀屏崖也。

自寂鑑庵經礌礫、桃花澗。折而左。可至佛手印峯。峯以形似得名。道旁有石幢。高約丈許。鐫陀羅尼經。人呼爲「梵字塔」。於此左望。可見山上石觀音寺。寺左有藏軍洞。相傳梁武帝嘗儲軍實於此。洞上又有洞。名蒼玉洞。皆是山山景之至險至奇者也。

庵東峯巒層叠。初爲石鼓峯。峯上爲石虎跑峯。有虎跑泉。再上爲石牛嶺峯。石牛嶺峯而上。即登天池山絕頂。蓮花峯在焉。峯又名「吳中第一峯」。上有巨石二。遠望若蓮花然。

天池山南。蓮花峯下。有華山寺。亦爲支遁棲隱之所。上有支公洞。云係支公藏衣冠處。有晉永和六年題石。是寺元明始顯。蒼雪繼之。大修殿宇。清康熙二十八年春。聖祖南巡。駐蹕蘇州。思遊華山。以雨未果。因題「清遠」二字。越十年夏。又南巡。留寺十餘日。不忍去。遂書「翠巖寺」額以賜。故寺又名翠巖寺。有五十三參、天仙洞、蓮花梗。皆當時翠華臨幸時。命石工鑿險通幽。以直達寂鑑庵者也。高宗二次南巡。亦曾駐蹕於寺。寺中有獨木御座。云係高宗巡幸時物。又有天然接引石佛一。高三丈六尺許。

按天池山在萬山之中。沓障迴環。紅塵不到。洵吳山絕景。寂鑑庵僧招待殷勤。如欲飽遊。則可於寺中下榻。

華山道中　　范成大

過午層陰未肯開。暖寒村店竹篘灰。蕭蕭林響棠梨戰。晚恐陽山有雨來。

第九章　甪直唐塑

甪直唐塑

甪直鎭東距蘇城約五十餘里。接崑山縣界。小輪民船皆可達。甪直鎭一名甫里鎭。唐陸龜蒙居此。鎭有保聖寺。小學設其內。唐塑羅漢在焉。像爲唐雕塑聖手楊惠之所作。甫里志云。

大雄殿內供有釋迦牟尼。旁列羅漢十八尊。爲聖手楊惠之所摹。神光閃耀。形貌如生。誠得塑中三昧。江南北諸寺所不能及。

吳縣志及崑邑志亦俱言像係楊塑。此唐塑之名所由來也。楊惠之。唐開元時人。初與吳道子同習畫。師張僧繇。巧藝並著。而道子聲名獨顯。惠之乃焚筆硯。專攻雕塑。遂名重一時。與道子相伯仲。所謂「道子畫。惠之塑。奪得僧繇神筆路」。當時已爲人推重如是。相傳惠之在京兆時。嘗塑名倡留盃亭像。置於通衢。路人見之。竟有欲與塑像通款曲者。惠之不但工塑像。且工塑壁。與吳道子相抗衡。壁上山水雲煙。竟可奪眞。

保聖寺由香火橋而進。約行百餘步。卽達寺門。門上有「輔揚顯祕」四字。門右側有小石塔一。再前行。爲過風亭。折而左爲光明殿。惠之遺塑羅漢五尊卽設於此。茲分述之。

甪直唐塑

正中一尊瞑目定坐。高四尺。以御龍袍。故邑人呼之爲梁武帝。或云卽達摩。

後面右邊一尊高四尺五寸。顱圓。頦大。眉長。目巨。鼻隆。口闊。耳肥。頸粗。宛然一天竺人也。左手不可見。右手按膝。食指微翹。手背上筋脈隱約可見。屈左足而坐。右足大番鞋猶未壞損。是像神情極自然。的是神品。爲塑像中之最。

後面中間一尊高四尺。屈雙膝而坐。道貌溫和。眉目上斜。右手緊握。左手伸置膝上。

稍左一尊高三尺八寸。面作獰笑。張口若欲向人語者。神情栩栩如生。右手仰舉。指略斷損。

最左一尊高三尺七寸。眉目清朗。作俯視狀。神情亦佳。

惠之遺塑之存於保聖寺者僅此。據日本東京美術學校教授大村西崖氏謂「此五羅漢尙存有崇禎時所補修之色彩。其技術之精。卽其狀貌衣褶。較之南宋羅漢專門畫名手西金居士之作。實亦未遑多讓」云。五像周圍。碎土累累。皆塑壁殘塊也。

甪直唐塑

甪直唐塑初不爲邑人所重。迨民國七年里人顧頡剛始發見之。始得保存。嗣爲日人大村教授所知。因語之東京美術學校校長正木氏。氏乃復爲教授與外務省文化事業部長岡部子爵謀。遂由該部給以膏秣之資。令大村氏出國。作甪直之遊。氏至甪直。居寺五日。攝影二十八幅。挾以回國。著吳郡奇蹟塑壁殘影一書。洋洋萬言。考據精詳。抱殘守闕。有足多焉。

至鎮上古蹟。則亦有可得而附言者。今就現存者述之。

清風亭　在白蓮寺西。爲陸龜蒙別業。中有八景。一、清風亭。二、光明閣。三、杞菊畦。四、雙竹堤。五、桂子軒。六、鬬鴨池。七、垂虹橋。八、鬬鴨闌。

鏡石　石沃以水。毫髮皆映。如鏡然。略有損痕。現由甫里小學保存。

第六泉　在千畝潭北。

張林山　土阜二。高約二十丈。矗立鎮南約二三里。隱約可望。

梅花墅　此爲甫里八景之一。在甫里交界路西。湮沒已久。現已夷爲桑圃。其東有小塔。凡七層。尚完好。

魯望祠　在甫里小學後。中祀陸龜蒙。

魯望先生墓　在甫里白蓮寺後。

第十章　勝遊志餘

勝遊志餘者。補以前各章之所未備也。誠以吳中園林山水。伽藍津梁。城郊錯列。有若棋星。縷述既限於篇幅。因擇要志之。取舍標的。以適於能游眺者爲限。若夫蹟沒名存。荒廢雜穢。與夫門設常扃。欲入不得者。則俱從略。藉免詞費。漏萬之譏。固不能免。修輯增訂。企待再版。

雙塔　蘇州城中今存四塔。北寺塔峙於北。瑞光塔位於南。而雙塔則駢立於城之東南隅。其地名定慧寺巷。又名雙塔寺前。塔係宋建。高七級。東西對峙。清乾隆間東塔相輪毀。道光元年重修。後遭洪楊之刼被燬。至今未加修葺。塔旁今設小學。卽名雙塔小學。

鐘樓　鐘樓在葑門內鐘樓頭。狀亦如塔。其形四方。高凡五層。爲清初彭氏所建之文星閣。鐘樓係俗稱也。蘇人以雙塔爲筆。鐘樓爲墨。

藝圃　藝圃爲文徵明故宅。今爲綢緞業所得。改稱七襄公所。在閶門內寶林寺東文衙里。內有博雅堂、荷花廳、紅鵝館、乳魚亭、聽雨雙聲室諸構。假山亦堆砌玲瓏。池荷自湘南移植來此。頗名貴。入遊須酌給閽人酬資。

準提庵　杜牧詩云。「南朝四百八十寺。多少樓臺煙雨中」。江南寺院之盛。可以想見。以蘇州城內言。貝宇伽藍。數殆百餘。其最古者。自推東、南、西、北四大禪寺。而今特舉準提庵者。則以是庵爲明解元唐寅之桃花庵也。唐字子畏。一字伯虎。別號六如居士。詩書畫稱三絕。其風流文采。至今蘇人猶樂道之。

庵在城內桃花塢廖家巷內。明天啓時楊大瀠奉準提像於此。遂名準提庵。浚池並得唐寅桃花庵歌石刻及祝允明題額。因奉唐、祝及文徵明像於庵中。唐歌附後。

　桃花塢裏桃花庵。桃花庵裏桃花仙。桃花仙人種桃樹。桃花一開十萬八千年。

庵北有唐寅「瘞文塚」。蓋唐於晚年悔其少時所作。而瘞之於此。幷戲表其塚曰「此卽唐六如之墓」。按唐墓今在城外横塘王家村。

培德堂　堂在閶門城外白蓮橋浜。牡丹甚盛。宜於春遊。

荷花塘　塘在葑門外黃天蕩之南。夏時荷花綿亙數里。花開如錦。香沁心肺。宜乘舟往游。

寶帶橋　橋在葑門外南約六里。陸通人力車。水通舟楫。橋跨運河及澹臺湖上。長一千二百二十五尺。環洞五十三。而高其中之三以通巨艦。河爲東南要道。風濤衝激。不利舟楫。因建此橋。唐御史王仲舒鬻所束寶帶以助工費。因名。歷元迄清。重建數次。今爲同治十一年工程局所修復者。民國二十二年因築蘇嘉路長途汽車路。特另建一橋。名新寶帶橋。

按寶帶橋爲江南著名大橋。歷代多有吟詠。「生憎寶帶橋頭水。半入吳江半太湖」。此薛氏竹枝詞之膾炙人口者。茲舉明王寵詩一首如左。

寶帶橋　王寵

春水桃花色。星橋寶帶名。鯨吞山鳥動。虹臥五湖平。表裏關形壯。東南海勢傾。當知題柱者。猶是一書生。

勝遊志餘

澹臺湖　史記澹臺滅明傳云。「南游至江」。注云。「今吳國東南有澹臺湖。卽其遺蹟所在」。吳地記云。「湖在吳縣東南十里。澹臺子羽宅陷爲湖。湖側有墳」。上說雖各異。然其言及孔子弟子則一。湖甚廣。西通太湖。東接運河。寶帶橋雄跨其上。登橋俯視。雖無波濤澎湃之觀。而湖水澄清如鏡。亦足以一滌俗塵焉。

石湖　湖在盤門外西南十里。上方山西麓。界蘇州吳江間。諸峯映帶。風景絕勝。南北長九里。東西廣四里。周二十五里。乃太湖支源。范蠡所經入五湖者。舟楫可直達。

湖東有越來溪。相傳越侵吳。自此溪入。因名。上有越城橋。俗名行春橋。右接九孔橋。又名九環洞橋。陰歷八月十八日有「串月」盛事。

昔宋范成大晚歲嘗因闔閭所築越來溪故城基。隨地勢高下而爲亭榭。別築農圃堂。對楞伽山。臨石湖。因孝宗嘗御賜「石湖」二字。故公又號石湖。又有北山堂、千巖觀、天鏡閣、壽樂堂。他亭宇尤多。見齊東野語。今范文穆公祠卽其故址也。御書石刻猶存。

湖中有平地。水淺則見。相傳爲范成大所築湖心亭廢基。湖畔有海潮寺。中有觀音像。爲巨石鑱成。因之俗又稱是寺曰「石佛寺」。又有小築。爲蘇州書家余覺別業。

初歸石湖

范成大

曉霧朝暾紺碧烘。横塘西岸越城東。行人半出桃花上。宿鷺孤明菱葉中。信脚自能知舊路。驚心時復認鄰翁。當時手種斜橋柳。無限鳴蜩翠掃空。

上方山　山一名楞伽山。又名治平山。其巔有浮圖。在石湖西岸。自城至山約十四里。附近有茶磨嶼。爲入山孔道。山東麓有石湖書院。爲宋范成大讀書處。山有寺二。一名治平寺。舊名楞伽寺。宋治平元年改今名。一名上方寺。隋大業四年郡守李顯建塔七級。高據山巔。清高宗南巡。嘗臨幸賜聯額。寺有五通神祠。供奉五聖。相傳五通爲五兄弟。能爲人祟。舊俗每年八月十七、十八兩日。香汛甚盛。清康熙二十四年湯斌來撫蘇。卽將祠宇付之一炬。投其像於太湖中。但日久禁令稍弛。則無知愚民復塑像敬奉如昔。五通神能爲妖邪之説。固荒誕不經。然觀湯斌奏毀五通淫祠疏。則知妖由人興之有徵矣。摘錄於左。

以見一斑。疏略云。

蘇州府城西四十里有楞伽山。俗名上方山。爲五通所據幾數百年。遠近之人奔走如鶩。牲牢酒醴之饗。歌舞笙簧之聲。晝夜喧闐。男女雜遝。經年無時間歇。歲費金錢。何止數十百萬。商賈市肆之人謂稱貸於神。可以致富。借償還債。神報必豐。里諺謂其山曰「肉山」。其下石湖曰「酒海」。耗民財。蕩民志。此爲最甚。更可恨者。凡少年婦女有殊色者。偶有寒熱之症。必曰五通將娶爲婦。而其婦女亦恍惚夢與神通。往往羸瘵而死。家人不以爲哀。反豔稱之。每歲常至數十家。視河伯娶婦之説更甚矣。臣多方禁之。其風稍息。因臣以勘災至淮。叅肆猖獗。臣遂收取妖像。木偶者付之烈炬。土偶者投之深淵。撤其材木。備修學宮。數月之後。見無他異。民始大悟昔日之非。請賜特旨嚴禁。勒石山巓。有敢興復淫祠者治罪。裨益世道。非渺小矣。

穹窿山　山距城西南約四十里。在木瀆西十五里。乘車至善人橋。再雇山轎至山。轎資約一元餘。蘇福班小輪至光福。經此亦暫泊。故往遊尚便。

山相傳古仙人赤松子采取赤石脂於此。山頂方廣可百畝。有煉丹臺、昇仙臺。

皆亦松子遺跡。半山山徑旁。有巨石一。泉流淙淙。水注其上成二穴。相傳爲茅君禮斗所留膝印。因名是石曰膝印石。其泉曰雙膝泉。其峯曰三茅峯。峯狀如浮笠。俗因呼爲「箬帽峯」。上有龕。叠石爲之。名國師龕。或云張良從赤松子遊處。三茅峯爲穹窿絕頂。上有上眞觀。羽流居之。觀建於漢平帝時。宋天禧間改今名。清順治七年法師施道淵重興。廣葺殿堂。規橅宏整。遂成巨構。聖祖南巡臨幸。賜「餐霞挹翠」扁額。道光間重修。殿宇森嚴。曲折隨山高下。約千餘間。外望甍檐。層層插雲。爲蘇州道觀之最。春秋二季。進香者甚夥。

至三茅峯之得名。則峯以人著也。三茅者。漢茅盈及其弟固與衷也。盈卽茅君。少秉異操。獨味清虛。年十八。棄家入恆山修道。後隱江蘇句容縣東南句曲山。卽茅山。其二弟亦棄官訪兄。咸得仙去。今城中三茅觀巷有三茅觀。卽祀茅君弟兄也。

穹窿山佛寺以茅蓬爲最古。在三茅峯下。自上眞觀南下約二里。寺在白馬隝。爲山隝最奥處。舊名福臻禪院。今亦名穹窿禪寺。建於梁天監中。清高宗嘗二次臨幸。其地相傳爲漢朱買臣故宅。東嶺下有買臣讀書遺蹟。臺爲盤石。高廣丈許。

遊茅蓬

沈德潛

茅蓬結空巖。已及萬仞半。直上無鉤梯。疑是連雲棧。左右圍青崖。如缺環一面。其前湧太湖。萬頃流汗漫。境荒鳥不巢。磴隨樵或斷。山僧熟道機。邀我話公案。

穹窿山北麓有甯邦寺。宋紹興中韓世忠部將戰還。薙髮隱此學禪。賜名甯邦禪院。寺後有百丈泉。周約三丈。深僅沒脛。寺觀飲水俱取汲於此。清冽不竭。

按晉楊泉五湖賦云。「穹窿紆曲」。蓋此山實峻而深。形如釵股。郡之鎮也。故亦爲蘇州名山之一。

登穹窿山

吳寬

我聞吳中諺。陽山高抵穹窿半。壯哉拔地五千仞。始羨吳中有寺觀。銅坑、鄧尉作屏扆。天平、靈巖當几案。其間法華與雅宜。水邊橫亙如長岸。何人

勝遊志餘

著山經。宜作吳山冠。但嫌地勢高。山家每憂旱。舟行半日青已了。卻被濃雲忽遮斷。水迴路轉二三里。依舊諸峯青歷亂。人云山頂百畝平。合結茅廬倚霄漢。龍門勝跡未追遊。坐向船頭先飽看。

太湖　湖距城西南三十餘里。襟帶蘇、湖、常三州。爲中國最大湖澤。東西二百里。南北百二十里。周五百里。廣三萬六千頃。水天一片。濁浪山高。魚龍漫衍。蜃樓隱現。而七十二峯沈浸其間。允稱大觀。

湖一名震澤。書經禹貢所謂「震澤底定」是也。又名具區。周禮職方「揚州之藪曰具區」。山海經「浮玉之山北望具區」是也。又曰笠澤。左傳「越伐吳。吳子禦之笠澤」是也。又曰五湖。范蠡乘舟入五湖中。太史公上姑蘇臺望五湖是也。或云五湖者。菱湖、莫湖、胥湖、游湖、貢湖也。

登鄧尉、穹窿、洞庭諸山。可遠眺太湖。游西洞庭則必渡湖焉。

望太湖

蘇舜欽

杳杳波濤閱古今。四邊無際莫知深。潤通曉月爲清露。氣入霜天作瞑陰。笠澤鱸肥人膾玉。洞庭柑熟客分金。風煙觸目相招引。聊爲停橈一楚吟。

勝遊志餘

東洞庭山　一名胥母。又名莫釐。相傳隋時莫釐將軍居此。故名。山突入太湖中。狀如半島。距胥門西南偏南約八十里。日有小汽輪駛往。約五小時可達。由東山市後登山。約四里至茅峯禪院。更里許至棲雲亭。更約二里至莫釐峯。俗呼爲「大夫頂」。頂上有慈雲庵。自庵後更登丈許之坡。則達莫釐絕頂矣。由棲雲亭東下。至雨花禪院。亦稱「雨花臺」。有葉姓小築。結構軒敞。翦取太湖一角。亦佳境也。

越山而北約三里。至古雪禪院。亦稱「古雪居」。占地深幽。爲翠峯寺故址。院前爲枕流閣。

出院過紫泉洞。南上里許。得一亭。亭壁有嵌石。題曰印心書屋。

山有泉五。曰海眼泉。在豐圻嶺。頂有三穴如人目。冬夏涓涓。深不可測。曰柳毅泉。在社下里。不盈不涸。曰靈源泉。在碧螺峯下。曰青白池。在棲雲亭西法海寺故址。一青一白。曰悟道泉。在翠峯寺別院天衣禪院。

按太湖七十二峯之在湖東者。計十有七。而以莫釐山爲最高。山周五十餘里。距洞庭山十八里。故今稱是山爲洞庭東山。

勝遊志餘

莫釐峯

吳偉業

始信一生誤。未來天際看。亂峯經數轉。遠水忽千盤。獨立久方定。孤懷驟已寬。亦知歸徑晚。老續此游難。

西洞庭山　山在太湖中。距城九十里。若自東洞庭山之渡水橋以船渡往。約十里。或自木瀆鎮乘小輪至鎮夏鎮登陸。

山四面環水。狀如島嶼。原名包山。以四面皆水包之。故名。或謂包公嘗居之。包公者。句容鮑靚也。俗遂呼「鮑」爲「包」。一名林屋山。以山有林屋洞也。亦曰洞庭山。以有洞山、庭山也。山高七十丈。

自東山渡水橋登船。路經楊灣、彭灣。約三小時。舟泊於石公山。山在鎮夏南十五里。一峯陡入湖中。洞庭山之奇者也。南行過石門。石崖漸聳。高四五丈。下陷爲洞。洞頂有摩崖。曰歸雲洞。其東爲翠屏軒。小樓一角。可眺全湖之勝。軒右拾級上升。有石方正。名曰礪巖。其上爲來鶴亭。南有寂光洞。洞旁爲一線天。長十餘丈。左右石壁。天光一線。山前二石。對峙水際。謂之「石公」、「石婆」。洞口北側一石上刊有「石公」二字。又有劍樓、雲梯、石板、石琴、石梁、聯雲嶂、落照臺、蟠龍洞、龍牀石諸勝。清季里人張鏞生長西山。有詩詠石公山之勝。今附後。

石公山

張鏞

方城奇崛闢鴻濛。有客探奇上碧峯。天削劍樓光一線。地囘槎石水千重。霞飛遠浦隨歸艇。潮到空山出晚鐘。坐久不知山路杳。攜筇猶步月明中。

縹緲峯為西山之至高者。自石公山折而南行。約里餘直登其巔。泱乎漭乎。身在蓬瀛之上矣。憑高下睇。羣巒點點若聚墨。而羅峙四周。若弁山、峴山、道場山在西之南。則箬溪苕霅諸山也。若銅官、離墨在其西。則荊溪山也。夫椒在西之北。則晉陵山也。若惠山、錫山在直北。則梁溪諸山也。

縹緲峯

吳偉業

茲峯非云高。高與衆山別。其下多嵌空。天風吹不折。插根虛無際。縹緲為險絕。細徑緣山腰。人聲來木末。籃輿雜徒步。佳處欣屢歇。躋嶺路倍艱。往往攬垂葛。灝氣淩泬寥。一身若冰雪。輕心出天地。羽翮生髣髴。杖底撥殘雲。了了見吳越。曜靈燭滄浪。滉瀁金光發。陰霞互已變。慘澹玄雲結。

勝遊志餘

歸筇破暝靄。半嶺値虹蜺。始知清境杳。跡共人鳥滅。丹砂定可求。苦爲妻子奪。看君衣上雲。飛過松間月。

過石門半里許。距鎮夏鎮五里。包山寺在焉。寺建於梁大同二年。名福願寺。唐上元九年改爲包山寺。高宗賜名顯慶寺。後復稱包山寺。寺前徑隧深窈。松柏櫻桃楊梅之屬。相錯矗峙。四山環合。寺若倚屏張幄而坐。目以「包山」。洵名副其實。而鳥鳴枝頭。泉流石隙。令人塵慮之心俱消焉。

距寺不遠。至林屋洞。在一小山之麓。洞門西向。門壁題曰「林屋洞天」。又曰「天下第九洞天」。其上有篆書摩崖。曰「靈威丈人得大禹素書處」。出俞曲園樾手筆。按吳地記云。「昔闔閭使令威丈人尋洞內。石几上有素書三卷。持囘不識。乃請孔子辯之。孔子曰。此夏禹之書。並神仙之事。言大道也」。故俞題如此。今洞內常爲積水所淹。其內沈冥。莫知底蘊。洞外亂石。如犀象牛羊起伏蹲臥者曰齊物觀。東北高起千尺。蒼然壁立者曰曲巖。

山有泉十。曰無礙泉。在水月隖。泉本以「水月」名。以宋無礙居士李彌大得名。曰毛公泉。爲毛公鍊丹井。在毛公壇下。曰石板泉。在天王寺北。曰石井泉。在嚴家山下。曰鹿飲泉。在下方塢。曰惠泉。在法華寺旁。曰軍阬泉。在鋼阬西。相傳闔閭駐兵山中。曾飲此泉。曰烏砂泉。在龍山下。以水底有烏砂故。曰黃公泉。在徐聖隝。漢夏黃公嘗隱於此。曰華山泉。在華山寺旁。有泉穴三。靈泉、蒙泉、鑑泉。

西洞庭山居民多種果木。以枇杷楊梅爲著。所產茶名碧螺春。則又今昔馳名者也。

按洞庭山素稱靈秀。遙望若島嶼然。入其中則重岡複嶺。茂林平疇。處處足引人入勝。唐房琯嘗云。「不游與德、洞庭。未見山水」。洵非虛語。惟因一須渡湖。二須陟山。故探勝而能深入遍歷者少。如上所述。亦僅舉其最著者言之而已。

青陽地　蘇州開埠通商於淸光緖二十一年。訂定於中日馬關條約第六欵。二十三年乃勘定盤門外相王廟對岸青陽地一帶至運糧河止爲日本暨泰西各國租界。各國租界位於東。日本租界位於中。自日租界至西吉水橋止。則爲中國自闢商埠。當時名爲「商務公司地界」。

第十一章 起居飲食與娛樂

(一)起居

蘇州逆旅。初僅薈萃於閶門城外馬路一帶。則以其地密邇車站輪埠。旅客上下甚便焉。近自添闢金門後。城中幹路。若景德路、東西中市、護龍街、觀前街已相繼拓寬。車馬可以直進。而熱鬧市廛遂集中於觀前。故觀前逆旅亦遂如雨後春筍。紛紛設立矣。

以言逆旅。可分上中下三等。上等者或稱飯店。或稱大旅社。類皆資本雄厚。設備周密。裝飾紊皇。中等者設備亦大致齊全。性好儉約者恆喜寄寓之。下等者卽所謂小客棧。極簡陋。

飯店旅社。城内外林立。難以列舉。總之較大旅社。皆招待周至。房間之中。舉凡旅客所需用具若筆、墨、信牋封、毛刷等無不備。不必按鈴時索。故寓居其中。大有賓至如歸之樂。此爲蘇州旅館之特色。

(二)飲食

一、菜館　蘇州菜館有京菜館、徽菜館、粵菜館、西菜館、鎮江菜館、教門菜館、本地菜館等別。而小飯館尤多。菜多家常風味。菜館多不勝述。旅客儘可擇其較大者果腹。言其著者。則有觀前街之本地菜館松鶴樓、徽館老丹鳳樓、粵菜館廣州食品公司、西菜館沙利文等。至若崇信回教人士。則可就食於教門菜館。閶門外有申源樓。烹調甚佳。此種菜館。市招上皆標明「清眞」二字。業是者多南京人。皆崇信回教。教規禁食豬肉。故往就食者。亦不得攜豬肉入門也。

二、酒館　蘇州酒館。類皆紹興人所經營。若金瑞興、章東明、言茂源等。熱鬧市廛俱有開設。卽以觀前一帶言。若宮巷有元大昌、同福和。太監弄有全城源。大成坊巷有城中酒家等等。入晚買醉客常滿。

三、點心　蘇州點心。向極精美。喜麵食者可至麵館。嗜粉食者可至糕糰鋪。觀前街振興館各種湯麵最著名。松鶴樓、老丹鳳樓等亦佳。夏秋之際。松鶴樓有滷鴨麵。老丹鳳樓有蝦蟹麵。尤爲一時妙品。粉食則以觀前街之黃天源爲最精。此外各種點心店附近於觀前者甚多。欲果腹者。可便往選食。廣州食品公司亦有各種細點。

四、茶館　蘇州茶館林立。清晨午後。藉茶館爲消遣與夫約友聚談者甚衆。故茶座常滿焉。其最著者自推觀前太監弄之吳苑深處。布置極佳。汪瑞裕位於觀前大街。屋凡三層。下層售茶業。二三兩層則可品茗。座位亦甚舒適。此外多不勝述。

五、著名熟食　此限於不必再加煑食者而言。

醬鷄醬鴨　觀前龍鳳齋、馬詠齋所售者。味較甜。常熟風味也。四時有之。可以佐酒。

滷鴨　觀前松鶴樓特製。僅夏秋之季有之。亦可佐酒下粥。

醬汁肉　蘇州陸稿荐、三珍齋二肉鋪以善製醬鴨醬蹄著名。此二者固四時皆有之。又有名「醬汁肉」者。上市大抵在清明前後至中秋節後而止。購以塊計。其味佳處。在肥者爛若羊羔。瘦者嫩若雞片。佐飯下酒。無不相宜。此肉爲他處所無。

湖葱野鴨　觀前葉受和、稻香村等以及各野味肆俱有出售。味香而酥。下酒佐粥佳品。冬時有之。

蝦子鯗　鯗上敷以蝦子。燻熟飲之。味鮮可口。亦佐酒下粥妙品。夏秋之時有之。

水炒瓜子　此類瓜子與他處異。肉厚殼薄。旣炒之後。肉甚潔白。香而且脆。其名有玫瑰瓜子、桂花瓜子、甘草瓜子、鹽水瓜子四種。蘇州各種果肆俱有出售。而尤以采芝齋、葉受和、稻香村、悅采芳、東祿、采芝春、采芝香等各大鋪所售者爲佳。

蜜餞茶食　蘇人嗜甜。故各種蜜餞茶食。夙名聞遐邇。前清列爲貢品。由臨頓路野荸薺承辦。今則推稻香村、葉受和、東祿等肆。

六、其他名產　此可分油類、植物類、鱗介類三者言之。

油類有蝦子醬油與蕈油。俱爲蘇州名產。蝦子醬油者。於夏五六月間。取新鮮蝦子與中等醬油同煎。收貯瓶器中。凡雞肉等味之白煑者。取此種醬油少許。蘸而食之。鮮美直無倫比。各大醬園常有出售。惟不及自煎之美。蕈油者。蘇州靈巖山一帶。產一種松花蕈。名曰塘蕈。七八月間爲此蕈上市時。不論葷炒素炒。味皆鮮美。如取鮮蕈用好醬油與菜油同煎之。名曰蕈油。善藏之可經數月之久。爲佐粥澆麵上品。

植物類若西洞庭山之碧螺春。色香味俱佳。爲茗中上品。又有白楊梅與白沙枇杷。亦產自洞庭。此外光福窰上鎮亦產枇杷。即所謂「窰上枇杷」也。黃天蕩產鮮藕與雞豆。名曰「南蕩鮮藕」、「南蕩雞豆」。太湖產蓴。昔張翰因西風起。憶及故鄉吳中蓴羹。即解組歸隱。蓴菜之名。因是以著。虎邱花圃產玳玳花、茉莉花、玫瑰花。光福天井產木樨花。玳玳可以浸酒。茉莉可以窨茶。玫瑰、木樨不第可以浸酒。且可和糖製成玫瑰醬、木樨醬。味香而甘。不亞於歐西各種果子醬焉。除此而外。玫瑰木樨並可爲各種物品香料。

鱗介類以陽城湖蟹爲最著。陽城湖俗名洋澄湖。湖產蟹。瓜作金色。背殼作青黑色。俗名「鐵鏽蟹」。秋時上市。煠之肉肥味鮮。他處所產者俱不及也。

(三)娛樂

蘇州娛樂場所。有戲院、影戲院。俱設於觀前北局。又有書場。均附設於各茶館中。

說書者稱「說書先生」。其佐以絃索。彈唱才子佳人悲歡離合故事者。名曰「說小書」。其醒木一拍。口講指畫。侈談英雄義俠與夫兵陳戰爭等事者。名曰「說大書」。又名「評話」。其一人說唱者。名曰「單檔」。二人者曰「雙檔」。近更有男女登臺合說者。若輩皆襲柳敬亭餘技。能吸引聽衆。以是書場遂遍於城內外云。說書時間。日檔大概在午後二三時。夜檔則在七八時。往聽者取費約一角。茶資在內。

◉附錄

吳縣市鄉

蠡墅鄉　金墅鄉　斜塘鄉

蘇州　滸關鎮　陸墓鎮　東前山鄉　西華鄉　東後山鄉

湘城鄉　木瀆鎮　橫涇鎮　西山鄉　車坊鄉　洄涇鄉

南北橋鎮　周莊鎮　陳墓鄉　東橋鄉　香山鄉　五潨涇鄉

黃埭鎮　角直鄉　光福鄉　唯亭鄉

尹山鄉　郭巷鄉　善人橋鄉

吳縣通郵處所

木瀆　唯亭　甪直　北厙　北橋　周莊　光福　湘城　渡村　浦莊　黄埭　斜塘　黄涇　蠡口　西山　陸巷　陸墓　陳墓　車坊　蠡墅　楓橋　横塘　滸墅關　外跨塘　善人橋　太平橋　周鉄橋　通安橋　金墅鎮　西華鎮　東渚鎮　東頭鎮　西津橋　陸巷村　楊灣村　石橋村　東洞庭山

城內街道可通汽車者

平門內　平門路　護龍街　三元坊

閶門內　西中市　東中市

金門內　景德路　觀前街　宮巷

葑門內　十全街　鳳凰街　衞前街　十梓街　嚴衙前　天賜莊　公園路　五卅路

婁門內　北街

齊門內　齊門路　臨頓路

相門內　濂溪坊　松鶴板場

胥門內　道前街　府前街

其他街道請閱(蘇州城廂圖)

機關團體

名稱	地點	電話號數
省政府	北街	一〇〇
縣公署	府前街	二五三
領事館	景德路	一五
電話局	閶邱坊巷	六六〇
高等法院	道前街	五五
圖書館	中山堂	六九

城廂第一區事務所	調豐巷	七八	第五警察署	婁門外糖坊灣	
城廂第二區事務所	獅林寺巷	九六	消防隊	薛家園	二二
城廂第三區事務所	南濠街	一八五	偵緝隊	范莊前	二九
地方法院	桃花塢	一四〇	郵政總局	觀西	七七
電報局	薛家園	七〇〇	養育巷郵政支局	養育巷	三〇八
菸酒稅局	大儒巷	八一	齊門郵政支局	西北街	三三八
養老所	普濟橋下塘	一四八	西中市郵政支局	西中市	三三九
慈善欵產經理處	平江路	一五六	崇范中學校	范莊前	五八二
育嬰所	中由吉巷	二〇七	縣立中學校	通和坊	六八八
警察局	長春巷	一九	晏成中學校	謝衙前	七二九
第一警察署	皮市街	二一	東吳大學	天賜莊	一〇四五
第二警察署	十梓街	二三	渡僧鎮三友小學校	閶門外大木梳巷	八六九
第三警察署	東善長巷	三五二	總商會	西百花巷	六七
第四警察署	橫馬路	二四	壅業公會	喬司空巷	八四

人力車貰貸業公會	花街巷	一九九
佛教聯合會本部	乘馬皮巷	六一五
樂羣社	宮巷	七二六

報館通訊社

蘇州新報社	西中市	二〇
新申報分社	西中市	六二九
江南日報社	東中市	六七七
中聯社	宮巷	

律師

莊驤律師	大石頭巷	五六〇
朱承鉞律師	富郎中巷	五七九
大公法律事務所 張寓 周大燮	觀西文怡書局樓上	五八八
蔡壽康律師	裝駕橋巷	九二三
夏喆甡律師	三多巷	六六九
姚嘯秋律師	因果巷	
顧恩霈律師	西花橋巷	

醫院醫師

博習醫院	天賜莊	六三五
縣立醫院	滄浪亭	六九二
吳縣隔離病院	閶門外四擺渡更生醫院內	一六四
志華產科醫院	蕭家巷	二〇四
蘇民醫院	閶外新馬路	一三七
光民醫院	慕家花園	三三四
介之醫院	景德路	
蘇州眼科醫院	蔡匯河頭	三三六
養正醫院	衞前街東口	八四〇
陳曉一產科醫室	景德路	三〇四
沈霱鶴醫室	觀西承德里	三六四

王振華醫室	喬司空巷	三八〇
黃玉麐醫室	蕭家巷志恆里	五八一
李尙義醫室	大井巷	三六九
候錫蕃醫室	嘉餘坊一號	
李疇人醫室	蒲林巷內	
張誦淸醫室	西白塔子巷	四八八
東方齒科醫院	觀前街西首	
王其相牙科醫生	觀前山門巷	
高瑞山牙科	觀前	
葛雲彬傷科	搭倪巷	七六五

汽車運輸

三吳公司	承德里	七六
新業汽車公司	九勝巷口	九九
飛龍汽車行	護龍街景德路口	四〇〇
岩元運輸公司	察院場口	四四七
道德運輸公司	閶外吊橋堍	四七四
大直汽車公司	閶外大馬路	五八五
福基運輸公司	南新橋	六一八

西藥房

集成藥房	觀西	三五〇
太和大藥房	觀東	五二〇
九三老舖廣濟藥房	閶外大馬路	六〇六
華美大藥房	觀西	六四六
中英藥房	觀前	
正威藥房	觀前	
重松大藥房	察院場口	八八〇
福來康益記參燕號	渡僧橋下塘	一一三

國藥號

恆山堂國藥號	觀東	三九〇
鴻濟壽國藥號	桃花塢東	二六八
雷允上	西中市	
沐泰山	閶門外渡僧橋	
采山堂國藥號	帶城橋下塘	一〇一六
良利堂	蕭家巷	
仁壽天	觀東	
王鴻翥	醋坊橋	

煙號

鼎大鑫煙號	北倉橋堍	二〇二
王萬泰菸莊	養育巷	三八五

工廠

電氣廠	觀前	三三一
中南火柴廠	留園馬路	四七一
鴻生火柴廠	胥門外	八三
太和麵粉公司	葑外覓渡橋	二三
蘇綸紡織廠	盤外二馬路	八二五
美綸織物廠	閶邱坊巷	一二
蘇州織綢廠	石皮弄	五八九
瑞豐絲廠	盤門外日租界四馬路	二一六
華福製絲廠	葑外覓渡橋	二三九
公興金冰廠	胥門外火燒塘岸	二〇八
北極冰廠	北局	
天然冰廠	婁門外	八八八
福新米廠	二門口	四七六
協大米廠	虎邱望山橋	五九三
大中棉花廠	半塘油車弄	
蘇州第一精練染廠	護龍街裝駕橋巷口	

酒店

城中酒家	大成坊巷	二〇〇
金瑞興酒棧	西中市	二三一
元大昌酒棧	閶門外石路	二七五
元大昌分棧	宮巷	二七六
全城源酒棧	太監弄	二六三
同福和酒號	宮巷北口	五九六
瑞興源酒號	閶外大馬路	八七九

肉店

老三珍齋肉舖	觀前察院場	一三二
大房陸稿荐	醋坊橋堍	八三六
杜三珍齋	閶外吊橋堍	八五一

醃臘蛋魚行

仁昌魚行	葑外朝天橋	四二〇
永興泰聯合魚行	齊門外大街	七八二
裕大信記冰鮮醃魚號	閶門外吊橋	八六六
正新蛋行	南濠街	五八四
錫記蛋行	葑外安利橋	六一七
永甡蛋行	廣濟橋東堍	六四八
劉福泰鴨行	胥門外火燒塘岸	七〇五
王永順哺坊蛋行	葑門外橫街	七一一
興泰鴨行	齊門外北馬路橋下塘	七六三
永興蛋行	南新橋堍	八六一
洽大醃臘行	山塘街毛家橋西	八四四
洽順醃魚行	閶外上塘街	九二七

油鹽醬號

通源鹽業分棧	吳衙場	一三八
通源鹽業公司	北倉橋	四四一

九成油坊	楓橋	一六一
源昌成油坊	胥外棗市街	二三五
義灇醬園	兵馬司橋	九四
王頤吉糧食醬園	三多橋堍	一六七
同豐潤醬園	棗市上	一七六
新泰洽糧食醬園	大成坊巷	一九〇
慶泰醬園	馬醫科口	二四二
潘萬成棧	宮巷	四三四
顧得其醬園	半塘	四六七
潘所宜醬園	山塘街星橋下塘	五二四
添盛醬園	景德路	八二八
天天醬油工業社	平江路混堂巷	二五〇
華明鮮荳汁分公司	天后宮大街	一五〇
味一農產工業社	鈕家巷	六五四

米行

三豐油米坊	葑門外	一三三
肇源振米行	葑門外	一四二
太潤米棧	望星橋	二二六
乾豐恆米棧	東中市	二九〇

豆麵行

恆豐豆行	萬年橋大街	二六八
洽記糧食荳餅行	棗市街厚生油坊內	六五一
洽源泰桐油米號	婁門外官瀆橋西	七九六
太和麵粉公司	覓渡橋	二一二
九豐麵粉公司	山塘街	四四二
振豐粉麩公司	渡僧橋北堍	五六八
大豐粉麩批發處	渡僧橋北堍	五六九
福大麵粉總批發處	閶外吊橋堍	六五八

綢布衣莊

協記布莊	縣橋巷	三二八
聯和綢緞局	觀西	三三七
天昌洽記布號	養育巷	五一四
大記慎布莊	道前街	六三一
協大祥綢布號	觀西	九〇六
萬昶綢布局	西中市	九二九
恆記綢布局	觀前	
大有恆綢布號	觀東	
綺華綢布局	觀西	
大生綢布局	養育巷	
利利綢布局	觀西	
乾泰祥綢布局	觀前	
大亨綢布局	宮巷	
麗華綢布呢絨局	觀前	
大綸提莊	舊學前	六八
李春記洋服號	宮巷	七一五
三新洋服號	北局蘭花街	七九五

洗染

巴黎洗染公司	宮巷	七九二
辣斐中西洗染公司	宮巷	
振華森記餅乾廠	護龍街與禪寺橋北	五八六
永興慶記翻砂機器廠	閶外南新路	七一九

印刷紙號

利蘇印書社	景德路東	二三一
蘇州印務局	東白塔子巷	一八六
毛上珍印刷所	臨頓路	
萃盛祥印刷所	府前街	

新蘇印刷所	觀西	七六四
中新印刷所	碧鳳坊中	
東來義	觀東	
松茂室	景德路	
義豐愼紙箔號	胥門外大街	六三
同泰生紙號	西中市	四二二
藝蘭堂紙號	小邾弄口	四二七

五金電料

耀華電池廠	養育巷南口	三四二
中山電料行	景德路	三八二
貞和電料行	觀西	五〇二
龍華無綫電水電行	宮巷	七二七
光華電池廠	吳趨坊三號	八五七
中新祥記水電行	護龍街蒲林巷口	八八八
王萬泰盈記機器五金行	吳趨坊巷	五九四
祥大五金號	察院場口	九〇二

顏料桐油

姜思序顏料號	東中市	
昌記新油號	胥門外大街	一六九
同昌鼎顏料桐油號	萬年橋大街	四六五
德大昌顏料號	南濠街三元弄口	四九九
謙和顏料號	南濠街北口	五六三

壽器

柏年長壽器店	養育巷	七四
葉永年壽衣板棧	東中市皋橋堍	三三〇

建築古玩

信裕公建築事務所	臨頓路	二九三
修竹廬	護龍街嘉餘坊巷口	六八九

香燭

九如洽記香號　道前街　七七九
文明香燭號　宮巷　九〇一

書店文具

文怡書局文具號　觀前街
立達書局　觀前街
平江書局　觀前街
東吳書局　觀前街
文學山房舊書店　護龍街
來青閣　護龍街
瑪瑙經房　景德路

照相

光華照相館　觀前
銀都照相館　北局
皇后照相館　宮巷

理髮

人人理髮館　北局
九洲理髮館　大成坊巷口
白玫瑰女子理髮館　北局
紫羅蘭理髮館　宮巷
白牡丹　宮巷
大美理髮廳　觀東

金鋪

恆孚銀樓　觀前及西中市
天豐銀樓　西中市
老萬年　道前街
寶成銀樓　觀東
彩鳳銀樓　觀東

銀號

通惠銀號　觀前

餘生匯兑號　觀西

匯泰銀號　觀西

華豐匯兑號　觀東

帽莊

馬天一帽莊　觀前

小呂宋呢帽莊　觀前

鞋莊

瑞華鞋莊　觀前

瑞源鞋莊　觀前

拔佳　宮巷

嘉祿　觀前

新祿　正山門

西天寶　觀前

進步　觀東

桐春　觀前

德昶　北倉橋

襪廠廣貨

大陸襪廠　觀西

東吳襪廠　親東山門巷

蘇州襪廠　護龍街

通大廣貨號　西脚門

華豐襪廠　大成坊巷口

刻字

梓文閣　養育巷

新世界　觀前

美芳社　觀前

銀盾禮服

徐全泰銀盾徽章　景德路
陸五房　景德路
萬華　觀前

茶社

汪瑞裕　觀前
蓬瀛　太監弄　八四九
三萬昌　元妙觀
品芳居　元妙觀
景德茶社　景德路東
茂苑　元妙觀東脚門
胥苑深處　養育巷　五五六
吳苑深處　太監弄　四九八
桂舫閣　宮巷
花園茶室　觀前(碧鳳坊)
長樂　閶門外
樂安　觀東
九如　臨頓路
金閶第一茶樓　閶門外　五二六
南新園　金門外
裕德茶室　景德路

浴室

清泉浴室　宮巷　七一
蓬瀛浴室　太監弄　八一三
彙金泉　北局
天一池　金門外

茶食糖果

稻香村　觀東　三六一

附錄

采芝齋	觀東	八三二
悅采芳	觀東	
葉受和	觀東及景德路	
采芝香	觀前	
采芝春	觀前	
東祿	觀東	
張祥豐棧	吳涇浜五九號	八〇四
張祥豐號	山塘街新民橋東	八〇五
張長豐	胥門外萬年橋北	八〇六

菜館

▲西菜

沙利文	觀前北倉橋	
新亞酒樓	觀前北倉橋	七七七
璇宮	太監弄	
三吳茶社	北局	
新璇宮	北局	

▲中菜

新亞酒樓	觀前	七七七
松鶴樓	觀前	二七〇
三吳茶社	太監弄	二四〇
璇宮	太監弄	三五一
新璇宮	北局	
老丹鳳徽館	觀前	九九三
易和園	觀前	五五一
護中樓	護龍街	九七四
大新央	太監弄	
大中央	北局	
正興館	太監弄	八七

味雅粥店	閶門外	六五七
三樂宮	養育巷	一六二
雅仙居	閶門外	三九七
卡爾登	閶門外	三八四
大新樓		二七一
天興園	養育巷	四四六
義昌福		四二一
新中央		八一四
鴻興園		七六九

▲麵館點心

觀振興	觀前正山門	六六三
鴻興館	太監弄	七〇
黃天源糕糰店	觀前	
五芳齋	元妙觀	
六芳齋	元妙觀	
森芳齋	元妙觀	

旅館

新閶旅社	閶門橫馬路	四一
大陸飯店	觀前街	五四
城中飯店	宮巷	八〇
安東飯店	洙泗巷	九五
東方飯店	北局	二〇九
大東旅社	閶外廣濟橋	二一七
新蘇飯店	北局	二四九
揚子飯店	閶門外惠中旅館舊址	二六二
爵祿飯店	觀西施相公弄口	五六七
吳中飯店	北局	五七三
江南飯店	太監街	六九六

附錄

吳苑粥店	北局	一七八
衛生粥店	閶門外	二九九
天然飯店	閶外同安坊	八九三
遠東飯店	北倉橋九勝巷口	九三〇
吳宮飯店	察院場口	九五九
南京飯店	閶門外橫馬路	一〇一四

娛樂

開明大戲院（京戲）	北局	九五三
蘇州大戲院（影戲）	北局	
大光明戲院（影戲）	北局	三六三
東和影戲院（影戲）	北局	
金城大戲院（影戲）	閶門外	
東吳大戲院（京戲）	閶門外	五五四
吳苑書場（彈唱）	太監弄	
春和樓書場（彈唱）	東中市	
景德書場（彈唱）	景德路東	
錦閣書場（彈唱）	臨頓路	

火車◎票價表

由上海往南京各站

站名	三等	四等
眞如	．一五	．一〇
南翔	．三〇	．二〇
黃渡	．三五	．二五
安亭	．五〇	．三五
天福庵	．六〇	．四〇
陸家浜	．六五	．四五
崐山	．八〇	．五五
正儀	．九五	．六五
唯亭	一．〇五	．七〇
外跨塘	一．二〇	．八〇
蘇州	一．三〇	．九〇
滸墅關	一．五〇	一．〇〇
望亭	一．六五	一．一〇
周涇巷	一．八〇	一．二〇
無錫	一．九五	一．三〇
石塘灣	二．一〇	一．四〇
橫林	二．二五	一．五五
戚墅堰	二．三五	一．六〇
常州	二．五五	一．七〇
新閘	二．六五	一．八〇
奔牛	二．七五	一．八五
呂城	二．九〇	一．九五
陵口	三．〇五	二．〇五
丹陽	三．二〇	二．一五
新豐	三．三〇	二．二〇
渣澤	三．五〇	二．三五
南鎮江	三．六〇	二．四〇
鎮江	三．六五	二．四五
高資	三．八五	二．五五
下蜀	四．〇〇	二．七〇
龍潭	四．二〇	二．八〇
棲霞山	四．三五	二．九〇
堯化門	四．四五	二．九五
太平門		
和平門	四．六〇	三．一〇
南京	四．七〇	三．一五

附註：
(一)所載票價須用日本金票或軍用手票
(二)急行車三等每百公里另加急行券資五角
不滿百公里依百公里計算
(三)二等票價照三等加倍計算

◎時刻表

（中國時間）

民國廿八年四月二十日實行

▲蘇州至上海▼

氣12 三等 上七·二〇
混10 三四等 上八·五八
氣14 三等 上十一·一八
急2 二三等 下一·二四
客4 二三等 下一·五六
客6 二三等 下四·二七

▲蘇州至南京▼

客3 二三等 上九·三九
急1 二三等 上十·一二
客5 二三等 下一·一九
混9 三四等 下四·二三

▲上海至南京▼

客3 二三等 上七·三〇 至南京
急1 二三等 上八·三〇 至南京
客5 二三等 上十一·一〇 至南京
混9 三四等 上十二·四〇 至常州

▲南京至上海▼

客4 二三等 上七·四五
急2 二三等 上九·〇〇
客6 二三等 上十一·〇〇
混10 三四等 上十二·五五

▲蘇州至嘉興▼

混401 上七·〇五
混403 下一·二五

汽車

路別	經過地點	每天次數	車站地點	全程車價	里程	計時	開行時刻
蘇福	橫塘西跨塘木瀆靈巖山	三次	景德路黃鸝坊橋	六角	六〇	四五分	
蘇常	陸墓蠡墅莫城吳塔	二次	金門外橫馬路	一元	約八〇	一·一五分	上午八三時

蘇錫	即上列蘇常路之經過常熟		仝上				
蘇嘉	吳江北圻平望	二次	金門外橫馬路	一元五角	約一五〇	約三時	上午八時下午二時
蘇湖	吳江北圻平望震澤南潯	三次	金門外橫馬路	一元六角	約二〇〇	三時	

輪船航

船只局名	開往地點	途經地點	班次開行時刻	停泊碼頭	電話
上海內河公司安昌洋行	常州		早班上午八時	閶門外萬人碼頭	
仝上	無錫		中班中午十二時	仝上	
仝上	常熟		上午八時	仝上	
裕泰公司西海快輪	滸關		上午六時三十分	金門外	
仝上	望亭		上午十二時	萬人碼頭北五三號	二八三

仝上	新安		仝上	仝上	
仝上	無錫		仝上	仝上	
仝上	丹陽		上午七時	仝上	
仝上	陳墓		中午十二時		
仝上	西華		上午六時中午十二時半開回		
仝上	東山			胥門外萬年橋	
仝上	香山				
仝上	光福				
仝上	南潯		上午八時	金門外	
仝上	湖州		上午八時	仝上	
民興船局	黎里	吳江北圻	上午六時三十分	閶門外萬人碼頭	

甫里公司	陳墓	斜塘角直	中午十二時	仝上	
昌安船局	滸浦	常熟	上午八時	仝上	
衡泰輪局	東萊	蕩口北漍華市等埠	上午六時三十分(每日對開一班)	仝上	
普益公司	梅村	蕩口等埠	中午十二時	吊橋堍下	
蘇常輪局	常熟	沿途各埠均靠	中午十二時三十分	仝上	
協興公司	崑山		上下午七時各一次	太子碼頭	
	黄埭		上午八時	吊橋堍下	
蘇利輪局	嘉興	吳江北坼平望盛澤王江涇	每逢雙日上午八時	閶門外萬人碼頭	
和濟輪局	同里		每日七時同里開蘇十二時開還	仝上	
	香山	沿途各埠均靠	每日上午七時來蘇下午一時開還	胥門洋橋堍下	
保大輪局	渡村		下午一時	仝上	

附錄

蘇庭船局	東山 大水橋	橫塘等埠	上午七時開東山 下午一時開還	仝上	
合成公司	光福	木瀆等埠	每日來還二班上午八時下午一時	仝上	
利商公司	湖州	沿途各埠均靠	上午七時		

附錄

倉卒付印調查難周
漏誤之處在所不免
修正補充有待再版
倘承賜告無任感激

勘誤表

頁	行	誤	正
六	九	玄妙觀	圓妙觀
六	一一	若天平，靈巖，等	若天平、靈巖等
八	七		次下脫「句」字
一〇	一二	至國	至園
一二	一三	宣懷	方伯
一九	一一	圯	圮
二三	一〇	中亟	中丞
三三	一		「忽」字衍
四三	四	五	六
五〇	七	九西堂	尤西堂

五四	六	尢侗	尤侗
六〇	一四	張邵	張劭
六七	一一	亘	亙
七四	八	亘	亙
七五	一〇	粘	
八〇	一	洌	冽
八一	左上横行	靈巖山	天平山
八二	右上横行	靈巖山	天平山
八三	左上横行	靈巖山	天平山
八五	一二		藥師下脱「佛」字
八七	一一	白馬澗	白馬礀
一〇一	一三	銅坑	銅阬
一一二	三	中等	上等

中華民國廿八年五月出版

新蘇州導遊

八折實售六角四分

$·80

編著者　尤玄父

發行者　周文達

總發行所　蘇州觀前街　文怡書局

分發行所　各大書局　各煙紙號

外埠如欲代銷無任歡迎

文怡

八折實售六角四分
每冊售價[redacted]

據吴縣縣政府一九四七年五月初版影印。

蘇州遊覽指南

吴縣縣政府 主編

出版説明

《蘇州遊覽指南》，吴縣縣政府主編，沈乘龍作序。沈乘龍，江蘇東臺人。中央大學畢業，早年投身教育界，後入國民政府行政院工作。一九四六年十二月代理吴縣縣長，後調江蘇財政廳任主任秘書。發表財政管理、時事評論、游記文章頗多，著有《中國現行政治制度》。

《蘇州遊覽指南》爲一九四七年沈乘龍指示吴縣縣政府組織編輯。目録前有風景攝影照片二十一幅，吴縣城區全圖一幅。正文分爲蘇州沿革、蘇州名勝志略、蘇州交通、蘇州名産四部分。附有火車時刻表，馬車、汽車、人力車價目表。並有廣告頁多幀，涉及銀行、茶莊、飯店、顧綉、錢莊、茶食店、布號及酒樓與旅社等多個門類，且多見行業聯合廣告。當時由於受戰事影響，蘇州城遭受破壞，民生凋敝，又因編印倉促，文字體量不大，還有部分内容取自蘇州文新印書館出版、范烟橋及俞友清重修的《蘇州指南》。第二部分介紹蘇州名勝，分爲稱謂沿革、城邑廣袤、山水、寺廟、園林五部分，極有條理。第四部分介紹蘇州名産二十一種，具有較高的史料價值。書中圖片清晰，既有常見的景點風景照，如留園、西園、寒山寺、虎丘等，也有一些不多見的風景舊影，如平門遠景與近景、靈巖山吴王井、觀音山等。書末附有明信片一張，供讀者反饋意見與建議。

本次出版的《蘇州遊覽指南》，以吴縣縣政府一九四七年五月初版爲底本影印。

蘇州遊覽指南

蘇州北寺塔

蘇綸紡織染廠
神鷹牌
各種布疋
天官牌
各種棉紗
廠址：蘇州盤門外裕棠橋　電話二二○四 一八○九號
辦事處：蘇州韓家巷十號　電話八四七 八二五號

❖ 平門外梅村橋 ❖

蘇州平門

平門大道

獅子林石山

獅子林石船

城內滄浪亭

△蘇州瑞光塔↑

△城內無樑殿↓

◎城外寒山寺◎

◎留園之景◎

★西園戒幢寺★

★西園放生池★

蘇州虎邱全景

◉城外楓橋◉

◉石湖上方山◉

◇寶帶橋◇

◇靈巖山全景

靈巖山吳王井

靈巖山癡漢石

觀音山

天平山一線天

吳縣城區全圖
中華民國三十六年五月　吳縣縣政府建設科製
比例尺　二萬分之一
圖例
河道
橋樑
街道
城牆
山林
機關
學校
寺觀

序言

沈秉龍

語稱上有天堂，下有蘇杭，惟自八載陷敵，地方凋殘，依稀風景，滿目瘡痍。洎三十四年倭寇降服，乾坤再造，日月重光，既欣湖山之無恙，更喜古跡之猶存，春秋佳日，履舄連蹤，或探鄧尉之梅，或登虎邱之頂，若夫據靈巖天平，則太湖七十二峯，長空碧波，冰鏡騰耀，悠然意遠，盡滌俗臆，宜其遊人留連而忘歸，感詠者接踵而相至，至於吳門訪古，瞻仰名園，猶其餘事。

顧乃久經戰亂，風景猶是，而舊痕斑斑，城郭已非，凡重遊其地，自不免興滄桑之懷，而初臨吳中士女，亦將每有迷茫之感。秉龍承乏斯邦，撫今追昔，萬感蒼茫，輒復覼縷及此，爰徵集地方古跡風景數幀，附以小志，包括城邑，山水，寺院，園林，交通，物產等，編成遊覽指南一冊，庶幾來蘇君子，得按圖志，而探幽尋勝，以為指津云可，以留鴻雪云可。

蘇州遊覽指南目錄

沈秉龍

蘇州沿革

蘇州本春秋時吳國之都，吳王闔閭及其子夫差，據之以與越國爭霸者也。秦漢置會稽郡，後漢置吳郡，隋置蘇州，蘇州之得名始此。宋爲平江府，元爲路，明改蘇州府，清因之，爲江蘇省治，舊分吳縣長洲元和三縣。民國後，省會移甯，統稱吳縣。西南臨太湖界浙江，爲吳縣舊境，北蔽無錫常熟，爲長洲舊境，東接崐山，爲元和舊境。湖內東西洞庭山，爲太湖靖湖二廳舊境，實兼幷舊日五廳縣之地。民十六國軍奠定後，曾一度以城廂改爲蘇州市，不一年卽廢市，仍爲縣，惟統稱爲吳縣，不以長洲元和名矣。蘇州城週圍凡三十有六里，春秋時有城門八，遞嬗至今存六門，曰閶，曰胥，曰盤，曰葑，曰齊，曰婁。民十三闢一門于北寺後，曰平門，外建一橋，爲貝氏獨貲經營者，厥名梅村，蓋貝氏潤生之尊翁諱也。旋又于橫馬路闢一門，曰新閶，復成昔之八門，今因開拓幹路，便利車馬，更於新閶門旁，改建一羅馬式之金門，門成，杜新閶，出入咸於此門，嗣又有於城東北闢相門，惟因交通不繁，現未啓放。

（附記）盤門外靑陽地，係光緒甲午馬關條約開闢商埠，分作三部份，東爲各國租界，中爲日本租界，自日租界至西吉水橋止，卽爲中國自闢商埠，當時名爲商務公司地界。現日租界久經收回，闢爲工廠區。

蘇州名勝志略

一、稱爲沿革

吳縣禹貢屬揚州，泰伯時號勾吳，秦漢時稱吳縣，吳下，吳會，屬會稽郡，吳郡，隋改蘇州，唐分置長洲縣，五代吳越時，爲中吳，宋爲平江府，元爲平江路，張士誠據時，號隆平府，明清爲蘇州府，清初析置元和縣，民國廢府併爲吳縣，屬蘇常道，現屬江蘇第二行政督察區。

二、城邑廣袤

周敬王六年，闔閭造大城，周四十二里三十步，隋楊素遷城於橫山新郭，唐武德末，遷還，五代吳越時始以甎甃，元初燬，至正十一年，復築，宋史彌遠重修，規制爲江左冠，明加修，周三十四里五十三步九分，清康熙中再修，周四十五里。

三、山水

（一）虎邱　短薄祠　五人墓　李公祠

虎邱山在城西北七里，一名海湧山，相傳爲闔閭葬處，有劍池，爲秦始皇鑿山求劍遺跡，顏眞卿書石今在。十道四番志稱，異僧竺道生，聚石爲徒，與談至理，石皆爲點頭，故今千人石前，有生公講台，（石爲李陽凝書）池中有點頭石。劍池右有石井泉，張又新品爲第三。山寺舊名雲巖寺，中昔產天池茶，長物志稱，其最爲精絕。小吳軒在寺左，新建冷香閣，在千人座右，種梅甚多，眞娘墓，憨憨泉，試劍石，俱在山徑左右。短薄祠在山左麓，爲晉王珣別業，其對岸爲李鴻章祠，亦小有園亭，（靖園）五人之墓，在山塘普濟堂對門，花樹店內，五人爲顏佩韋，楊念如，馬杰，沈楊，周文元，明天啓中擊魏閹緹騎而死。

（二）橫山　姑蘇台　黃山　楞伽山　堯峯山

橫山在城西南二十里，以山四面皆橫故名，一名踞湖山，以山臨太湖，若箕踞也。吳越王子元璙葬此，並建薦福寺，故又號薦福山，今俗號七子山，其西北爲姑蘇山，（離城三十里）姑蘇台在其上（吳王造，司馬遷曾登以望五湖）。其西諸山以堯峯爲著，前有十景，今廢，惟寶雲井白龍洞尚在，其東北諸山之著者，爲楞伽，俗名上方，其巔有浮圖，下臨石湖，黃山在城西南十五里，羣峯高下相連，亦稱筆架山，舊有黃亭澗，隋王世充敗劉元進坑衆於是澗，今俗稱是爲橫山者誤。

（三）天平山 支硎山 金山 岝㟧山 何山

天平山在城西二十里，山多奇石，又多楓，古老粗大，棲霞不及也。其山頂正平曰望湖台，山半有白雲泉，宋僧壽老始自石罅發泉，曰一綫泉，今在咒鉢庵中。南麓舊爲白雲寺，後爲宋范仲淹功德寺，其子純仁構爲別業，今咒鉢庵高義園皆是。范仲淹祖墓，在其後，羣石林立，名萬笏林，（萬笏朝天石刻爲清錢大昕書）。咒鉢庵上爲龍門，俗稱一綫天，更上一石斜出者曰卓筆峯，其北五里爲支硎山，晉支道林隱此；其東麓有觀音寺，故又名觀音山，山有寒泉石室，今游天平者，多折往，然少深入者。天平之東有金山，初名茶塢，晉宋間鑿石得金，因易今名，巔有石池，更東有岝㟧山，俗名獅子山，形如獅子，相傳王僚葬此，然自元以來，鑿石且盡，不復當年雄姿矣。其北一里，有何山，梁隱士何求，何點葬此。

（四）靈巖山 嚴園 韓世忠墓

靈巖山在城西南二十五里木瀆鎮，一名硯石山，相傳爲吳王夫差館娃宮址。然西施洞響屧廊，採香涇自宋已祇存其石，靈巖寺晉陸抗捨宅改建，僧智積，東晉時自西土來居此，吳越孫承祐建甎塔，明萬曆廿八年燬。寺右有二井，圓者爲吳王井，八角者爲智積禪師井，更右爲琴台，自寺下爲百步街，有石鼓石龜山，左端有石羅漢，自山前望，一水直如矢者，相傳卽采香涇，吳王宮女采香於此。現靈岩山寺多禮拜之。山西麓爲韓世忠墓，宋紹興二十年，敕葬於此，今存穹碑。嚴園在山塘街，池館衍奧，花木深鬱，山色入窗，益爲生色，惜荒圮已久，氣象冷落。

（五）鄧尉山 玄墓山

鄧尉山一名光福山，在城西南五十五里，其西南與玄墓山相連，山中多梅花，清宋犖題香雪海，山中有司徒廟，相傳祠鄧禹，廟中有四古柏，聞爲漢時物，聖恩寺爲唐天寶中建，晉青州刺史郭泰玄墓在其後，玄墓山因是得名。墓左有奇石，號眞假山，明天順間出土後漸沒，清康熙十七年再見。

（六）陽山　天池山　穹窿山

陽山在城西北三十里，高八百五十餘丈，越葬夫差於此，上有丁令威宅。天池山在陽山東南五里，在城西北二十五里，一名花山，老子枕中記云，吳西界有華山，可以度難，疑指此。相傳晉時山巔生青蓮花，山半有池，故又名天池。穹窿山在城西南六十里，較陽山尤峻，濱太湖有朱買臣讀書台，其頂平方可百畝，今多道士宮觀。

（七）太湖　石湖　橫塘　越來溪　寶帶橋　黃天蕩

太湖在城西南三十餘里，亦名具區，東西二百餘里，南北一百二十里，周五百里，中有七十二峯以包山（亦名林屋山，有林屋洞，郭璞所謂潛行水底無所不通者）莫釐山，一名胥母山爲最著。包山峙於西，莫釐峙於東，石湖在城西南二十里，通太湖，宋范大成居此，行春橋跨湖上，陰歷八月十八日，有串月盛事。湖北通橫塘（明唐寅墓在橫塘王家村）西南通越來溪，越伐吳道出於此，澹台湖在城西南十八里，西鄰太湖，相傳澹台滅明南游至江，即其地。太湖水自此東過寶帶橋，入運河分流入黃天蕩（一作皇天蕩，五代楊行密錢鏐曾戰於此，藕花最盛）。寶帶橋爲唐王仲舒捐玉帶所建，有五十三洞。

四、寺廟

（一）開元寺　報恩寺　瑞光塔　報恩寺塔

北寺舊名通元寺，爲孫權吳夫人捨宅建，在護龍街北，西晉建興元年，有二石象泛海而至滬瀆口，郡人朱膺迎之置寺中，唐開元更寺額曰開元。塔原爲梁僧正慧所建，唐昭宗大順二年，孫儒之亂，燬於火。後唐莊宗三年，吳越錢鏐更造寺於吳縣西南三里（今盤門開元寺）并其僧遷焉；至周顯德中，錢氏復於故址建寺，移支硎山唐開元寺故額置此。今石象存盤門，開元寺藏經閣（俗名無樑殿，明開元四十六年僧如緣建，以藏經者）據吳地記云，石佛失修，後人補之；開元寺南爲瑞光寺，有塔，吳赤烏四年孫權造。

（二）寒山寺

寒山子唐貞觀中，天台廣興縣僧，居縣西七十里之寒岩，時往還國清寺。拾得豐千，國清寺高僧也，好題詩竹木石壁間，刺史閭邱胤集之成帙。寺在楓橋，以唐張繼詩得名。楓橋本作封橋，以張繼詩改。有鐵鈴關，是吳地三關之一。

（三）孔廟

孔廟在盤門滄浪亭西，宋范仲淹得吳越廣陵王南園地，遂以爲廟，廣一百五十畝，其後屢增修，大成殿階下生龍腦薄荷。

（四）玄妙觀

玄妙觀在宮巷北，創於咸甯二年，名眞慶道院，元元眞元年改今額，時有朱文德捐地甚廣，其址遂甲吳中，周五百畝，今舊跡半減，僅爲一百戲之場耳。

（五）城隍廟

今城隍廟明洪武三年建，相傳爲吳周瑜故宅，吳中舊祠春申君，其古祠在鐵瓶巷。

（六）保聖寺

角直保聖寺，創于梁天監二年，宋祥符六年僧雄吉重建大雄殿，內有羅漢十八尊，爲聖手楊惠子所摹，神光閃耀，形貌如生，民國十六年寺毀，幸羅漢已先雇名手移出完全者五尊，餘修建失眞者四五尊，抗戰前由葉恭綽顧頡剛先生等捐款建屋供奉，以供藝宛欣賞。

五、園林

（一）滄浪亭　可園

滄浪亭在盤門孔廟東，吳越中吳節度使孫承祐別墅，宋蘇舜欽買之築亭，後歸韓世忠時，亭已非舊制，再變而爲大雲庵，今爲五百名賢祠，荒灣野水，高林翠阜，至今不失天趣，美術專門學校設內，其對門爲可園，省立圖書館在焉。

（二）獅子林　留園　汪氏義莊　怡園　西園

獅子林爲元至正間，僧維則等築以供師天如者也，中多奇石，無錫倪瓚嘗爲繪圖，昔有五古松，故又名五松園，地屢易主，今屬貝氏，在潘儒巷；郡中園以奇石稱者，在昔有閶門外花步街之寒碧莊，初在明季與西園俱屬徐氏

，稱東園。今西園爲戒幢寺，在下津橋有放生池。東園爲劉恕所有，更名劉園，恕好奇石，園中有十二峯，今冠雲峯瑞雲峯是其遺也，今屬常州盛氏，爲留園，汪氏義莊在景德路，是地在晉爲王珣宅，在宋爲景德寺，在明爲申時行第，中有小園，假山奥衍迂折，較諸獅子林具體而微，怡園在護龍街尙書里，亦擅泉石之勝，其亭館匾聯皆集詞句，出園主人顧文彬手。

（三）拙政園　花橋　逐園　瑞蓮庵　七襄公所

婁門大街拙政園，爲明王獻臣別業，屢易主，而園亦分兩半，西偏前歸葉氏，名書園，今歸張氏名補園，昔有寶珠山茶，清吳梅村有詩紀之，明文徵明種紫藤，今尙在，虬枝糾結，不亞花橋上物，花橋有水閣，以白樂天揚州驛裏夢蘇州之詩得名，其橋藤花亦古矣，在臨頓路西花橋巷口，拙政園荷花亦盛，現國立社

敎學院在焉，其他如文衙場之七襄公所（文徵明古宅）景德路之遂園（舊慕氏園）齊門弄之瑞蓮庵，俱以荷花著，夏晨來賞荷花追涼者甚衆，牡丹在宋時以朱勔園中爲最盛，即今胥門朱家園，今則推閶門內楊安浜培德堂矣。

（四）南園　赤闌相王廟　圓通寺　瞿園　北園

南北兩園，今皆夷爲塲圃矣，南園在葑盤二門間，爲吳越廣陵王元璙舊圃，宋大觀間，爲蔡京賜第，北園在閶門內後板廠，爲御史蘇懷愚所築，今皆爲郡中栽花最盛處，南園有赤闌相王廟，或謂神名桑湛，或謂赤闌將軍爲闔閭造城而死，其墓今在盤葑二門間，古蛇門東赤門舊址，圓通寺在闊街頭巷，地鄰南園，虛爽靜僻，中有水榭，（花木葳蕤，有僧能鼓琴，瞿園在其右，本宋氏綢絲園，今屬張氏，不納游人，吾吳最古之廟，當推顧氏辟疆，今已不能指其處矣。

蘇州交通

（一）京滬鐵路　京滬鐵路每次上下行車，均靠蘇州車站，故自京滬各地來蘇者極爲便利。

（二）錫滬公路　經過本邑，並繞行太湖北岸，沿途風景清幽，戰前路政極佳，道路平直，戰後尙未全部修復，路面正在修整中。

（三）蘇常公路　爲本邑與常熟間之重要通衢，車運頻繁，有錫滬公司之班車及營業用之小汽車，交通極便。

（四）蘇嘉公路　自本邑經吳江縣至浙江之嘉興，並可遠達吳興，自蘇嘉鐵路拆除後，爲蘇嘉間之唯一陸上通途，有蘇嘉湖公司之班車及營業之小汽車。

（五）蘇福公路　由蘇州城至太湖濱之光福鎭，有蘇福公司之班車，並有單行汽車道由光福鎭直達玄墓山，爲地方所興築，專爲探梅而設，始於三十六年築成。

（六）航運　本邑濱臨太湖，河港縱橫，水運稱便，所有通鄰近各縣及本縣各鄉鎮均有定期班船往來，自縣城至任何鄉鎮，均不足半日行程，輪埠在閶、齊、婁各門外。

（七）電訊　本邑城內有市內電話，係交通部所辦，商店住戶，多已裝置，並能與國內各大城市通話，鄉鎮電話係三十六年五月由縣政府主辦，縣內各大市鎮均可通話。

蘇州名產

一、絲綢　蠶絲乃本邑西南農民副產，爲出口之大宗，但因狃於積習，養育方法未能改良，產品仍未盡善盡美，現光福、滸墅關均設有養蠶指導所，蠶種製造廠及繅絲廠，設法指導改良，成績漸著，蠶絲生產質美量增，所產絲綢，與杭州相埒。

二、顧家刺繡　我國刺繡業，素稱發達，

銷行歐美，刺繡雖有湘蘇之別，而湘繡不若蘇繡精而雅潔，蘇繡又名顧繡，因昔時顧姓婦人所繡者最爲珍品，光福志云：吳之刺繡勤於光福，民國初年余覺之夫人余沈壽，獲巴拿馬展覽會獎品，蘇繡更名聞世界。

三、雕刻　吳中雕扇刻字，獨多名作，昔時王素川雕扇，穆展刻字，譚松坡鐫石，均馳名各地，今則研究雕刻者甚少，而名貴傑作尤屬僅見，近如桃花塢各店所刻骨牌骰子及諸玩具，純熟精細，無與倫比。

四、滸關草蓆　我國草蓆以甯波滸關光福虎邱等地最著，昔時虎邱光福之蓆，尤占上乘，近年蓆則以滸關一帶日益研求，著名各地，滸關蓆之美處能吸汗液，最熱時臥之仍感涼爽，故各地人士到蘇者，無不採購，以消炎夏。

五、唯亭地毯　唯亭地毯，名聞各地，西人來蘇亦爭相採購，精細柔軟，人均稱贊，能吸水份，且不易沾塵土，尤以後戴墟施家浜農民所製爲最名貴，每年農隙時家家織造，產量較多，亦蘇地手工業上之一大供獻也。

六，郭巷簑衣　簑衣見元和唯亭志，出唯亭東鄉，近數十年都在車坊郭巷一帶，而郭巷產者尤爲精良，故推及江浙二省，種法與蓆草同，最宜肥田，與小麥同時刈下，曝乾以刀劃開，其心卽名燈草，外皮以編成簑衣，光滑可愛，不易積水，各地農民在黃霉插秧時，均喜着之。

七、車坊荸薺　荸薺一名地栗，產于葑門尹山車坊郭巷一帶，而以車坊爲最有名，淺水田中一莖直上，無枝葉，秋後結實，銷行京杭及滬甯等地，色紅味美，不能耐久，黑大帶泥者，可以致遠，能解渴而瀉腸熱，味甚清冽，人喜食之，嚴寒之際，該地農夫婦女半裸其體，傴僂採挖，不辭勞苦，以應各地之需求。

八、大蕩芡實　芡實俗名雞頭，或謂雁頭，烏頭，能療飢餓，補脾胃，莖有刺，三月生葉浮水面，大於荷葉，葉面有皺紋，肉軟，累累如珠璣，大蕩鄉產者最有名，若東山南湖之不種自生其名雞豆者，與芡實不同，外行人購買，恐一時莫辨，遊客最宜注意。

九、洞庭碧螺　本邑太湖洞庭東西山以產茶著名，其在穀雨前採購極細者爲貴名雨前，宋時洞庭茶嘗入貢，東山產于碧螺峯者名碧螺春，俗呼嚇殺人，飲之清心明目，香味殊絕，

一〇、木瀆鲃肺湯　鲃魚頭圓大而尾細，形如蝌蚪，故名蝌蚪魚，吳郡志吳人春秋會客有此魚，則爲盛會，鮮美可口，其肺味尤美，市上各館卽將此肺佐蘇菇雞汁南腿各味混合，煮湯作爲珍品，然不若木瀆之石家飯店所調之湯爲最，國民政府監察院院長于右老游木瀆，飲此湯讚美絕倫，卽席題詩有云：老桂開花天下香，看花走盡太湖旁，歸舟木瀆猶堪記，多謝石家鲃肺湯，此湯更爲名貴。

十一、黃天蕩之藕　我蘇荷花著於婁門東

南華墩阪及葑門外之黃天蕩，而華墩阪最盛，吳中黃天蕩之藕，名聞各地，雪白鮮嫩，味極清冽，往昔名人雅士，常以紅菱白藕爲夏秋間供客之珍品，白藕必以該處所產爲上品。

十二、蘇州之醬汁肉　蘇州陸稿荐三珍齋二肉鋪，以善著醬鴨醬蹄著名，然此二者猶屬普通之品，其最特別而爲他處所無者，莫如醬汁肉，此物上市，大抵在清明前後至中秋節止，其價亦甚廉，民國初年，每塊僅售八十文，近時物價，亦僅售六百元而已，而其重量每塊約有一兩，實熟食中之最廉者也，其佳處在肥者爛若羊羔，而絕少走油，瘦者嫩如雞片而不虞齒決，若欲寄至遠處，但購取新出鍋者俟其冷透，裝於鐵罐中，緊封其口，亦可歷半月之久，而其味不變。

十三、蘇州之洋澄湖蟹　蘇州本屬水鄉，魚蝦各物，所產皆富，而尤以洋澄湖蟹爲最有名，湖在婁齊二門外，本胥江之支流，水味甚甘，故所產之蟹肉極甜美，其他若沙湖吳淞江等處所產者，則肉味帶鹹，遠不如之矣，湖蟹上市，大抵在九十月間，則膏油豐滿，其重量每斤尖團各一枚者，曰對蟹，最爲難得，此湖之蟹，足上之毛，作金黃色，背殼作青黑色，俗名鐵繡蟹，欲驗其眞僞，取此湖之蟹與他湖之蟹，同置金漆盤上，他湖之蟹以盤滑而不能行，此湖之蟹，則爬行自如，以其腿上毛長故也。

十四、蘇州之太湖蓴　昔張季鷹，於西風起，憶及故鄉吳中蓴羹，淞江鱸魚，未下鹽豉，即解組歸隱，蓴菜之名，即因是著，所謂物以人重也，今蘇州蓴菜，大抵產於太湖一帶，於四五月間，摘取其頭上之最嫩者，名曰捲心，以雞湯加鮮筍火腿爲羹，味甚鮮美，其次爲黃花魚、菜花魚湯，若不得佳湯，則淡澀不能下咽，殆袁子才所譏爲傍人門戶非豪傑之士歟。（按此二句乃袁譏魚翅海參語）。

十五、蘇州之松花蕈　蘇州靈巖山一帶，產一種松花蕈，俗名曰塔蕈，蓋其地多松樹，鄉人言松花落地，卽生此蕈，故名松花蕈，不知確否，以小如制錢而厚者爲上，大者不取焉，七八月間，爲此蕈上市時，以蝦仁炒食之，味極鮮美，設令東坡知之，必不誇美江瑤柱矣，取鮮蕈用好醬油眞菜油同煎之，名曰蕈油，可藏數月之久，爲灑麵佐粥之上品。

十六、蘇州之白楊梅　蘇州之洞庭山，所產水菓甚多，如枇杷楊梅，洞庭紅橘子，皆甚有名，而尤以白楊梅一種，爲最特別，其形較紫楊梅爲小，色潔白無瑕，食之甘而不酸，惜所產不多，不能致遠，蘇州市上絕無售者，余嘗得該處友人所饋，乃獲一嘗此異味，他省縣更無論矣。

十七、蘇州之白沙枇杷　枇杷有黃沙白沙兩種，以白沙者爲佳，既熟後皮亦微帶紅色，惟剝去之則其肉潔白如雪，厚而多汁，味甘如崖蜜，非如他處所產之肉薄多核，非酸則淡耳，較之燕京葡萄，閩廣荔枝，有過之無不及也。

十八、蘇州之船菜　蘇州船菜，向極有名，蓋蘇州菜館之菜，無論鷄鴨鮮肉，皆一爐煮之所謂一鑊熟也，故登筵以後，雖名目各異，味而皆相類，惟船菜則不然，各種之菜，皆隔別而煮，故眞味不失，司庖者皆屬婦女，殆以船孃而兼廚孃者，其手段極爲敏捷，往往清晨客已登舟，殆聞其上岸買菜，既歸則洗割烹治，皆在艄艙一隅之地，然至午晷乍移，已各色齊備，可以出而餉客矣，其所製四粉四麵之點心，尤精巧絕倫，且每次名色各不同，亦多能矣哉，惟現值戰後，社會經濟困窘，眞正之船菜已不多睹，惟於蘇式餐館中可以嚼其一臠。

十九、蘇州之蝦子醬油　欲煮好菜，全賴醬油，醬油不良，則雖有名庖，亦難得嘉肴，蘇州居戶類有自製之蝦子醬油，此物亦爲他省所無者，其製法於五六月間，取新鮮蝦子與上等醬油同煎，收貯磁器中，凡雞肉等味之白煮者，取此種醬油少許，另置磁碟中，蘸而食之，鮮美直無倫比，惟煎時須略加酒和薑，則可辟除其腥氣。

二〇、蘇州之水炒瓜子　蘇州各糖果店，如稻香村葉受和采芝齋悅采芳等，皆有水炒西瓜子出售，此種瓜子與他處異，蓋他處瓜子形闊而扁，殼厚而肉薄，蘇州瓜子形狹而長，肉厚而殼薄，且揀選皆極道地，其稍翹稍壞者，皆剔除務淨，故既炒之後，肉甚潔白，香而且脆，其名目共有四種，一曰玫瑰瓜子，二曰桂花瓜子（所謂玫瑰桂花乃於既炒以後加以玫瑰桂花等油也）、三曰甘草瓜子，四曰鹽水瓜子而尤以前二者爲佳，本邑產地爲黃埭爲最名貴。

二一、蘇州之蘇餅　今日之遊靈岩天平者，每於木瀆鎮採購芝蘇餅以饋親友，其物香甜可口，尤以乾生元爲最佳，但吾蘇之蘇餅，以湘城出產者爲最有名。

大中華火柴公司蘇州鴻生廠

寶塔牌火柴

各大煙紙店均有出售

廠址：蘇州胥門外　　電話：一〇五一八三號

新蘇建設股份有限公司

經　營

蘇福路長途汽車

運　輸　部

請打電話　1951

團體遊覽車　學校機關，團體旅行，車廂寬敞。座位舒適，迅速安全，毋遠勿屆。

總管理處	電話 1903	金門外橫馬路48號
閶門站	電話 1904	金門外愛河橋
胥門站	電話 1971	胥門外大馬路
楊家橋站	電話 1905	盤門外大馬路

最新火車時刻表

由上海至南京

◎夏令時間◎

車次／站名	54	52	72	4	76	6	8	78	2	74	58	80	10	12	16
	滬京四等客車	滬京三等客車	最近太湖號遊覽車	凱旋號頭二等特別快車	滬錫二三等區間車	滬京頭二三等特別快車	滬京頭二等特別快車	滬錫二三等特快區間車	金陵號頭二等聯運特快車	滬常二三等區間車	滬京四等混合車	滬錫二三等區間車	滬京頭二三等夜特快車	滬京頭二等夜特快車(卧)	滬京頭二三等夜特快車
上海	1.10	5.10	6.40	7.00	7.30	9.00	11.00	12.15	13.30	15.10	17.30	18.35	21.50	23.00	23.30
蘇州	3.26 3.34	8.19 9.07	8.26 8.31	8.41 8.48	9.42 9.49	10.57 11.08	12.57 13.04	14.29 14.36	15.17 15 26	18.09 18 14	21 04 21.14	21 56 22.01	0.20 0.27	1.06 1.13	1.43 1.55
無錫	4.45 4.55	10.23 10.39	9.25	9.36 9.42	10.45	11.57 12.06	13.55 14 02	15.35	16.14 16.23	19.25 19.32	22.23 22.33	23.10	1.22 1.29	2.08 2.15	2.50 3.00
常州	6 03 6.18	11.50 12.11		10.31 10.40		12.59 13.08	15.03 15.15		17.09 17.19	20.45	23.50 0.18		2.27 2.37	3.13 3.25	4.05 4.13
鎮江	8.49 9.27	15.11 15.24		12.18 12.25		14.40 14.45	17.01 17.17		18.46 18.53		3.06 3.16		4.46 4.55	5.18 5.27	6.02 6.09
南京	12.10	17.45		13.55		16.10	18.50		20.20		5.40		6.30	7.15	7.50

由南京至上海

車次／站名	75	73	51	1	5	77	15	7	79	71	53	3	57	9	11
	錫滬二三等區間車	常滬二三等區間車	京滬三等客車	錢塘號頭二等聯運特快車	京滬頭二三等特別快車	錫滬二三等特快區間車	京滬頭二三等特別快車	京滬頭二等特別快車	錫滬二三等區間車	最近太湖號遊覽車	京滬四等客車	凱旋號頭二等特別快車	京滬四等混合車	京滬頭二三等夜特快車	京滬頭二等夜特快車(卧)
南京			5.00	8.00	9.00		10.00	11.00			14.15	15.45	16.30	22.00	23.00
鎮江			7.24 7.31	9.24 9.32	10.21 10.28		11.38 11.44	12.59 13.07			16.26 16.40	17.15 17.23	19.33 19.48	23.56 0.09	1.00 1.07
常州		6.05	9.47 9.58	11.06 11.17	12.09 12 22		13.55 14.05	15.08 15.20			19.33 19.47	19.06 19.16	22.18 22.38	2.24 2.35	3.20 3.30
無錫	6.00	7.13 7.19	11.13 11.19	12.04 12.11	13.18 13.24	14.10	15.08 15.14	16.21 16.29	18.40	19.35	20.57 21 10	20.03 20.10	23.52 0.17	3.33 3.39	4.19 4.26
蘇州	7 04 7.10	8.29 8.43	12.34 11.42	12.59 13.06	14.19 14.33	15.09 15.19	16.17 16.23	17.23 17.36	19.47 19.52	20.26 20.31	22.36 22 51	21.58 20.06	1.53 2.06	4.32 4.39	5.19 5.39
上海	10.25	12.00	16.55	14.45	16.25	17.10	18.25	19.35	21.45	22.20	2.05	22.45	4.50	6.35	8.00

馬車價目表

三十六年五月

觀前	車站	留園	西園	大馬路	拙政園	獅子林	滄浪亭	縣政府	天賜莊	楓橋
6000										
7000	6000									
8000	6000	4000								
6000	6000	6000	6000							
5000	6000	8000	8000	7000						
4000	7000	8000	8000	7000	2000					
10000	16000	14000	14000	10000	12000	10000				
6000	10000	12000	12000	8000	8000	8000	6000			
6000	16000	14000	14000	12000	12000	10000	6000	8000		
14000	12000	10000	10000	10000	18000	18000	16000	16000	18000	
16000	14000	10000	10000	10000	16000	16000	22000	20000	24000	12000

（以元爲單位）

註：此為單程包價，來回加倍，個人照定價四分之一。

汽車價目表

公共汽車

〔全程〕

一千五百元

〔單程〕

一千元

小汽車

〔每次〕

一萬六千元

〔每小時〕

三萬六千元

吳縣城區人力車價目表

三十六年五月

（以元為單位）

車站	觀前	北局	公園	縣政府	拙政園	鳳凰街	天賜莊	飲馬橋	接駕橋	皋橋	閶門口	醋坊橋	滄浪亭	大馬路	地方法院	城防部	北寺塔	金門外	獅子林	西園	虎丘	留園
2500																						
2500	500																					
3000	1000	1000																				
3000	1000	1000	1000																			
2000	1000	1500	2000	2000																		
3500	1500	2000	1000	1500	2000																	
3500	1500	1500	1500	1500	2000	500																
2500	1000	500	1000	500	2000	1000	1500															
1500	1000	1000	1500	1500	1000	1500	1500	1000														
2000	1500	1500	2000	1500	1500	2000	2000	1500	500													
2000	1500	1500	2000	2000	2000	3000	3000	2000	1000	500												
2500	500	500	1000	1500	1000	1000	1000	1000	1000	2000	2000											
3500	2000	2000	1500	1000	2500	1000	1000	1000	2000	2500	2500	2000										
1500	1500	1500	2000	2500	2000	3000	3000	1500	1000	500	500	1500	2500									
1500	1000	1000	1500	2000	1500	2000	2000	1500	500	1000	1500	1500	2500	1000								
2000	1000	1000	1500	1500	1500	2000	2000	1000	500	500	1000	1000	2000	1000	1000							
1500	1000	1000	1500	1500	1000	2500	2500	1000	500	1000	1000	1000	1500	1500	500	1000						
2000	1000	1000	1500	1500	2000	2500	2500	1000	1000	1000	1000	1500	2000	1000	2000	1000	2000					
2500	1000	1000	1500	2000	500	2500	2500	2000	1500	2000	2000	1000	3000	2500	1000	1500	1000	2000				
2500	2500	2500	3000	3000	2500	4000	4000	2000	2000	1500	1500	[illegible]	[illegible]	1500	2500	2500	2500	2000	3000			
5000	7000	7000	7000	7000	6000	7000	7000	6000	5000	4000	4000	5500	7000	4000	5000	5000	5000	5000	5500	4500		
2500	2500	2500	3000	3000	3000	4000	4000	3000	2000	1500	1500	2500	[illegible]	1000	2000	2000	2000	2000	3000	1000	5000	
3500	2000	2000	2000	1000	3000	2000	2000	1500	2500	2500	2500	1500	[illegible]	3000	3000	3000	3000	2500	3000	5000	7000	5000

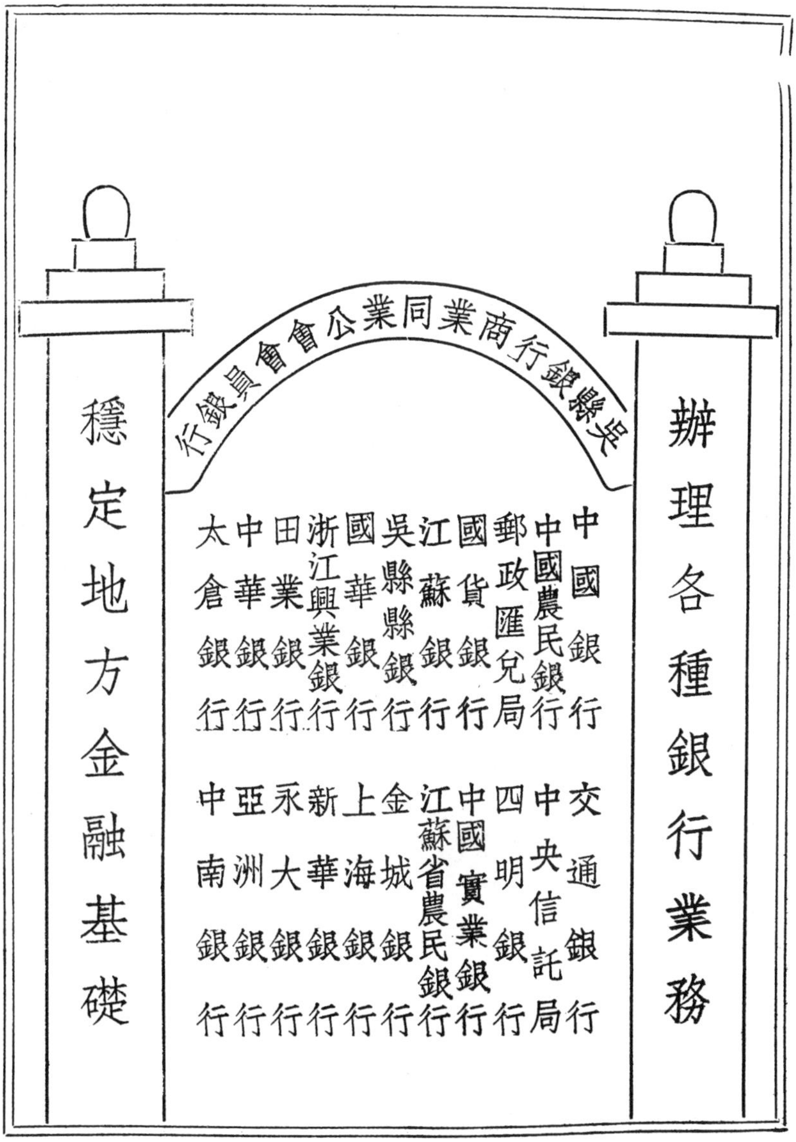
吳縣銀行商業同業公會會員銀行
辦理各種銀行業務
穩定地方金融基礎
中國銀行
中國農民銀行
郵政匯兌局
國貨銀行
江蘇銀行
吳縣縣銀行
國華銀行
浙江興業銀行
田業銀行
中華銀行
太倉銀行
交通銀行
中央信託局
四明銀行
中國實業銀行
江蘇省農民銀行
金城銀行
上海銀行
新華銀行
永大銀行
亞洲銀行
中南銀行

汪瑞裕茶號
觀前街六十二號
電話一〇三四號

德義茶莊
閶門大馬路
五二五號

鮑德潤茶號
西中市四號

吳世義茶莊
上塘街五三號

吳縣風景區輪船航線表

航線	開行時刻	停泊地點	備註
木瀆	上午十 下午四時開	金門外南新橋	遊覽靈巖山從靈巖至天平山
光福	中午十二時開	金門外南新橋	
東山	上午十一時開 六	胥門外泰讓橋	
西山	上午九時開 下二	胥門外泰讓橋	

附註 本縣四鄉及鄰縣常熟無錫吳江崑山浙江湖州嘉興杭州逐日均有航輪行駛

吳縣輪船業公會刊登

蘇州顧繡莊聯合廣告

牌號	地址	牌號	地址
振華	湯家巷	唐雲昌	同上
沈鑫記	同上	萬順泰	同上
源大	同上	利綸	同上
協昌	同上	儀泰承記	同上
泰豐	同上	蔣順新	同上
勤益	同上	大豐	同上
綸華	同上	恒源茂	同上
新福記	同上	大章	東中市
天祥	同上	春茂衡	同上
晉豐	同上	義泰盛	同上
天一	同上	鑫昌	同上
顧永記	同上	大同	中正路
錦昌	西中市	裕豐祥	天庫前
義盛	同上	東南	包衙前
恒泰	同上	李鴻錩	吳趨坊

蘇州錢莊聯合廣告

永豐錢莊	西中市一二五	電話1165 1175
大慎錢莊	南濠街一三四	電話2280 2285
允生錢莊	西中市一一三	電話961
慶富錢莊	山門巷一六	電話430
協順錢莊	橫馬路四八	電話1015
鴻盛錢莊	觀前街一九九	電話2080 2090
鴻源錢莊	觀前街五四	電話1178 2178
振蘇錢莊	觀前街一九	電話260
福大錢莊	西中市一〇九	電話2244 2255
義康聘記錢莊	觀前街二六八	電話1020
誠康錢莊	西中市三五	電話1060
慶泰錢莊	觀前街一三七	電話1881

經營一切銀行業務 代理各埠匯款

取費低廉 手續簡便

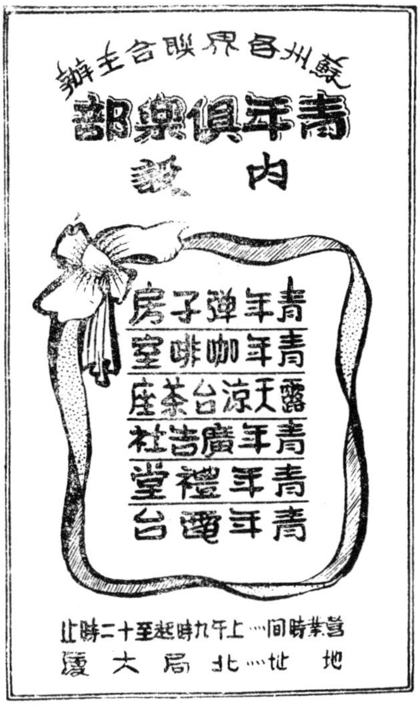
蘇州各界聯合主辦
青年俱樂部
内設
青年彈子房
青年咖啡室
露天涼台茶座
青年廣告社
青年禮堂
青年電台
營業時間……上午九時起至十二時止
地址……北局大廈

辛昌綢布號

歡迎惠顧
價目克己
上乘貨物
薄利多銷

地址
蘇州西中市

註冊商標　謹防假冒

只此一家並無分出

棗泥蔴餅　本號馳名　養料豐富
滋補強身　價廉物美　其味津津
朵頤稱快　齒頰留芬　流傳萬載
精益求精　吳中譽滿　惟我獨尊
同業仿製　以僞亂眞　商標乾卦
務須認明

地址：蘇州木瀆鎮
斜橋挽便是

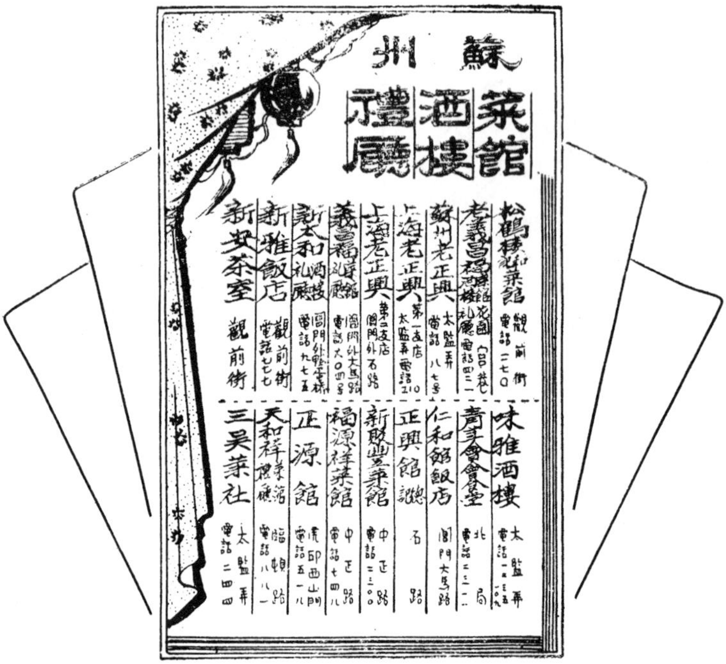
蘇州
菜館 酒樓 禮廳
松鶴樓和記菜館 觀前街 電話一二七〇
老義昌 電話四二一
蘇州老正興 太監弄 電話八七号
上海老正興第一支店 太監弄 電話210
上海老正興第二支店 閶門外石路
義昌福酒菜館禮廳 閶門外大馬路 電話六〇四号
新太和酒樓禮廳 閶門外 電話九七五
新雅飯店 觀前街 電話七七七
新聚茶室 觀前街
味雅酒樓 太監弄
壽美會堂 北局 電話二三一
仁和館飯店 閶門大馬路
正興館總號 石路
新聚豐菜館 中正路 電話二三〇〇
福源祥菜館 中正路 電話七四八
正源館 虎邱西山門 電話五一八
天和祥菜館禮廳 臨頓路 電話八八一
三吳菜社 太監弄 電話二四四

蘇州第一流大旅社
天然飯店 閶門外馬路 電話893
吳宮飯店 城內觀前街 電話959
皇后飯店 城內大井巷 電話1087 1281
新蘇飯店 城內北局 電話249
樂鄉飯店 城內大井巷 電話2001 2004
鐵路飯店 閶門外北丁家巷 電話56 1755

請對

吳縣縣政設施，市政工程，名勝古蹟的整理，多賜批評指教！

吳縣縣政府啓

江蘇
吳縣縣政府
秘書室

收

寄

郵票

主　編　吳縣縣政府
製　版　蘇州製版社
印　刷　早報第二印刷廠
出版日期　三十六年五月
定　價　工本費貳千元